I0815682

Rusia contra el mundo

Rusia contra el mundo

Más de dos décadas de terrorismo de Estado, secuestros, mafia y propaganda

Marc Marginedas

Ariel

Obra editada en colaboración con Editorial Planeta - España

Los derechos de la obra han sido cedidos mediante acuerdo con
International Editors' Co. Agencia Literaria.

Prólogo de: Dolia Estévez
Realización Planeta - fotocomposición

Bajo el sello editorial ARIEL M.R.
Avenida Presidente Masaryk núm. 111,
Piso 2, Polanco V Sección, Miguel Hidalgo
C.P. 11560, Ciudad de México
www.planetadelibros.com.mx
www.paidos.com.mx

Primera edición impresa en España: febrero de 2025
ISBN: 978-84-1100-255-4

Primera edición impresa en México: octubre de 2025
ISBN: 978-607-639-020-7

Impreso en los talleres de Impregráfica Digital, S.A. de C.V.
Av. 11 No. 463, Interior Bodega 2. Col. San Nicolás Tolentino.
C.P. 09850, Iztapalapa, CDMX
Impreso en México – Printed in Mexico

Índice

Prólogo

No hubo forma de que el ciudadano convenciera a los policías de que obstruir el espacio público es ilegal. «La embajada rusa ya nos invadió. La banqueta nos pertenece, es territorio nacional. ¿Por qué no nos regresan nuestra banqueta? Eso es completamente ilegal», dijo con frustración el transeúnte en un video subido a redes sociales que mostraba la banqueta en la periferia del amurallado palacete de Tacubaya, en donde se aloja la embajada rusa en Ciudad de México, obstruida por retenes y con la rampa para sillas de ruedas bloqueada por una patrulla asignada para su protección. La actitud prepotente de los emisarios de Vladímir Putin no sorprendió a Marc Marginedas, reputado periodista catalán, excorresponsal de guerra secuestrado por terroristas en Siria en 2013 y autor de *Rusia contra el mundo: más de dos décadas de terrorismo de Estado, secuestros, mafia y propaganda*, que dedica su primer capítulo, precisamente, a detallar el abuso de poder de las castas privilegiadas rusas que, como en México, sistemáticamente violan límites de velocidad, circulan por el carril en sentido contrario, se pasan semáforos y huyen de la escena del crimen, blindados por un sistema de prebendas corrupto. «Se creen que México es suyo», comentó Marginedas.

La rusa es la única legación en México que extralimita con regularidad sus atribuciones, en señal de que el régimen de Putin se siente relativamente seguro y operacionalmente intocable. Desde su cuenta oficial en la red social X (antes Twitter), los diplomáticos rusos asumen actitudes agresivas y contestatarias, agreden y emiten juicios de valor contra periodistas, columnistas, académicos y exdiplomáticos críticos de la invasión rusa a Ucrania, acusándolos de «rusofobia» o de ser agentes de la Agencia Central de Inteligencia (CIA). El súbito aumento de 60% en el número de diplomáticos rusos en la embajada tras la invasión de Ucrania coincidió con una significativa expansión de la maquinaria de propaganda y desinformación del Kremlin en México, el lugar del mundo, fuera del espacio postsoviético, con mayor actividad de los servicios de inteligencia rusos, como alertó el general estadounidense Glen VanHerck en 2022.

La guerra híbrida o no lineal que libra el Kremlin contra México, utilizando a su embajada y medios estatales como punta de lanza, está dirigida estratégicamente a socavar la influencia de los Estados Unidos, moldear el comportamiento del gobierno local e influir en la opinión pública a favor de Rusia, reforzando la percepción de que el vecino del norte no solo es un socio no confiable, sino un adversario potencial. La «desnazificación» de Ucrania, el «neocolonialismo» estadounidense y la «agresión» de la Organización del Tratado de Atlántico Norte (OTAN) contra la Federación Rusa fueron bulos reproducidos por la embajada cerca de un centenar de ocasiones en el transcurso de diez meses durante 2023, con lo que rebasaron a sus pares regionales, según reveló un estudio del Laboratorio de Investigación Digital Forense del Atlantic Council en Washington. En 2024, la embajada replicó el alegato de que las armas suministradas por los Estados Unidos a Ucrania se estaban vendiendo a cárteles mexicanos en el mercado negro, versión desmentida por la embajada estadounidense. En el mismo tenor, la agencia de noticias rusa Tass reportó que la Administración Federal Antinarcóticos (DEA) y el Buró Federal de Investigaciones (FBI) estadounidenses estaban reclutando a miembros encarcelados de los cárteles de la droga mexicanos y colombianos para pelear en Ucrania, según el Servicio de Inteligencia Exterior de Rusia (SVR). Esto también fue desmentido.

La edición que el lector tiene en sus manos se enriquece con el capítulo «Lo que Rusia busca en México», en el que Marginedas —uno de los pocos periodistas en el mundo que se ha interesado por investigar las redes rusas en México y América Latina, con la autoridad que le confieren más de dos décadas como corresponsal en Rusia y una trayectoria periodística sin temores ni favores— desvela la posible injerencia del Kremlin en la política mexicana y apunta hacia la predisposición favorable a Rusia de Gerardo Fernández Noroña y Adán Augusto López, senadores del partido hegemónico Movimiento de Regeneración Nacional (Morena), quienes maniobraron, en 2024, para sacar adelante la controvertida reforma judicial en el Senado, «probablemente con las bendiciones del Estado ruso, convertido en el auténtico convidado de piedra de aquella decisiva sesión parlamentaria» en la que se acordó el fin de la impartición de la justicia en México.

Históricamente, México ha sido un objetivo valioso para los servicios de inteligencia de otras potencias por su cercanía con los Estados Unidos. Durante la Guerra Fría, nuestro país fue un importante centro de espionaje, a la par que Viena y Estambul. Los servicios de inteligencia estadounidenses llegaron a estimar que al menos 150 agentes de la KGB, la extinta agencia de inteligencia soviética, operaban en territorio nacional bajo la cobertura de diplomáticos, empleados, cocineros, choferes y periodistas. Hoy, el interés del Kremlin en México no solo está en posicionarlo como base regional del espionaje ruso, sino en arrastrarlo a una confrontación con los Estados Unidos, su enemigo existencial, reviviendo los resentimientos antiestadounidenses por la pérdida de la mitad del territorio nacional hace casi dos siglos, mismos que, «tarde o temprano», México habrá de recuperar, como vaticinó Nikolái Pátrushev, exdirector del Servicio Federal de Seguridad de la Federación de Rusia —sucesor de la KGB—, y a quien se considera como el número dos en la pirámide de poder de Putin.

La idea de provocar un conflicto con los Estados Unidos encuentra resonancia en el ala más radical de la llamada Cuarta Transformación (4T), el movimiento político de Morena cuyos exponentes ocupan influyentes posiciones en medios de comunicación, gobiernos estatales y el gabinete de la presidenta Claudia Sheinbaum. Botón de ejemplo de ese grupo es Fernández Noroña quien —en medio de las tensiones con Washington por las redadas contra migrantes— reclamó los territorios anexados por los Estados Unidos y se ofreció a pagar por un muro fronterizo en la línea divisoria de 1830, tal como lo planteó la Agencia Rusa de Diseño Social, parte del operativo de inteligencia financiado por el Kremlin que lleva el nombre de Doppelgänger para incitar el antiyanquismo mexicano, «con la ayuda de Morena», para reivindicar los terrenos perdidos bajo la consigna de «México no perdona», de acuerdo con un documento del Departamento de Justicia estadounidense de 2024.

Formados en las luchas ideológicas de tiempos pasados, los Lenin de pacotilla mexicanos ven la contienda en Ucrania como una guerra entre la izquierda y la derecha, en la que Rusia es el bueno que lucha por un nuevo orden mundial multipolar, conformado por focos alternativos como el grupo BRICS —la alianza de economías emergentes capitaneada por Rusia y China—; y, del otro lado, los Estados Unidos, el perverso agresor belicoso que se aferra al dominio universal. En *Rusia contra el Mundo*, Marginedas argumenta que el Gobierno de Putin no es de izquierda ni de derecha, sino un Estado terrorista y mafioso, controlado con puño de hierro por un régimen criminal que ha hecho del hampa una extensión del poder oficial; y, de la violencia, una herramienta de política exterior, dirigida por un líder inescrupuloso que se alía tanto con dictadores de derecha como de izquierda, y utiliza a su conveniencia a Gobiernos que se dicen neutrales. Putin no es un demócrata progresista, como opinó Fernández Noroña en el pleno del Senado, sino el gran desestabilizador de la geopolítica global, obsesionado por controlar a Ucrania, cuya existencia considera una suerte de aberración histórica.

Con base en una extensa estructura de plataformas en redes sociales y sitios web nacionales y extranjeros interconectados, Rusia ha creado cámaras de resonancia que transmiten información falsa o engañosa, diseñada para manipular a la opinión pública en todos los rincones de la república mexicana. Parte de ese ecosistema son las «marcas blancas», medios que, sin tener nexos financieros comprobados con el Kremlin, difunden sus narrativas. Es el caso de Canal Red, del político español Pablo Iglesias y la propagandista rusa Inna Afinogenova —exdirectora del sitio Russia Today (RT) en Español—, que este año establecieron en México su base de operaciones regionales, con la bendición del Gobierno de Sheinbaum. Bajo las órdenes que emite desde Moscú Margarita Simonián, jefa máxima de RT, para quien la propaganda es un arma más efectiva que las balas que disparan los soldados rusos. RT en Español manipula a personas con marcos mentales preconcebidos, incapaces de entender que la línea divisoria ideológica no es entre izquierda o derecha versus centro, sino entre institucionalistas versus disruptores antiinstitucionalistas, democracias liberales versus autocracias medievales. Prohibidos en la mayoría de los países occidentales, aun antes del conflicto con Ucrania, RT en Español y Canal Red no son medios «alternativos» con puntos de vista «diferentes», como se pretenden, sino herramientas en la guerra híbrida del Kremlin.

Muestra de cómo RT en Español se ha incrustado en el espacio mediático mexicano es el Club de Periodistas de México, A. C., la primera institución nacional cooptada por Rusia en connivencia con los Gobiernos de Morena. La otrora respetada agrupación, fundada en 1952 para promover la excelencia en el periodismo mexicano, ahora premia cada año a propagandistas y conspiranoicos rusófilos nacionales y extranjeros, de derecha e izquierda, un ejemplo de la sinergia entre los extremos del espectro ideológico en actos en los que el único embajador presente es el ruso. Entre los galardonados de 2023 destacó el oligarca Konstantin Malofeev, magnate mediático y dueño de Tsargard TV, canal ortodoxo que aboga por la restauración de la monarquía y por elevar a Putin a zar vitalicio, y sobre el cual pesa una acusación penal en Washington por evasión de sanciones. Malofeev sostiene que la guerra en Ucrania es el punto de inflexión que está acabando con el liderazgo internacional de los Estados Unidos, marcando el inicio de una nueva era de guerras e intensa competencia por el poder global. El inverosímil galardón al oligarca del Kremlin se entendería de confirmarse las versiones del apoyo económico ruso al llamado club de periodistas.

Con la excepción de Cuba, Venezuela y Nicaragua, satélites de Rusia, el Kremlin no espera que los países de la región respalden explícita y públicamente la invasión de Ucrania, por lo que considera una victoria la «neutralidad calculada» (concepto acuñado por el Instituto Estadounidense para la Paz en Washington) que han asumido algunos Gobiernos como el mexicano, máxime cuando, en la práctica, dicho posicionamiento se traduce en acciones y declaraciones a su favor, como muestran los hechos. Tras declarar a México «neutral» frente a la guerra contra Ucrania, el expresidente Andrés Manuel López Obrador se negó a condenar la invasión rusa; criticó a Washington por ayudar a Ucrania a defenderse; propuso una paz que Kiev tachó de «plan ruso»; invitó a militares rusos a México a desfilar en los festejos del aniversario de la Independencia; y su canciller rechazó firmar una declaración de condena por el robo de niños ucranianos en un foro internacional en Suiza porque la Federación Rusa no fue invitada. Rusia «ama» a López Obrador por su posición «balanceada y razonable», declaró su embajador en México, Nikolay Sofinskiy. Una vez terminado su sexenio, AMLO se marchó sin criticar una sola vez a Putin y sin reconocer el legítimo derecho de Ucrania a defender su integridad territorial. En la misma línea, Sheinbaum invitó al presidente ruso a su toma de posesión, aunque no asistió.

* * *

Sustentado en datos factuales, pruebas, escenarios, testimonios, teorías y denuncias con nombres y apellidos a lo largo de un preámbulo, nueve capítulos y un epílogo, Marc Marginedas prueba por qué Rusia es un Estado fusionado con el crimen organizado, que asesina a adversarios mediante el envenenamiento, su «método preferido»; se ensaña con crueldad y salvajismo contra la población civil, como hicieran los nazis durante la Segunda Guerra Mundial; consuma atentados terroristas de falsa bandera para ocultar la autoría del Estado; desprecia la vida humana enviando oleadas de soldados a misiones suicidas; secuestra y comete ataques de precisión contra periodistas y trabajadores humanitarios; y seduce a líderes occidentales. Con información de primera mano, su investigación devela que las tres guerras de Putin en Chechenia, Siria y Ucrania están unidas por un cordón umbilical y fueron iniciadas de acuerdo con una misma justificación: recuperar para Rusia el estatus de superpotencia imperial que un día detentó la Unión Soviética. En suma, el demoledor relato de Marginedas es un reconocimiento al periodismo de investigación en un tiempo en el que la desinformación, la propaganda disfrazada, las *fake news* y los datos fabricados amenazan a la democracia.

En los tres años y medio transcurridos desde que los tanques rusos rodaron sobre la joven república ucraniana y sus bombas colmaron sus cielos, México ha sido terreno fértil para la injerencia rusa, por lo que *Rusia contra el Mundo* no es solamente una lectura obligada. Es, además, una advertencia y una invitación a llevar a cabo una conversación urgente y necesaria para un México cada vez más polarizado, donde los hechos y la verdad son las primeras víctimas. Tal y como advierte el autor en el capítulo dedicado a nuestro país, más allá de la confrontación a corto plazo con Occidente, Rusia también está haciendo una inversión a futuro, con la esperanza de consolidar una élite política mexicana que respalde abiertamente sus objetivos geopolíticos en los años y décadas por venir: «Por eso, este libro es también para ellos, las voluntades compradas por Rusia: es mi granito de arena... Que la próxima vez que un espectador consuma propaganda rusa a través de un canal oficial ruso o alguna de sus múltiples marcas blancas, entienda que lo que consume no es información, sino una suerte de ataque híbrido contra la democracia, destinado a desestabilizar y polarizar».

Dolia Estévez,
Washington D. C.,
8 de agosto de 2025.

Preámbulo

Donde empezó todo: Moscú y Riazán, 1999

Los escombros aún humeaban, prueba de que, bajo aquella gigantesca pila de cascotes, se estaba desarrollando un incendio de grandes proporciones. Era todo lo que quedaba del segmento central de un alargado edificio de paneles de nueve plantas en la calle Guriánova, junto a un gran meandro que forma el río Moscova a su paso por los barrios sureños de la capital rusa. Los miembros de los equipos de rescate, enfundados en su uniforme azul, descansaban tumbados sobre el césped adyacente, después de haber pasado toda la noche trabajando entre los restos de la vivienda. Soplaba un viento helado y hacía frío, un frío otoñal, totalmente acorde con aquellas latitudes nórdicas, y en una fecha, un 9 de septiembre de 1999, en la que los efectos del calentamiento global aún no se hacían sentir en la meteorología de Rusia.

«Nadie puede sobrevivir allí abajo», lamentaba uno de sus integrantes, mientras observaba cómo los bomberos dirigían sus mangueras hacia el lugar del siniestro e intentaban apagar esas llamas internas y no visibles que les impedían proseguir con sus labores.[1]

Cubrir como periodista aquella explosión, con visos de atentado ya en esas tempranas horas, era probablemente la más desafiante tarea a la que podía enfrentarse un reportero como yo. Llegado a Rusia hacía tan solo un año y medio, mi conocimiento del idioma aún era pobre y en ningún caso estaba familiarizado con las prácticas subversivas de los servicios secretos soviéticos, que durante décadas habían hecho y deshecho con absoluta impunidad. Tampoco lo estaba con la cultura política de un país donde los ciudadanos a menudo son tratados como súbditos y considerados, llegado el caso, como material prescindible por el poder político de turno. Dada mi relativa bisoñez en el mundo postsoviético, Yelena Volodárovna Chernenkova, mi ayudante moscovita, era mis ojos, mis oídos y hasta mi boca en aquel país y entorno cuyas claves y mentalidad tardaría aún años en desentrañar.

Yelena fue el pasaporte, la pieza indispensable, que me permitió entrevistar en un cine cercano a algunos de los supervivientes de la acción terrorista. Hoy en día, el recuento oficial de víctimas es de 109 fallecidos y 249 heridos, pero en aquella mañana de horror los datos todavía no estaban claros.

Aún en camisón, zapatillas y protegida de la adversa meteorología por una gabardina, Valentina Vasliúkova deambulaba con un vale de comida en la mano entre el trajín y el griterío de familiares que se agolpaban ante las listas donde se especificaba el paradero de tal o cual persona. Evitó correr la misma suerte que Olga, Nikolá y la tía Valentina, sus queridos vecinos, gracias a que, en el momento de la deflagración, dormía en su habitación. Pero si en lugar de hallarse en la cama, hubiera estado sentada en la cocina, tomándose un té o preparándose algo para comer, habría sido igualmente arrastrada por el derrumbe.

«Oímos un tremendo golpe seco y fuerte; en seguida comenzó el humo; mi hijo de catorce años me tumbó en el suelo y me cubrió con una manta para poder respirar», nos explicaba. Acto seguido, ambos intentaron salir al rellano, pero comprobaron que no podían descender por la escalera porque esta se había desvanecido. «Salimos a través del balcón de al lado, que da a otro portal», continuó.

La ola de terror, en realidad, no había hecho más que comenzar. A aquel atentado le siguió otro, tan solo cuatro días después, en un inmueble de la carretera de Kashira, una amplia avenida con ribetes de autopista que atraviesa el sur de Moscú.[2] Fue una fotocopia casi exacta de la anterior explosión, con idéntico *modus operandi*: sacos repletos de hexógeno, una sustancia explosiva con una textura similar a la del azúcar, colocados estratégicamente en la planta subterránea del edificio para provocar el derrumbe de la estructura y causar el mayor número de muertes posible entre el vecindario. La única diferencia con el anterior atentado era la morfología del objetivo terrorista: en esta ocasión, no se trataba de un bloque de apartamentos de barato material prefabricado, sino de una recia construcción de ladrillo que se desplomó sobre sí misma por completo, cual castillo de naipes.

Tras este segundo incidente, el pánico se desbordó por la ciudad ante la certeza de que nos encontrábamos inmersos en una campaña de terror indiscriminado. Sus fines aún eran opacos, pero parecía destinada a causar el mayor número de muertos y, frente a ella, nadie podía sentirse a salvo. Las llamadas telefónicas a las fuerzas de seguridad para que revisaran los bajos de los edificios se multiplicaban, los hospitales imponían restricciones a las visitas de sus pacientes en previsión de nuevos actos de terrorismo, mientras la alcaldía de Moscú decretaba el registro obligatorio de los transeúntes, con especial atención a los ciudadanos procedentes de la díscola república de Chechenia, en el Cáucaso norte ruso.

La razón de semejantes restricciones era simple: toda la clase política del país, desde el recién nombrado primer ministro Vladímir Vladímirovich Putin, hasta el alcalde capitalino Yuri Mijáilovich Luzhkov, había apuntado, con el dedo acusador y sin ningún tipo de pruebas, a la insurgencia de la república caucásica. Tan solo tres años antes, la república de Chechenia había infligido una humillante derrota al Ejército federal ruso durante una sangrienta guerra de dieciocho meses de duración, forzando su retirada del territorio y viviendo desde entonces en un régimen de semindependencia, a la espera de negociar su estatus definitivo y sus relaciones con la Federación Rusa.

«Vamos a perseguir a los terroristas en cualquier lugar; si están en el aeropuerto, los vamos a perseguir en el aeropuerto; y si los pillamos en el baño, los tiraremos por el retrete y el problema se habrá acabado de una vez para siempre», declaró por aquel entonces ese joven y enérgico primer ministro de cabello rubio, baja estatura y complexión fuerte, empleando una jerga y un vocabulario más propio del submundo del hampa que de los hombres de Estado en Rusia.

En poco más de tres meses, ese gris personaje apenas conocido por el gran público se convertiría en el presidente de Rusia, iniciando un longevo y controvertido mandato como hombre fuerte del país que se prolongaría durante más de dos décadas, hasta el día de hoy.

Sin embargo, entre las inculpaciones sin fundamento de los dirigentes contra los «terroristas» caucásicos, entre los exabruptos de ciudadanos en programas de radio pidiendo que se empleara la bomba atómica contra el diminuto territorio checheno, entre el ambiente de psicosis azuzado por los presentadores del primer canal de televisión vestidos de negro, comenzaba a elevarse, en algunos círculos independientes, un murmullo portador de una tesis muy diferente. ¿Y si en realidad los atentados no tuvieran nada que ver con la guerra caucásica y sí con la inminencia de unas elecciones legislativas y presidenciales en las que se dirimiría el relevo, al frente del país, del achacoso y enfermizo presidente Borís Yeltsin?[3]

«La pista electoral, como se especula ya en Moscú, no es tan descabellada si se tiene en cuenta que, de la celebración de las elecciones, dependen el poder, el dinero y la amenaza de cárcel para muchos de los que ahora rodean al trono [Yeltsin]; no es descabellada, pero sería horrible», escribió proféticamente, en una pieza de análisis, Alfons Ribera, redactor jefe de la sección de Internacional de *El Periódico*.

Aquella etérea tesis, todavía inconcebible por lo monstruoso de la misma, comenzó a tomar cuerpo a los ocho días exactos de las inquietantes frases del periodista catalán. En Riazán, una localidad situada a dos centenares de kilómetros al sureste de Moscú, vecinos de un bloque de apartamentos identificaron en plena noche a individuos sospechosos, llegados a bordo de un vehículo con la matrícula manipulada, colocando tres sacos también en los bajos del edificio. Los locales llamaron inmediatamente a la policía, cuyos agentes comprobaron que se trataba también de recipientes con la mencionada sustancia explosiva en su interior y conectados a un cronómetro y a un detonador.

Inmediatamente, los policías procedieron a evacuar el edificio, al tiempo que vinieron los artificieros para desarmar la bomba. La psicosis de atentados se apoderó de Riazán aquella noche, y los habitantes de aquel edificio pasaron la noche en un polideportivo mientras las fuerzas policiales trabajaban para devolver la seguridad al lugar. Finalmente, gracias a los retratos robot realizados a partir de las descripciones de los vecinos y a la pericia de una operadora de teléfono, quien escuchó una conversación de los individuos cuando intentaban abandonar la ciudad, se pudo detener a los conspiradores.

La sorpresa vendría inmediatamente después, e iba a pillar a todo el mundo a contrapié: los arrestados eran en realidad dos hombres y una mujer que, en el momento de la detención, presentaron identificaciones emitidas por el Servicio Federal de Seguridad (FSB, por sus siglas en ruso). No eran terroristas chechenos, sino todo lo contrario, eran funcionarios del Estado y pertenecían a uno de los cuerpos de inteligencia en los que había sido dividido hacía relativamente poco el temido KGB soviético.

A partir de ese momento, el rumor sin concretar que atribuía la responsabilidad de las explosiones a alguna estructura estatal intentando influir en la inminente carrera electoral adquirió la categoría de sospecha fundada. Y solo en ese preciso momento, cuando ya habían transcurrido dos días del terrible descubrimiento en Riazán y los agentes-terroristas habían sido expuestos a la luz pública sin remisión ni posibilidad de enmienda alguna, Nikolái Pátrushev, el entonces director del FSB y exsecretario del Consejo de Seguridad de Rusia, se avino a acudir a los micrófonos de NTV, la principal cadena de televisión independiente. El que ha sido considerado desde siempre como uno de los hombres más cercanos al presidente Putin recurrió a los medios para proclamar que, en realidad, la bomba de Riazán era falsa y que aquello tan solo se trataba de «un ejercicio» para testear la respuesta policial y ciudadana tras la cadena de atentados.[4] No queriendo dejar cabos sueltos, aprovechó la ocasión para felicitar a los vecinos y a las fuerzas de seguridad por su «labor y vigilancia». En cuestión de segundos, millones de ciudadanos rusos se sumieron en el desconcierto.

Stéphane Bentura, documentalista francés, se hallaba en Rusia en septiembre de 1999, empleado por la agencia CAPA. Inmediatamente centró su atención en aquellos hechos sin pies ni cabeza que se habían producido no lejos de la capital y que la incipiente prensa independiente rusa debatía abiertamente. El progresivo cerrojazo informativo que se iniciaría en Rusia meses más tarde, en cuanto Putin se hiciera con las riendas del Kremlin, aún no se había materializado. Y tal y como recuerda el cineasta, desde el mandato de Mijaíl Gorbachov, existían en el país unos medios de comunicación locales e independientes en ebullición, especialmente en el ámbito de la investigación.

Las contradicciones de aquellos sucesos eran palmarias. «Todo era absurdo; tras la desactivación de la bomba en Riazán, Vladímir Rushailo [el ministro del Interior de entonces] se había congratulado de que la policía local hubiera desbaratado un atentado», destaca el documentalista. Antes de continuar: «Sin embargo, al cabo de poco tiempo, salió Pátrushev a la palestra diciendo que aquello no era un atentado, sino un ejercicio de entrenamiento».

Bentura optó por regresar a París para convencer a sus editores de que había que acudir al escenario de aquel extraño incidente y hacer un reportaje, que acabaría emitiéndose en el programa *Le Vrai Journal*, de la cadena Canal+.

El cineasta llegó a Riazán ya entrado noviembre, es decir, alrededor de dos meses después del susto colectivo, permaneciendo allí dos días. Habló fundamentalmente con los vecinos del edificio donde fue hallada la bomba, quienes, pese a todas las explicaciones dadas por Pátrushev, seguían diciendo que aquello había sido un atentado y estaban muy sorprendidos de que alguien mantuviera lo contrario.

El primer elemento que despertó las sospechas de los locales fue la matrícula falseada de un coche Zhiguli de color blanco. En Rusia, la región a la que pertenece un determinado vehículo se especifica mediante una cifra de dos o tres números en las placas. Pues bien, los testimonios con los que habló Bentura le aseguraron que, en la del coche intruso, había sido enganchado un trozo de papel en el que se había escrito el número 62, que corresponde a la región de Riazán, aparentemente para ocultar el origen moscovita del vehículo.

En especial, los testigos consultados hicieron hincapié en el terror y el espanto dibujado en los rostros de los agentes que bajaron al sótano, contemplaron los sacos, comprobaron que se trataba de un explosivo y ordenaron la evacuación del lugar. «Me contaron que llegaron en plena noche, bajaron contrariados, porque el lugar estaba sucio, olía a excrementos y pensaban que se les había molestado para nada, pero luego subieron en estado de pánico y ordenaron de inmediato la evacuación», rememora el periodista.

Bentura identificó muchas otras inconsistencias. En particular, el veto impuesto por los mandos policiales a que pudiera hablar con Yuri Tkachenko,[5] el artificiero al frente del equipo que desactivó la bomba, quien, según le explicaron, había sido enviado a Chechenia. Igual de contradictorio les parecía a los lugareños el comportamiento de Aleksándr Sergueyev, el comandante del FSB en Riazán. Pasó la noche de la evacuación en el polideportivo con los vecinos, consolando y tranquilizando a la gente. De repente, tras la intervención pública de Pátrushev, su jefe de filas en Moscú, cambió de versión y explicó que, en cuanto el ejercicio de entrenamiento hubo acabado, permitió el regreso, asumiendo, en consecuencia, la versión oficial de los hechos.

Lo sucedido con el detonador de la bomba, fotografiado por la policía local, también se convirtió en un asunto con multitud de incoherencias, insiste el reportero. Saltaba a la vista en las imágenes tomadas por la policía que se trataba de un ingenio electrónico muy complejo, mientras que Pátrushev lo describía como un juguete que funcionaba con pilas. Los sacos hallados en el edificio nunca fueron mostrados por el FSB, sino que acabaron siendo destruidos, mientras las autoridades, con Pátrushev a la cabeza, sostenían por activa y por pasiva que aquello era azúcar.

Todo el material incautado fue finalmente sellado, siguiendo la decisión de una votación parlamentaria en la Duma, donde el partido de Putin contaba ya entonces con holgados apoyos. La Duma Estatal es la Cámara Baja de la Asamblea Federal de Rusia y el máximo órgano legislativo del país. En ella, se llegó incluso a prohibir por ley realizar investigaciones acerca de las explosiones durante los siguientes 75 años. Sin embargo, esto no ha evitado que se sucedieran algunas investigaciones externas al respecto.

Y si hay alguien que haya indagado con minuciosidad acerca de la naturaleza de esos atentados, es David Satter, periodista estadounidense y excorresponsal en Moscú del diario *Financial Times* durante los años setenta y ochenta. Cual perro de presa, Satter, quien en la actualidad tiene setenta y siete años, no solo viajó hasta Riazán en los meses posteriores al atentado fallido, sino que ha ido acumulando durante décadas un impresionante archivo con información que apunta, sin excepciones, a la responsabilidad de estructuras estatales. Se convierte así en la primera voz de peso en acusar abiertamente al régimen de Putin de los polémicos atentados en Moscú y otras ciudades rusas en las postrimerías del mandato de Yeltsin.

El informador estadounidense llegó incluso a hablar con Alekséi Kartofelinkov, la persona que identificó a los desconocidos cargando los sacos en su vecindario, y con su hija Yulia, y su relato de los hechos coincide exactamente con los testimonios recogidos por Bentura.

Al apercibir la presencia de extraños en las cercanías de su edificio, el vecino llamó frenéticamente a la policía, pero al otro lado del teléfono siempre comunicaba. Finalmente, alguien cogió la llamada, y aunque al principio los agentes se resistían a moverse del cuartel para acudir a investigar, tras mucho insistir padre e hija accedieron a sus ruegos. A eso de las nueve y media de la noche, Alekséi y Yulia se encontraron con los policías enfrente del edificio y describen lo sucedido con las mismas palabras que los testimonios recogidos por el documentalista francés.

«La policía no quería bajar porque los vecinos utilizaban el sótano como lavabo, pero Yulia insistió; regresaron y dijeron que había que evacuar inmediatamente el edificio», recuerda Satter desde su domicilio del norte de Washington D. C., durante una larga jornada de trabajo en la que juntos pasamos revista a sus hallazgos periodísticos y buscamos material en sus archivos.

En los años inmediatamente posteriores a la elección de Putin, la incipiente sociedad civil que había nacido durante el mandato de Mijaíl Gorbachov y se había desarrollado bajo la presidencia de Borís Yeltsin aún no había sido neutralizada por completo. Y obtuvo una pequeña victoria con la formación de una comisión pública de investigación compuesta por el vicepresidente de la Duma y reputado disidente de la era soviética, Serguéi Kovaliov, los también diputados Serguéi Yúshenkov y Yuri Shchekochikhin y el abogado Mijaíl Trepashkin. Sin embargo, todo fue un espejismo. El comité nunca pudo terminar sus trabajos debido, por un lado, a la falta de cooperación de las autoridades, pero, sobre todo, a las bajas que se fueron produciendo entre sus miembros.

Shchekochikhin perdió la vida en julio de 2003, durante un viaje a Estados Unidos, cuando enfermó de una extraña dolencia con síntomas similares a los de una intoxicación radiactiva. Trepashkin dio con sus huesos en la cárcel después de obtener el testimonio del dueño de uno de los sótanos donde se colocaron los explosivos, quien le explicó que un agente del FSB le había alquilado el local, por cargos que, según Amnistía Internacional, tenían una motivación política.[6] Yúshenkov había sido asesinado a balazos meses antes, concretamente en abril de 2003, cerca de su domicilio en Moscú, después de haber recibido amenazas de muerte emitidas por el general Aleksándr Mijailkov, un alto mando del FSB.

Satter recuerda muy bien a este último político, presidente del Comité de Seguridad de la Duma, un hombre con el que se había reunido en algunas ocasiones. En un encuentro que tuvo lugar antes de su asesinato, le había explicado que había conseguido copias de una película titulada *Dinamitando Rusia*, en la que se denunciaba la implicación del Estado en los atentados, y que quería mostrarla en el Parlamento.[7] La proyección de la cinta, financiada por Borís Berezovski, un oligarca próximo a Borís Yeltsin caído en desgracia con la llegada de Putin al poder, había sido rechazada en votación por la asamblea, pero muchos diputados le habían expresado su deseo de ver el documento gráfico en privado. La noche en que el periodista estadounidense recibió la noticia de la muerte de Yúshenkov, temió por su vida. «Fui a la ventana y miré a los edificios vecinos, las farolas y la calle prácticamente vacía; por vez primera en veintisiete años escribiendo acerca de Rusia, tuve miedo de salir de mi apartamento», rememora Satter en su libro *The Less You Know, the Better You Sleep*.[8]

La investigación oficial de los atentados identificó a los supuestos perpetradores y cerebros, aunque únicamente un puñado de colaboradores fueron detenidos y juzgados. El presunto responsable último de la operación, Achemez Gochiváyev, originario de la pequeña república caucásica de Karacháyevo-Cherkesia, permanece huido desde principios de siglo y se desconoce su paradero. Y mientras los interrogantes siguen sin despejarse y generando sospechas, Rusia va celebrando, año tras año, aniversarios de esta polémica ola de atentados, efemérides que van pasando sin pena ni gloria por el calendario oficial del país. Cada año, en septiembre, las explosiones de 1999 apenas son recordadas en los programas de noticias, pese a que generaron en la sociedad rusa un trauma colectivo similar al que provocaron en España los ataques del 11-M en la estación de Atocha o en Estados Unidos los atentados del 11-S:[9] 293 fallecidos, 651 heridos, edificios de viviendas destruidos, y artefactos explosivos desactivados en varias ciudades.

Las implicaciones de que crímenes de semejante envergadura hubiesen quedado impunes para la posteridad, las consecuencias de que se instalara entonces, en toda una superpotencia dotada de armas nucleares, un régimen sin escrúpulos capaz de asesinar impunemente a centenares de conciudadanos por interés propio, no se han limitado al interior de la Federación Rusa, sino que han reverberado a nivel internacional, prolongándose incluso hasta nuestros días.

Desde el inicio de la actual guerra en Ucrania, un buen número de intelectuales y políticos del país eslavo viene denunciando, con grandes dosis de amargura, que la invasión rusa contra su país lanzada el 24 de febrero de 2022, el primer ataque de un Estado contra un vecino en Europa desde la Segunda Guerra Mundial, jamás hubiera sido posible si no hubiera existido un largo proceso de empoderamiento de Putin. Un proceso que se inició precisamente entonces, con aquellos atentados irresueltos en 1999, en el cual la comunidad internacional y, en particular, Estados Unidos y la Unión Europea tienen grandes dosis de responsabilidad.

«Hoy, cuando los occidentales se han dado cuenta finalmente de lo que está haciendo en Ucrania, puede ser más fácil entender que este hombre [Putin] fuera capaz de cometer los más horribles crímenes contra cualquier pueblo, incluido el suyo», explica Mykola Ryabchuk, periodista e intelectual ucraniano.

> Entiendo los problemas cognitivos y factuales que los occidentales tenían [en aquella época] respecto a los crímenes de Putin; han aplicado siempre el beneficio de la duda al nuevo líder ruso, lo que habría sido políticamente justificable y razonable si no hubiera sido materializado siempre de forma incondicional y sistemática.

Y lo que ha sucedido es exactamente esto, viene a denunciar Ryabchuk. Cada nuevo crimen de Putin ha sido aceptado o incluso recompensado con nuevas zanahorias. Y tras citar unos cuantos ejemplos que demuestran una pasividad y un desinterés semejante en Europa y Estados Unidos por obligar al Kremlin a asumir las responsabilidades de sus acciones, acaba por proferir, con desconsuelo, la acusación a Occidente de haber alimentado al monstruo para ahora dejar que los ucranianos se enfrenten con él. «¡No es justo!», clama.

Las páginas que vienen a continuación van a tratar exactamente de esto. De cómo el país más grande del mundo, desde aquellos sucesos de 1999, se ha instalado en una realidad paralela, imposibilitando el surgimiento de una sociedad civil que pueda ejercer un control efectivo sobre el poder político. De cómo su ciudadanía vive sometida por una élite indolente y egoísta que mantiene comportamientos y privilegios inconcebibles en un Estado desarrollado y evolucionado. De cómo esta élite proyecta a nivel interno y externo una imagen de imperio y poderío que en realidad solo existe en las mentes de unos cuantos, gracias a exitosas campañas de desinformación perfeccionadas con el paso del tiempo. De cómo el Kremlin ha venido reclutando y seduciendo a medios, periodistas, políticos y diplomáticos foráneos para apuntalar en el exterior esa realidad paralela en la que tan cómodo se mueve y que tantos frutos le está reportando. Pero, sobre todo, los capítulos de este libro que probablemente levantarán más ampollas serán los últimos, que tratan sobre cómo este Estado-mafia, que exporta redes de crimen organizado se ha afianzado en el panorama mundial recurriendo a métodos brutales y absolutamente proscritos en las relaciones internacionales, como son la connivencia, el apoyo y la manipulación del fenómeno del terrorismo internacional, participando incluso en tomas de rehenes y atentados.

Después de haber vivido una quinta parte de mi vida en Rusia, y de haber vagado por infinidad de escenarios bélicos en los que ha participado este país al que considero mi patria de adopción, creo que ha llegado el momento de explicar todo lo que he visto, de decir aquello que, por una razón u otra, me dejé en el tintero. Llegaré hasta donde me lo permitan mis informaciones y conocimientos, explicaré todo lo que pueda demostrar con pruebas y ante un juez, si llega el caso. No especularé con los datos, e incluiré, siempre que pueda, nombres y apellidos de aquellos políticos, diplomáticos o periodistas que ignoraron sus funciones y coadyuvaron, por activa y por pasiva, de forma voluntaria o inadvertida, en el surgimiento de esta colosal amenaza, que ha acabado por desencadenar la más grave tragedia vivida en el continente europeo desde el final de la Segunda Guerra Mundial. Ya lo expuso con brillantez el cineasta Bentura durante la entrevista que me concedió para este libro:

«Antes incluso de que Putin se afianzara en el poder, con los atentados de 1999, es "el imperio de las mentiras" el que se instala en la Federación Rusa.» Y como bien sabemos los periodistas, solo existe un antídoto para desmontar cualquier estructura disfuncional basada en el embuste y la superchería. Y se llama verdad.

I

Accidentes de tráfico, carreteras mortales y privilegios de castas

Yulia Piatkova no podía imaginar que aquella fría mañana de diciembre de 2009, cuando paseaba junto a su hermana mayor Elena por la avenida Lenin, en el centro de la ciudad siberiana de Irkustsk, lo que en realidad estaba haciendo era apurar los últimos instantes de la existencia de quien había sido, hasta aquel momento, su gran amiga y confidente en la familia. Ambas mujeres acababan de detenerse frente una tienda de mascotas llamada «Gato Pelirrojo» e, instantes después de que Yulia comentara su sorpresa al comprobar que el comercio de animales aún permanecía abierto, un Toyota Corolla invadió la acera a gran velocidad y las embistió.

Al volante se hallaba Anna Shabénkova, una joven inexperta que acababa de adquirir su vehículo y que apenas había conducido en los últimos siete años. Pese a su escasa destreza, Shabénkova, que ya acumulaba numerosas multas de tráfico en su corta trayectoria como conductora, optó por pisar el acelerador para pasar un semáforo en ámbar, violando el límite de velocidad establecido en el centro urbano de Irkutsk. En esta ocasión, al ser invierno, las consecuencias de la infracción fueron más allá de la simple sanción administrativa: el coche resbaló en los raíles helados del tranvía y, fuera del control de su propietaria, se salió de la calzada y se precipitó sobre ambas peatonas, dejando a Elena y a Yulia malheridas sobre la acera. Horas después, la mayor de las hermanas Piatkov falleció en el hospital como consecuencia de las heridas sufridas.

Poco tardaron los medios de comunicación, tanto locales como estatales, en caer en la cuenta de que aquel no era uno más de los muchos accidentes de tráfico que suceden a diario en Rusia. Anna Shabénkova era la hija de Liudmila Shabénkova, la presidenta de la Comisión Electoral de la región de Irkutsk.[1] Y aunque no se trataba de una de esas ricas familias vinculadas a la casta de oligarcas que controlan la economía rusa desde la desaparición de la URSS, sí es cierto que el organismo que dirigía entonces la progenitora de la temeraria conductora era, y sigue siendo, un eslabón fundamental en el sistema político instaurado en el país tras la llegada de Vladímir Putin al poder.

En Rusia, los candidatos del partido oficialista Rusia Unida ganan, elección tras elección, tanto a nivel local como a nivel estatal, gracias a las barreras administrativas impuestas por las comisiones electorales, que impiden a las fuerzas políticas opositoras competir en igualdad de condiciones y manipulan los recuentos de sufragios tras las votaciones.

Una ola de indignación, inédita hasta entonces en el país, se generó por el comportamiento de Anna en los instantes posteriores a la colisión. Las imágenes captadas por las cámaras de seguridad y difundidas a través de Internet mostraban a la conductora agitada, saliendo del coche, mirando los bajos del vehículo y comprobando los daños sufridos. Después, comenzó a hablar con alguien mediante su teléfono móvil, ignorando a las dos víctimas que yacían sobre la acera, a escasos metros de ella. Posteriormente, se supo que esa primera llamada realizada por Anna tras el accidente no era a ningún hospital o servicio de urgencia, sino a su influyente progenitora, a la que pedía consejo para afrontar la situación. Fue un vendedor de bebidas alcohólicas que pasaba por el lugar el primero en llamar a una ambulancia.

Han transcurrido una docena de años de todo aquello, pero Yulia, sentada en un restaurante de Irkutsk frente a una taza de café, sigue sin poder contener las lágrimas cuando rememora algunos de los momentos más complicados vividos tras el accidente. «Estuve dos meses en el hospital y durante todo el primer año ni siquiera pude salir de casa», explica.

Fueron cinco las operaciones a las que tuvo que someterse para reparar las diversas fracturas óseas que presentaba y colocarle implantes metálicos. La más grave de todas, sin embargo, fue la primera, destinada a suturar el lóbulo izquierdo de su hígado desgarrado. Recuerda los cambios de vendaje como muy dolorosos, pues se realizaban sin anestesia y se llevaban por delante fragmentos de la herida en carne viva que tenía en la pierna derecha. Especialmente angustiante fue oír crujir los huesos de la cadera mientras yacía en la cama hospitalaria durante un mes, quejarse un buen día al cirujano que la visitaba y descubrir los médicos que, en realidad, lo que sucedía era que presentaba cinco fracturas que los calmantes le impedían sentir. Ningún allegado se atrevía a explicarle a Yulia que su hermana del alma no había sobrevivido al accidente, y solo se enteró de su fallecimiento cuando habló por teléfono con una amiga.

Pese al tiempo transcurrido, el accidente sigue estando muy presente en la vida de esta mujer. En 2012, dio a luz a una hija tras un doloroso embarazo y un parto por cesárea, debido a que los huesos pélvicos crecieron de forma desigual y un parto natural podía ser peligroso para el feto, explica. Asegura tener problemas para recordar cosas, y regularmente hace ejercicios para ejercitar la memoria.

«La memoria es todo lo que tengo y no puedo perderla», desgrana. Además, el dolor en huesos y articulaciones le acompañará siempre, hasta el día de su muerte. Le duele el tobillo y la pelvis cuando hace deporte. «¡Cada día me acuerdo del accidente! ¡Cada día!», se lamenta.

Más allá de modificar radicalmente su vida, la colisión supuso para Yulia y su familia el inicio de una desigual batalla legal contra un poderoso clan local de Irkutsk, acostumbrado a dar órdenes y a que se cumpla su voluntad, circunstancia que ya, desde el primer momento, dificultó enormemente la búsqueda de un abogado dispuesto a llevar el caso. Solo después de que dos letrados locales se negaran a asumir el asunto tras haber recibido incluso una primera paga y señal, Dmitri, hermano de Yulia, dio con Víktor Grígorov, un jurista local con reputación de no arrugarse ante ninguna circunstancia y bregado en mil batallas contra los poderes fácticos de la ciudad. La única condición que planteó para aceptar el caso era que se fuera hasta el final, que se iniciara un procedimiento criminal y que no se aceptara ninguna compensación, rememora el jurista, sentado junto a Yulia durante la entrevista.

Y, de hecho, fue precisamente lo primero que sucedió en cuanto arrancó la investigación. Ludmila y su hija ofrecieron 2,5 millones de rublos, unos 80.000 euros al cambio de entonces. Yulia tuvo la sensación de que les intentaban «callar la boca con dinero». Rechazó la oferta asegurando que lo sucedido era un crimen, que su responsable debía pagar por ello y que acudiría a los tribunales. A partir de aquel primer desencuentro, las sucesivas conversaciones entre Anna, su poderosa e influyente madre, el abogado Víktor y los miembros de la familia Piatkov se hicieron especialmente difíciles, y estuvieron cargadas de tensión.

En las reuniones, Liudmila se comportaba de forma imperiosa, pese a que su hija había cometido un crimen; nunca quiso establecer un contacto personal; se sentaba donde le era cómodo, hablaba en voz alta y en tono exigente; era ella la que hablaba y su hija nunca abría la boca, recuerda el letrado. La falta de sintonía fue tal que, en un momento dado, la poderosa mujer llegó a exigir a Yulia y a su familia que se deshicieran del abogado elegido porque, según ella, estaba siendo una rémora para la resolución del caso.

El desprecio que sentía la presidenta de la comisión electoral de Irkutsk hacia la familia que había demandado a su hija era palmario. En una ocasión llegó a utilizar un apelativo despectivo referido a los Piatkov que podría traducirse como «gitano», se refirió a Grígorov como «torpedo» y se atrevió incluso a proponer a la víctima y a sus allegados que fuera ella misma quien les proporcionase el abogado que les defendiera, advirtiéndoles, de paso, que debían aceptar una compensación monetaria y renunciar a llevar el caso a juicio. «Si el asunto llega al juzgado, allí ustedes van a lograr poco», cuenta Grígorov que le llegó a decir en una ocasión, dando a entender Liudmila que tenía poder de influir en los tribunales.

El caso llegó finalmente a los juzgados en 2011, y Anna fue condenada a dos años y medio de prisión y a la retirada de la licencia de conducir durante cinco años. Pese al veredicto, todo el mundo en Rusia sabía que la conductora jamás llegaría a pisar una cárcel, después de que el juez estipulara que el cumplimiento de la sentencia fuese aplazado durante catorce años, hasta que su hijo cumpliera esa edad.

Esta exención en la aplicación de la sentencia permitió que, en 2015, pasados ya cuatro años, el tribunal del distrito Oktiaberskaya de Irkutsk amnistiara a Anna Shabénkova con ocasión del setenta aniversario de la victoria de la URSS sobre la Alemania nazi. Nada más conocerse la noticia, decenas de miles de personas elevaron una petición al Tribunal Supremo de Rusia para que revisara el caso y la amnistía concedida.

La indemnización acordada por la justicia en 2012 —200.000 rublos, unos 5.200 euros al cambio de entonces, diez veces inferior a la solicitada por la acusación y que Yulia asegura haber gastado íntegramente en terapeutas y masajistas— solo fue liquidada después de numerosos requerimientos legales.[2]

Durante más de cinco años, Anna esquivó a la justicia también en lo que respecta a la indemnización, declarándose insolvente. Solo en 2017, cuando tuvo claro que todas las puertas en la ciudad se le habían cerrado y que era menester comenzar de nuevo en otro lugar del país, liquidó a toda prisa la suma requerida judicialmente y puso proa lejos de Irkutsk. «Sabía que, si no pagaba, no podía dejar la ciudad», explica el letrado.

Anna consiguió evitar la cárcel y pagar una compensación irrisoria a las víctimas del crimen que cometió. Pero de lo que no pudieron zafarse ni ella ni su protectora madre fue del juicio popular y del ostracismo social al que fueron sometidas por el comportamiento que exhibieron durante y después del accidente. Los Piatkov y su abogado Grígorov, por su parte, consiguieron algo mucho más valioso que cualquier indemnización o sentencia condenatoria: sentar el primer precedente para poner fin de una vez por todas a uno de los abusos que más dramas personales genera cada año en la Rusia de Vladímir Putin.

Los accidentes de tráfico en los que se ven involucrados empresarios, políticos y personajes famosos o mediáticos a bordo de potentes vehículos de gama alta que circulan por calles y carreteras violando los límites de velocidad y saltándose sin pudor las reglas de tráfico, se ha convertido en una fuente permanente de polémicas y controversias en Rusia desde la universalización del coche como vehículo de transporte personal en los años noventa, propiciado por la disolución de la URSS.

Apenas dos años después del accidente de Irkutsk, en julio de 2011, Edvard Radzhinski, un afamado dramaturgo, escritor y presentador televisivo, al volante de un lujoso Volvo XC90, quiso sortear un enorme atasco en la avenida de Leningrado e invadió el carril en sentido contrario, dándose de bruces con el Nissan X-Trail en el que viajaba Kirill Chóporov y su novia de veinticuatro años, María Kulikova, fallecida en el acto.

En un principio, la investigación determinó que la responsabilidad del accidente recaía en ambos conductores, una decisión que solo fue revocada tras generarse una enorme ola de indignación en los medios de comunicación. Las pesquisas se prolongaron durante años, denunciaron entonces numerosos abogados, y cuando Radzhinski fue finalmente condenado, al igual que Anna Shabénkova, pudo acogerse a una amnistía que le libró de acabar en la cárcel. Sin haber pasado un solo día entre rejas, el Tribunal del Distrito Savelovski determinó que el culpable debía pagar a la familia de la difunta una compensación de dos millones de rublos, unos 68.000 euros al cambio de entonces, una suma de dinero cinco veces inferior a lo exigido por la defensa e irrisoria para los estándares de vida del escritor.[3]

En mayo de 2013, en el centro de exposiciones VDNJ, un popular parque frecuentado por deportistas aficionados y familias, el cantante Vitali Grachev, a los mandos de un Infiniti, golpeó a una ciclista. El conductor no solo intentó huir del lugar de los hechos, sino que empezó a *zvezdit* —verbo en ruso de imposible traducción al castellano procedente del vocablo *zvezda* ('estrella') que viene a significar comportarse de forma arrogante blandiendo un supuesto estatus superior—: se negó a someterse a un examen médico pese a que mostraba síntomas de embriaguez, insultó y golpeó a los policías e incluso amenazó de muerte a la víctima, Olga Jólodova. Grachev fue finalmente exonerado de los delitos de empleo de la violencia contra la fuerza pública y amenaza de muerte, y la sanción recibida por el atropello y el comportamiento posterior exhibido se limitó a un año y medio de retirada del carnet de conducir y una multa de 100.000 rublos, unos 2.300 euros al cambio de ese momento.

Serguéi Kanaev, al frente de la Federación de Propietarios de Automóviles de Rusia, una plataforma social que lucha para mejorar la seguridad vial en las carreteras rusas,[4] denuncia:

> Rusia tiene un gran problema; a diferencia de Europa, aquí existen privilegios para un buen número de conductores; hay mucha gente intocable, a los que los agentes de la policía ni siquiera tienen el derecho de verificar su documentación. Son los fiscales, alcaldes, diputados, ayudantes de diputados.

Estas regalías, sostiene el activista, están autorizadas por los mismos personajes que las emplean y benefician a un buen número de conductores, sobre todo en Moscú. Como prueba de ello, Kanaev rememora una conversación privada que mantuvo con el director de la policía de tráfico de la capital, quien le llegó a admitir en una ocasión que el 80 por ciento de los conductores detenidos en estado de embriaguez pertenece a esta casta de privilegiados a los que no se puede sancionar o pedir la documentación. El propio Kanaev vivió en sus carnes un episodio de estas características cuando colisionó con otro vehículo también en la capital, y al acercarse para formalizar papeles y dar el parte a las respectivas compañías aseguradoras, el conductor bajó la ventana, le apuntó con una pistola y huyó del lugar de los hechos. Más tarde supo por la matrícula que se trataba de un coche conducido por el servicio de guardaespaldas de Oleg Deripaska, uno de los magnates del aluminio en Rusia y poseedor de una fortuna valorada en 4.000 millones de dólares.

Pese a la sucesión de tragedias y escándalos, el Estado carece de voluntad alguna para limitar esta situación, denuncia Kanaev. Según su opinión, cuando un ciudadano corriente se ve involucrado en un accidente de este tipo, tiene únicamente una oportunidad: atraer la atención de la sociedad, crear ruido mediático y lograr que se hable de ello en la prensa. «Recurriendo a cualquier otra alternativa legal, las posibilidades de tener éxito para los ciudadanos corrientes son muy escasas», concluye.

Esta necesidad de agitar las conciencias y echar mano de métodos extralegales para que se haga justicia estuvo muy presente en la mente del letrado Andréi Kniázev cuando, en abril de 2021, aceptó representar los intereses de María Artemova, funcionaria de la Duma Estatal, la Cámara Baja del Parlamento, y desdichada protagonista de uno de los últimos casos de accidente de tráfico con participación de celebridades que tuvo lugar en Moscú. A principios de ese mismo mes, María conducía su Volkswagen por el Anillo de los Bulevares cuando se introdujo en un túnel y colisionó con un Audi RS6 Avant que circulaba a una velocidad de 116 kilómetros por hora, el doble de lo permitido en ese tramo. Al volante del automóvil se hallaba Edward Bil, un provocador bloguero de ideología nacionalista cuyo canal en YouTube posee más de seis millones de seguidores y que, en 2015, con tan solo diecinueve años, viajó a la guerra de Ucrania para apoyar a un batallón de separatistas prorrusos. En los vídeos que difunde a través de esa red social, el *influencer* se dedica a hacer bromas a quien se encuentra por la calle, interpreta el papel de un loco que camina sin rumbo e intimida a los transeúntes con una frase sin sentido —«*chi da?*»—, que no quiere decir nada en el idioma de Dostoyevski, pero que a su audiencia parece encantarle.

El letrado percibió que algo extraño estaba sucediendo cuando dos días después del choque empezó a familiarizarse con la documentación del caso criminal abierto y comprobó que no se mencionaba a víctima alguna, pese a que su clienta estaba hospitalizada y varios vehículos adicionales se habían visto afectados por la colisión. «Existía un accidente, existía un supuesto culpable, existía gente que había resultado herida, pero no había víctimas», rememora con extrañeza.

Si su clienta no era oficialmente reconocida como parte litigante, él, en calidad de jurista, tenía las manos atadas a la hora de defender su causa. Perdía muchos derechos: dirigirse a los testigos, recurrir las medidas cautelares, participar en el caso criminal...

Kniázev es muy crítico con el trabajo realizado por la investigación en sus inicios, y no consigue explicarse cómo, con doce funcionarios a cargo del caso, ninguno pudo identificar a víctima alguna en los primeros días tras el accidente. Y ante la inquietante situación de vacío legal en la que se encontraba, optó por acudir a los medios de comunicación, revelar el nombre de Edward Bil y describir el estado en el que se hallaba su defendida tras el accidente. «Tomé esa decisión desde el principio, porque si no se nos consideraba víctima, alguien podría intentar acallar el caso», relata.

Una vez se logró la deseada atención mediática, todo regresó a la normalidad e incluso los investigadores se involucraron con una profesionalidad jamás vista en su carrera como jurista, sostiene el letrado. Está convencido de que, si el caso no hubiera tenido resonancia social, entonces todo habría sido de otra forma.

Los esfuerzos del abogado por lograr una sanción ejemplar y una remuneración adecuada para su clienta se vieron recompensados en verano de 2021.[5] El bloguero fue condenado a dos años de limitación de libertad, medida que incluye la prohibición de salir de Moscú y la obligación de regresar a casa antes de las ocho de la noche, todo un castigo para un joven veinteañero que frecuenta los locales de moda en la noche moscovita. La compensación que recibió Artemova, según Kniázev, «es satisfactoria» y cubrió las pérdidas del automóvil y el daño moral sufrido. El culpable debe también sufragar los gastos médicos de la víctima, que ha sido sometida a varias operaciones en los últimos meses, está aprendiendo a caminar de nuevo, tiene ante sí una larga recuperación de años y requerirá asistencia médica durante el resto de su vida.

Aunque el caso ha tenido un final relativamente feliz dentro del infortunio que ha supuesto para la víctima, también constituye un lacerante ejemplo de cómo la descarnada corrupción permite a esta casta de privilegiados infringir con total impunidad y sin inmutarse las normas de tráfico vigentes. Desde el primero de enero hasta el 31 de marzo de 2021, el automóvil de Bil había acumulado la friolera de 860 multas, es decir, una media de tres diarias, la inmensa mayoría por exceso de velocidad. «Fíjese, por la avenida Kutúzov, Bil llegó a circular a 200 kilómetros por hora», se indigna el abogado, haciendo referencia a una calle en pleno centro urbano de Moscú.

Convertido en un verdadero peligro público, el bloguero pudo burlar los controles de tráfico y evitar ser detenido debido a que su coche llevaba el duplicado de la matrícula de un automóvil dado de baja anteriormente. Falsificar la placa y colocar una perteneciente a un automóvil en desuso, una práctica frecuente y accesible en este país, cuesta solo 2.000 rublos (menos de 30 euros), denuncia Kniázev. Cuando las cámaras registraban las infracciones de Bil, la base de datos de la policía de tráfico no lograba identificar al infractor, ya que la matrícula no correspondía a ningún coche en activo. Las multas se acumulaban en el sistema informático y nunca llegaban al temerario conductor, fomentando en él una sensación de impunidad y omnipotencia que el propio encausado admitió durante los interrogatorios.

Dada la inoperancia de la policía y el sistema judicial a la hora de poner coto a estos abusivos hábitos, es la sociedad civil la que se está movilizando, llegando a cosechar incluso algunos éxitos. Uno de los más destacados ha sido la ostensible limitación del número de coches autorizados a llevar sirenas, que se decretó en mayo de 2012. En los años noventa y durante la primera década de este siglo, eran una verdadera plaga que no solo generaba tensión e inseguridad en calles y carreteras, sino que convertía a las principales ciudades rusas en un infierno de contaminación acústica.

El artífice de este logro fue Piotr Shkumátov, coordinador de la «Sociedad de los Cubos Azules», una plataforma social así denominada por la semejanza a este juguete infantil de las sirenas azules que se colocan sobre los coches pertenecientes a los cuerpos de seguridad en Rusia —cuya apariencia, de color negro u oscuro y con los cristales tintados, es inconfundible para el conductor habitual.

«Mire a su alrededor; hace diez años, habría en este lugar decenas de vehículos haciendo sonar sus sirenas intentando abrirse paso entre el atasco», explica con satisfacción, mientras contempla el denso tráfico que circula por Bolshaya Túlskaya, una intersección habitualmente atestada de vehículos que se dirigen a los barrios del sur de la capital.

La organización carece de sede física, lo que dificulta la posibilidad de hacer un seguimiento de sus actividades, como sucede con otras ONG y partidos opositores, y convoca a sus simpatizantes a participar en acciones de protesta a través de Internet, movilizaciones a las que acuden centenares e incluso miles de conductores. Se trata de un grupo descentralizado, que existe en todas las redes sociales, pero que no posee ni una página web ni tampoco una oficina.

La Sociedad de los Cubos Azules tuvo precisamente un papel relevante en las movilizaciones posteriores a la colisión de la avenida Lenin en la que se vio involucrado Anatoli Barkov, un renombrado vicepresidente de Lukoil, una de las principales petroleras del país. «Ese accidente vino acompañado de hechos muy extraños; el coche de Barkov carecía de sirena, pero en el lugar del accidente había una gran cantidad de coches con ella, lo que significaba que el personaje en cuestión poseía "privilegios ocultos"», recuerda.

En cuanto empezó a investigar la situación, a inicios de la década pasada, Shkumátov apenas daba crédito al comprobar el punto de degradación al que habían llegado las cosas en este ámbito.[6] Concentró sus primeros trabajos en contabilizar cuánta gente disponía de privilegios en carretera de acuerdo con los documentos y los certificados oficiales emitidos, y llegó a calcular que, solo en Moscú, cerca de 300.000 automóviles disponían de estas prebendas; en aquel entonces, en la ciudad circulaban tan solo tres millones de vehículos. En otras palabras, un 10 por ciento del parque automovilístico capitalino poseía atribuciones que en Occidente se conceden de forma restringida a ambulancias, bomberos, coches de policía y unos pocos vehículos oficiales. Y solo cuando se hallan en acto de servicio.

Una vez suprimidas o limitadas las sirenas, uno de los elementos más visibles del sistema de regalías de tráfico, la organización que coordina Shkumátov concentra ahora sus actuaciones en otro tipo de abusos, producto también de la corrupción y la indolencia del Estado. Solo en 2020, en Rusia se emitieron 150 millones de multas, convirtiéndose en el primer país del mundo en sanciones de tráfico. El origen de todo ello es una falla legal cuya corrección se halla pendiente de concretar desde hace años en el Parlamento, pero que siempre se queda en agua de borrajas debido a la exitosa presión que ejercen las empresas beneficiarias sobre los diputados.

Según la Constitución rusa, ningún acusado debe demostrar su inocencia, es la acusación la que debe probar los delitos y faltas administrativas, pero cuando se instalaron las cámaras de tráfico, se hizo una excepción a esta norma: «Si una cámara identifica una violación de tráfico, es el conductor quien debe probar su inocencia», explica el activista. Como la mayoría de los ciudadanos no sigue el comportamiento del bloguero Edward Bil, circula con su matrícula real y les llegan las multas, los conductores prefieren pagar antes que perder el tiempo reclamando a la Administración.

El resultado de todo ello, se lamenta Shkumátov, es una gigantesca red corrupta que cada año genera más y más multas y sustanciosos beneficios para un pequeño número de empresas a las que pertenecen estas cámaras. El activista se atreve incluso a poner una cifra a esta práctica fraudulenta: solo en el último ejercicio se generaron 1.500 millones de euros.

Que las sirenas se escuchen con menor asiduidad en las calles y carreteras de Rusia no quiere decir que se haya dado carpetazo a esta hiriente desigualdad social. El fenómeno ha ido transformándose y adaptándose a la realidad, recurriendo a otro tipo de herramientas menos visibles y ostentosas. Serguéi Teplygin, al frente de un negocio de viajes en San Petersburgo, coordina en sus ratos libres, desde 2007, una página web donde se difunden fotografías de vehículos con matrículas especiales en el momento en que cometen infracciones. Las imágenes, realizadas por ciudadanos cuya identidad no se desvela, constituyen un método muy efectivo para disuadir a potenciales transgresores, ya que posibilita su exposición al oprobio público y a la ira ciudadana. En su opinión, el orden (en las carreteras) no se consigue de la noche a la mañana, sino poco a poco. Y subraya que una vez se hace posible mostrar las violaciones de todo el mundo, sin que importe su estatus social, y poner firmes a los representantes del poder, «todos comienzan a comportarse mejor», considera.

La página web de Teplygin echó a andar a finales de la primera década del siglo, cuando aparecieron matrículas que, en lugar de mostrar el número correspondiente de la región, solo incluían una bandera. Ello quería decir que se trataba de un vehículo federal, probablemente perteneciente al FSB y que disponía de absoluta prioridad en la carretera. En cuanto la gente empezó a quejarse del comportamiento «grosero» de estos automovilistas y de su participación en accidentes de tráfico de gravedad, esta matrícula se suprimió y se sustituyó por un número de serie: el 97.

Poner en evidencia a personajes poderosos e influyentes en un país tan marcadamente clasista como la Rusia de Putin constituye una ardua tarea que, en más de una ocasión, ha generado situaciones violentas y amenazas hacia los activistas de parte de los infractores. Teplygin y sus colaboradores se han encontrado con altos funcionarios que no querían ser fotografiados, con chóferes de altos funcionarios que se creen funcionarios y se agitan, salen del coche y se ponen a gritar al fotógrafo. A algunos incluso los han llegado a fotografiar con la amante. «Cuando esto sucede, intentamos cubrir su rostro», continúa.

En ciertos casos, el acusado contraataca y exige que la foto de su vehículo sea eliminada, bajo amenaza de acudir a los tribunales por violación de la intimidad. Uno de los personajes más célebres del país, el cineasta Nikita Mijalkov, de ideología ultraconservadora y amigo personal del presidente Vladímir Putin, fue cazado *in fraganti* por una de estas cámaras hace nueve años en el momento en el que su vehículo invadía el carril contrario para evitar el denso tráfico moscovita, maniobra similar a la que hizo el escritor Radzhinski, provocando un accidente mortal un año antes. En lugar de pedir disculpas por lo sucedido, el afamado director intentó revertir la acusación y en varias entrevistas con medios de comunicación locales exigió que se castigara al autor de las imágenes inculpatorias por utilizar el teléfono móvil en el momento de la conducción y poner en peligro la seguridad vial.

Eso sí. Cuando Teplygin y su batallón de fotógrafos ocasionales se topan con algún coche perteneciente a los cuerpos de seguridad, sus tratos y su forma de actuar son otro cantar. A diferencia de los famosos rusos, estos prefieren la discreción y «nunca se han dirigido a nosotros exigiendo eliminar» alguna fotografía expuesta, relata el activista. Y es que, al igual que en la era soviética, el secretismo continúa imperando en las actuaciones de los miembros de estas instituciones y prefieren solventar los problemas de forma privada.

Los privilegios en las calles y carreteras no constituyen ningún tema anecdótico o marginal en la Rusia de Putin. Todo lo contrario: establecen una traza muy reveladora sobre el tipo de sociedad que se ha gestado en el país después del colapso de la URSS, recuperando hábitos de la época zarista, cuando predominaban las enormes desigualdades sociales y el imperio estaba gobernado por una indolente y egoísta aristocracia, tal y como denuncian multitud de intelectuales rusos.

«Los privilegios en la carretera son una característica de los sistemas feudales», critica Mijaíl Y. Blinkin, director del Instituto de Economía y Política del Transporte y principal experto ruso en temas de tráfico.

Este especialista recurre a paralelismos y precedentes históricos de países que suprimieron en su día dichas prebendas para resaltar lo irracional de la situación actual en territorio ruso.[7] En el siglo XVIII, los holandeses llegaron a la conclusión de que no se debía interferir con el transporte de carga en los canales; en Francia, un decreto aprobado durante la Revolución francesa prohibía a las clases altas circular por el carril en sentido contrario. Incluso en España, uno de los mejores países del mundo desde el punto de vista de la seguridad vial en la actualidad, hubo un momento en que las élites se dieron cuenta de que había que poner fin a las prebendas de tráfico. «En los años sesenta, España se hallaba muy atrás en seguridad vial y el general Franco, en lugar de iniciar un programa de mejora nacional, entre 1965 y 1967 eliminó muchos de los privilegios existentes en las carreteras», recuerda.

Todo lo dicho anteriormente, sostiene Blinkin, refuerza su tesis de que Rusia no es un país completamente moderno y que, en algunos aspectos, todavía predomina una sociedad arcaica.

El académico es muy crítico con el comportamiento de empresarios, políticos y famosos rusos en este espacio público que usan a diario todos los ciudadanos, ya que en cualquier país del mundo son precisamente las élites nacionales las que formulan el comportamiento de los conductores. «Si a un personaje rico se le permite circular por el carril contrario en el centro, en la avenida Kutúzov, en algún lugar lejos de Moscú hará lo mismo el conductor de un camión», enfatiza.

Después de estudiar el tema con detalle durante años, denuncia que la lista de «afortunados» en el reglamento de la Policía de Tráfico es enorme: hasta el dueño de una empresa puede contratar a un automóvil de guardaespaldas, y el automóvil en cuestión podrá circular por las calles con los mismos privilegios que los de un ministro en acto de servicio, y ello sin violar en ningún momento la ley; incluso los religiosos ortodoxos disponen de grandes privilegios de movilidad. Blinkin cuenta que un colega en Múnich le llegó a decir en una ocasión que, en Rusia, el segundo ayudante del fiscal del distrito tenía más privilegios en la carretera que la propia Angela Merkel en su país.

Sin incentivos o castigos para que los infractores empiecen a comportarse de forma más solidaria, violar las normas de tráfico continúa resultando muy poco costoso para los bolsillos de una élite que, en casi todas las ocasiones, vive literalmente de espaldas a la mayoría de los ciudadanos. En Rusia, una violación del límite de velocidad cuesta 500 rublos (unos 5 euros); lo mismo que vale una taza de café en un buen restaurante.

En opinión de este académico, es perentorio el establecimiento de un sistema de multas proporcional acorde a los ingresos del automovilista en cuestión, siguiendo el ejemplo de los países escandinavos. Allí existe la tradición de fijar la multa no en una cantidad, sino en un porcentaje de los ingresos del culpable. «De esta forma, la multa es más justa», recuerda Blinkin.

El problema, en cualquier caso, es de difícil solución, por mucho que los responsables de tráfico en el país sean conscientes de ello desde hace décadas. En los últimos veinte años, Blinkin ha hablado con todos los jefes de Inspección Estatal de Carreteras, y todos le han admitido de forma privada su impotencia ante la falta de voluntad de los afectados de ponerse límites a sí mismos. Sin complicidades en el poder legislativo, ejecutivo o judicial para poner fin a este estado de cosas, el único remedio que le proponen estos altos funcionarios de tráfico es, una vez más, el de la consabida agitación social. «Me dicen: "Profesor, vaya usted a los medios, hable y denuncie el tema"», concluye Blinkin.

2

Periodistas y corresponsales *fake*

Es un tema recurrente y que, cada vez que sale a relucir, provoca vergüenza y sonrojo en el más influyente diario del mundo. Periódicamente, desde diversas instancias periodísticas o grupos de la sociedad civil estadounidense o ucraniana, surgen iniciativas para desposeer a Walter Duranty —corresponsal de *The New York Times* en Moscú entre los años 1922 y 1936 y el más renombrado experto de aquella época acerca de la URSS— del máximo galardón al que puede aspirar un reportero: el Premio Pulitzer de periodismo, que obtuvo en 1932 en la categoría de corresponsal por una serie de artículos sobre la exitosa aplicación de los planes quinquenales soviéticos bajo el régimen de Stalin.[1]

Los años en los que este periodista, nacido en Liverpool en 1884, estuvo al frente de la oficina del rotativo neoyorquino en la capital soviética fueron prolijos en acontecimientos noticiosos. Se produjo el ascenso al poder de Stalin como sucesor de Lenin; las depuraciones en el seno de la dirección colegiada comunista para ir apartando progresivamente a los rivales políticos, incluyendo a León Trotsky —principal competidor de Stalin, asesinado finalmente en 1940 por Ramón Mercader, un catalán al servicio de la inteligencia soviética—, y, finalmente, el inicio de las purgas estalinistas que acabaron enviando a la muerte o a los campos de concentración soviéticos a cientos de miles de personas.

Pese a todos estos hechos de los que Duranty fue testigo, el periodista británico prefirió concentrar su labor en los movimientos en el seno del liderazgo comunista, o en los logros de la URSS para transformar su economía y convertirse en una potencia industrial. No hacía apenas trabajo de campo, ni mucho menos desafiaba las restricciones de movimiento impuestas a la prensa foránea por las autoridades locales y que impedía ir más allá de Moscú. Todo lo contrario, en esta ciudad, mantenía un relajado y lujoso estilo de vida que incluía orgías sexuales y consumo de drogas, y vivía con una amante con la que acabó teniendo un hijo.

Y es que el periodista británico, que también pasaba largas temporadas fuera de Rusia, en particular en la Costa Azul francesa donde residía Jane Cheron, su esposa adicta al opio, ya había dado pruebas de escasa sensibilidad hacia los dramas humanos en coberturas anteriores. En Francia, durante la Primera Guerra Mundial, llegó a confesar en una ocasión, en plena contienda, que sentía «indiferencia hacia la sangre, la miseria, el temor y la lástima». Ya en la URSS, con simpatías hacia el régimen bolchevique cada vez más evidentes en sus escritos, incluso defendió en 1931 que los *kulaks*, los campesinos prósperos y sus familias del sur de la URSS, debían «ser liquidados o fusionados a la masa proletaria mediante el fuego caliente del exilio o los trabajos», se deduce que forzados.[2]

Pero más allá de sus opiniones políticas o su escasa empatía hacia el sufrimiento ajeno, el principal reproche del que fue objeto Duranty durante su carrera profesional consistió en haber negado la existencia del Holodómor. Esta gran hambruna ucraniana, provocada artificialmente por el poder soviético entre 1932 y 1934, es tipificada en la actualidad por un buen número de países como genocidio o acto de exterminación, y en ella perecieron, según los historiadores, entre tres y doce millones de personas.

Duranty se enfrentó a colegas que habían denunciado estos hechos, como el galés Gareth Jones, quien había arriesgado la vida viajando sin permiso a la república soviética para corroborar los insistentes rumores que circulaban por la capital. El corresponsal jefe de *The New York Times*, valiéndose de su influencia y sus contactos, empleó todo su peso profesional en desmentir de forma pública a sus oponentes, atacando sin cuartel la credibilidad de los reporteros que sí habían informado sobre el terreno acerca de aquellos terribles sucesos, logrando por lo general silenciarles. «Las condiciones son difíciles, pero no hay hambre», escribió en una nota en marzo de 1933. «Por ponerlo de una forma bruta, uno no puede hacer una tortilla sin romper los huevos», continuó, en referencia a los planes de Stalin de acabar con el sector agrario privado y financiar la industrialización de la URSS confiscando las propiedades y las cosechas de los campesinos, forzándoles a trabajar en explotaciones estatales.[3]

Sus manifestaciones públicas sobre aquella tragedia contrastaban con sus comentarios en privado, en los que hablaba abiertamente de hambruna. Incluso existen evidencias documentadas de que Duranty conocía a la perfección lo que estaba sucediendo en Ucrania y el alcance de la tragedia que allí estaba tomando cuerpo. Tras convertirse en el primer reportero extranjero en ser autorizado oficialmente a viajar a Ucrania por el poder soviético, en un comunicado enviado al gran diario neoyorquino en 1933, el periodista limitó el problema de la hambruna a «una mala cosecha» motivada por la resistencia de los campesinos locales a aceptar la colectivización. Su análisis veraz y genuino de la situación únicamente lo expresó en privado ante un diplomático de la embajada del Reino Unido en Moscú, ante quien admitió que la gente estaba «muriendo como moscas» y que la cifra de muertos podía rondar los «10 millones», según se recoge en un telegrama de la época enviado a Londres desde la legación.

Ningún historiador ha logrado demostrar que Duranty recibiera dinero o compensaciones monetarias directas de parte de Moscú por sus trabajos periodísticos favorables al régimen estalinista, más allá de los tradicionales privilegios de acceso informativo que habitualmente se conceden a informadores afines y que, en su caso, incluyeron la posibilidad de entrevistar en exclusiva al propio Stalin. En su libro, *Stalin's Apologist: Walter Duranty, The New York Times's Man in Moscow* [El apologista de Stalin, Walter Duranty: el hombre de *The New York Times* en Moscú], la escritora S. J. Taylor presenta al informador como un hombre ambicioso, consumido por su propio éxito y progresivamente atrapado por el poder soviético mediante una tupida red de intereses e informaciones comprometedoras, probablemente de carácter sexual, que acabaron limitándole, cuando no impidiéndole, cumplir con su obligación profesional para con la verdad y sus lectores.

Y es que la tela de araña en la que se había dejado atrapar durante su estancia profesional en la capital soviética era tan densa que incluso décadas después de haber abandonado el país, sus constreñimientos y limitaciones continuaron reverberando e influyendo en sus escritos. En los años cincuenta, el excorresponsal, residiendo ya en Estados Unidos, convertido en una suerte de juguete roto debido al veto gubernamental soviético a su regreso a Moscú, y atravesando graves dificultades económicas, tuvo una oferta para escribir un libro.

Sobre el papel, libre ya de la autocensura, la obra le iba a permitir abordar temas y explicar asuntos que hasta aquel momento había estado obligado a callar. Sin embargo, fue entonces cuando recibió, desde la Unión Soviética, una carta de quien durante años fue su amante rusa, que, casi con total seguridad, fue colaboradora de los servicios secretos soviéticos desde el inicio de su relación sentimental. En la misiva, la mujer le informaba de que había tenido conocimiento de sus intenciones y le conminaba a escribir una obra de la que su hijo pudiera sentirse «orgulloso», dando a entender que, dependiendo del contenido de esta, su propio vástago ilegítimo, es decir, sangre de su sangre, podría acabar sufriendo las consecuencias.

Nueve décadas después de aquellos sucesos, los tratos de la Rusia de Putin con la prensa internacional, los métodos que emplean las autoridades de Moscú para ganarse las simpatías y el apoyo de reporteros de renombre, y las estrategias utilizadas para recibir coberturas favorables en los principales medios de comunicación occidentales, poseen asombrosas similitudes con los de la URSS estalinista de los años treinta.

De hecho, la enorme importancia que el Kremlin concede a la batalla por implantar sus narrativas en los medios de comunicación de Europa y Estados Unidos queda reflejada a la perfección en las palabras pronunciadas en 2013 por el jefe del Estado Mayor del Ejército, Valeri Guerásimov.[4] En un artículo titulado «El valor de la ciencia de anticipación» y publicado en *Voyenno Promyshlennyy Kurier* [Courier Político Industrial], una revista de defensa rusa, el alto oficial ruso proclamó que la importancia «de los medios no militares para conseguir fines políticos y estratégicos» no solo se había «incrementado», sino que, en algunos casos, excedía «la efectividad de las armas», en una velada referencia a la prensa y a las opiniones públicas en el extranjero.

Más aún. Se han encontrado evidencias, más allá de cualquier duda razonable, de que Moscú ha continuado reclutando, hasta fecha bien reciente, a representantes del estamento periodístico extranjero, tanto en la capital rusa como en los puntos donde se dirimen los intereses del Estado ruso, como Oriente Próximo y el norte de África, mediante sus métodos habituales, es decir, el pago directo de sobornos, el chantaje personal por temas familiares o sexuales, y la adulación del ego, con el objetivo de acallar o atemperar las críticas que se vierten contra el régimen de Putin en Occidente, además de promover la agenda del Kremlin a nivel internacional.

Existen incluso pruebas documentales y visuales de todo ello. En marzo de 2022, ya iniciada la guerra de Ucrania, los medios de Eslovaquia difundieron un vídeo que mostraba al entonces agregado militar de la embajada rusa en Bratislava, el coronel Serguéi Solomásov, en el momento de entregar un buen número de billetes de 500 euros a Bohus Garbar,[5] un activista local de extrema derecha y colaborador no remunerado de la página web conservadora Hlavne Spravy, que reproducía informaciones favorables al Kremlin hasta su cierre. En la cinta, se muestra además el momento en que ambos debatían sobre posibles candidatos a ser reclutados por Moscú entre el estamento político y periodístico eslovaco.

España no es ninguna excepción en este ecosistema de compraventa y captación de lealtades periodísticas, que actúa desde la trastienda y del que muy probablemente tan solo conocemos la punta del iceberg. El primer caso del que yo personalmente he tenido constancia se remonta a 2003, cuando tan solo hacía tres años que Putin había llegado al poder. Un reportero español que trabajaba como corresponsal para un gran diario de nuestro país en Rabat, y que prefiere no revelar su nombre, recibió una oferta de un diplomático ruso con el que se reunía de forma frecuente para discutir temas de política interna marroquí.

«Yo, en aquel preciso momento, me estaba comprando un piso en España, con la vista puesta en regresar algún día, y el diplomático, que conocía esta situación, ofreció pagarme la hipoteca», explica el reportero, quien se halla aún en activo, dedicado en muchos casos a temas de corrupción referidos a Rusia, razón por la cual prefiere ocultar su nombre. «Me dijo que yo le ayudaba mucho en su trabajo y que, en consecuencia, merecía una recompensa; me quedé helado», continúa.

El periodista español, en estado de *shock*, pidió a su interlocutor que no repitiera esas palabras si quería seguir manteniendo una relación con él, y ahí se quedó la cosa. Pero, al margen de lo osado y peligroso de la proposición, lo más destacable de la misma fue que se produjo precisamente en una época de presunta distensión entre Moscú y Occidente, dos años después de los atentados del 11-S en Estados Unidos, cuando se suponía que el Kremlin y sus antiguos rivales habían dado carpetazo a la Guerra Fría y colaboraban en la lucha contra presuntos enemigos comunes como el terrorismo.

Además, la oferta monetaria se materializó en un contexto de dificultades económicas en el país de origen, cuando Rusia se estaba recuperando aún de las sucesivas devaluaciones del rublo en los años noventa, la moneda local, y tras una década en la que la población rusa había vivido una caída brutal de su nivel de vida tras la desintegración de la URSS. Sin embargo, y aunque en aquella época muchos jubilados todavía cobraban pensiones míseras que rondaban los 100 euros, el Estado ruso parecía no tener problemas para disponer de fondos con los que sufragar este tipo de actuaciones, una línea de prioridades que se ha mantenido vigente hasta nuestros días.

No cabe duda de que los sobornos y las captaciones de periodistas se han intensificado en los últimos años, a medida que se iban multiplicando los choques entre el Kremlin, por un lado, y Estados Unidos y Europa por otro, y crecía la necesidad de Moscú de contar con agentes de influencia bien posicionados en Occidente para mantener en los medios europeos y estadounidenses un perfil mínimamente favorable.

En 2018, una periodista de un medio de prensa español acababa de llegar a Moscú para trabajar como corresponsal. La reportera, con muchas ganas de hacerlo bien y muy dispuesta a iniciar su trayectoria en el extranjero en un lugar tan complicado como Rusia, no tardó en comprobar cómo se las gastaban en su nuevo destino profesional. A las pocas semanas de su llegada, recibió un amago de oferta monetaria que, aunque en las formas no fue tan descarnada como en el caso del corresponsal en Marruecos, en el fondo no era más que una manifestación de la misma política.

Con una acreditación temporal aún, y pendiente de recibir los documentos permanentes emitidos por el Ministerio de Exteriores, un buen día, una persona que se presentó como representante de «una organización de relaciones con América Latina» le envió un mensaje por Facebook requiriendo su atención. La reportera comprobó que su interlocutor espontáneo se dirigía a ella en inglés y que no hablaba una sola palabra de castellano, lo que no dejó de sorprenderle tratándose de alguien con semejante tarjeta de presentación política.

El intercambio de mensajes fue a más, preguntándole el supuesto representante de aquella entidad si tenía previsto acudir a la rueda de prensa que celebra el presidente Vladímir Putin periódicamente al acabar el año. Al contestar de forma afirmativa, el presunto activista del movimiento latinoamericano, ya sin remilgos o cortapisas, le planteó abiertamente una oferta económica, lo que le hizo darse cuenta de que la conversación estaba yendo por unos derroteros nada edificantes. «Estamos dispuestos a pagar si realizas una pregunta al presidente Putin», le llegaron a proponer.

Tras la sorpresa inicial, la reportera intentó templar gaitas y quiso mantener viva la conversación para averiguar quién estaba en realidad detrás de aquel extraño movimiento político de activistas que planteaba ofertas tan bizarras. Una vez celebrada la rueda de prensa, es decir, cuando quedó bien claro que no iba a aceptar ninguna oferta monetaria, la informadora llegó a proponer a su interlocutor encontrarse en algún lugar de la ciudad para verse las caras. Sus esfuerzos, sin embargo, nunca pudieron materializarse, ya que el desconocido acabó por desvanecerse en el ciberespacio tan rápido como había aparecido.

«Creo que me estaban tanteando para ver si podían comprarme», me explicó entonces la propia afectada durante una cena en un restaurante moscovita, pocas semanas después del incidente.

El diario que representa tiene una gran importancia para el Estado ruso, debido a la gran penetración que tiene en América Latina, un continente con una historia de conflictos y agravios con Estados Unidos que el Kremlin intenta explotar en beneficio propio en su confrontación con Washington D. C.

En la prensa española, el caso de tentativa de compra más axiomático del que he tenido constancia es el que experimentó el periodista Javier Martín en vísperas de la celebración de la Copa Mundial de Fútbol en Rusia en 2018. Martín, en la actualidad corresponsal de la agencia EFE en Santiago de Chile, se hallaba destinado en Túnez a mediados y finales de la década pasada. Con una amplia experiencia a sus espaldas en el mundo árabe y siendo probablemente uno de los mejores conocedores del conflicto armado que se desarrolla en Libia —que enfrenta al Gobierno del Acuerdo Nacional, reconocido internacionalmente y con sede en Trípoli, y al denominado Ejército Nacional Libio, capitaneado por el general Jalifa Hafter y estrecho aliado de Rusia—, solicitó en la legación rusa un visado periodístico para cubrir el campeonato, entrando en contacto con el entonces agregado de prensa, un tal Aleksándr.

El diplomático en cuestión inició los contactos con Javier invitándole a comer en uno de los restaurantes con vistas al mar de los alrededores de la capital tunecina. Una vez sentados a la mesa, le expresó al reportero su «interés» por su perfil profesional, en particular por sus viajes a Trípoli, donde estaban instalados los rivales del aliado del Kremlin en el norte de África. «Nosotros no tenemos legación allí y nos interesa lo que sucede», le llegó a decir en un momento del almuerzo.

Mientras esperaba la confirmación del visado desde Moscú, el corresponsal español llegó a mantener hasta tres comidas al mes con su interlocutor, convirtiéndose aquello casi «en un juego». «Al principio, la información que me preguntaba era muy básica, pero luego las preguntas se iban haciendo más específicas y detalladas; yo lo único que esperaba era que, en la siguiente comida, ya estuviera listo el visado», relata Javier.

El documento de viaje fue finalmente concedido, y una vez regresado Javier de Moscú tras el Mundial de Fútbol,[6] el diplomático ruso en Túnez intentó continuar con la relación. Aunque las comidas se espaciaron —en lugar de tres al mes, se convirtieron en una o dos— el interés seguía existiendo. Y finalmente, en una de estas citas, la propuesta formal de «colaboración» fue finalmente pronunciada.

«Fue muy sutil; me dijo que los dos teníamos cosas interesantes y que nos podíamos ayudar, a buen entendedor, pocas palabras bastan, yo le podía dar información que le ayudaba, pero ¿qué me podía dar él a mí?», se pregunta, sin dudar en momento alguno de que la propuesta era en realidad la antesala de una oferta de soborno. «Si le llego a decir que sí, entonces la relación alcanza ya otro nivel, y nunca quise saltar a ese otro nivel», continúa relatando Javier.

Finalmente, los contactos entre el periodista de EFE y el diplomático ruso acabaron por enfriarse. Javier empezó a investigar las actividades del Grupo Wagner en Libia, una milicia paramilitar acusada de graves violaciones del derecho internacional y que estaba regentada por Yevgueni Prigozhin, uno de los principales aliados de Putin hasta que en el verano de 2023, enfrentado con el estamento militar, protagonizó un golpe de Estado que acabó con su muerte en un sospechoso accidente de avión. Javier, tras sus primeros escritos sobre este tema tan sensible para Moscú, se dio cuenta de que había ya entrado en otro radar del Estado ruso, «el de sus servicios secretos». «Empecé a recibir mensajes extraños por las redes sociales», recuerda.

Los periodistas o medios de comunicación reclutados por el Kremlin llegan a disponer de una gran efectividad en sus países de origen a la hora de influir y determinar el estado de sus respectivas opiniones públicas respecto a Rusia y sus autoridades. Uno de los ejemplos donde este fenómeno es más evidente y está funcionando con más eficacia es

Bulgaria, el Estado miembro de la Unión Europea y de la OTAN que, tradicionalmente, es el más proclive y comprensivo hacia los posicionamientos de Rusia.

El «analfabetismo mediático» de una parte importante de la población, además del envejecimiento de la audiencia búlgara y la penuria económica de sus medios de comunicación conforman un precario ecosistema informativo muy adecuado para las campañas mediáticas del Kremlin, basadas en el populismo, las noticias falsas, la adulación y los sobornos, tal y como critica el periodista búlgaro de investigación Atanas Tchobánov, al frente de la página web de investigación Bivol.[7]

Algunos analistas políticos búlgaros, como Martin Vladímirov, del Centro de Estudio para la Democracia y experto en operaciones rusas de injerencia, han llegado a atribuir a su país un comportamiento propio de ser un «caballo de Troya» de Moscú en sus tratos con los aliados occidentales. Temen que, con gobiernos débiles y proclives a inclinarse ante las exigencias de Moscú, las autoridades de Sofía acaben formando una alianza con la Hungría del ultraderechista Víktor Orbán a la hora de aguar y atemperar las posibles represalias comunitarias contra el Kremlin con motivo del conflicto ucraniano.

En el pequeño Estado balcánico, las controversias periodísticas referentes a Rusia adquirieron tintes dramáticos en el verano de 2022, cuando Lena Borislavova, jefa de Gabinete del entonces europeísta primer ministro búlgaro Kiril Petkov, soltó lo más próximo a una bomba informativa durante una entrevista radiofónica. En declaraciones a una emisora tras haber perdido Petkov en el Parlamento una moción de censura en la que muchos observadores políticos locales ven la mano del Kremlin, la alta funcionaria aseguró poseer datos confirmados, facilitados por los servicios secretos búlgaros, de que Rusia estaba pagando a prominentes políticos y periodistas locales una cifra en levas búlgaras equivalente a 2.000 euros al mes. El objetivo era el de siempre: proteger su agenda y sus intereses en un país que tradicionalmente ha profesado una ancestral simpatía hacia Rusia.

«Todos aquellos que maldecís a la OTAN y a la Unión Europea, y apoyáis las acciones de Putin en Ucrania de forma gratuita, debéis saber que estáis siendo engañados; debéis saber que quienes os inspiran reciben 2.000 euros al mes», llegó a denunciar.[8]

La política, jurista de profesión y educada en Estados Unidos, no dio más detalles acerca de las acusaciones. Sin embargo, fuentes bien informadas en Sofía especulan que las revelaciones de Borislavova podrían referirse a dos comentaristas búlgaros, que estarían recibiendo dichas cantidades mensuales para azuzar, a nivel de los medios de comunicación, el conflicto identitario que enfrentaba a su país con Macedonia del Norte y que obligaba hasta hace poco a Bulgaria a mantener el veto al ingreso en la Unión de la exrepública yugoslava.

Según dichas fuentes, otro de los casos a los que se refirió la exjefa de Gabinete podría referirse a un conocido comentarista, quien recibió en un email un artículo listo para ser publicado, ya traducido a la lengua local, en el que «se respaldaba a Putin» y «se legitimaba la guerra en Ucrania». «Era un producto acabado y empaquetado», certifican dichas fuentes. En un país como Bulgaria, la suma de 2.000 euros prácticamente equivale «a doblar el sueldo» de un periodista reputado y bien retribuido, recuerda Tchobánov.

A mediados de otoño, ya no hubo siquiera necesidad de recurrir a filtraciones para demostrar lo extendida que se encuentra en Bulgaria la práctica de publicar textos precocinados, «empaquetados» y traducidos al idioma local por alguna entidad rusa en la sombra. El 10 de octubre de 2022, el tabloide *Trud* y la página web Top Novini difundieron sendos artículos favorables a Moscú con un sorprendente ardid: ambos textos eran idénticos, palabra por palabra, frase por frase.[9]

Venían firmados por Yavor Dachkov y Kebork Keborkian, dos renombrados comentaristas políticos, y portaban un titular completamente engañoso e inequívocamente alineado con las tesis del Kremlin: «Putin se mueve enteramente en el marco del Derecho Internacional». Pese a lo sonrojante del caso, motivo de befas y chascarrillos entre los periodistas independientes de la capital búlgara, los dos autores ni se han inmutado, y han continuado interviniendo en canales y emisoras, y escribiendo columnas de opinión para sus medios. Nadie en Bulgaria se ha molestado en pedirles explicaciones, ni tampoco sus respectivos editores han adoptado medidas disciplinarias contra ellos. Se trata, además, de periodistas de solera, con gran impacto y muy escuchados, que en el pasado estuvieron vinculados a la oposición al régimen prosoviético en Bulgaria, pero que ahora difunden «opiniones prorrusas», lamenta Maria Cheresheva, periodista *freelance* y directora de la Asociación de Periodistas Europeos en Bulgaria.

Junto a una taza de café servida cuidadosamente en uno de los locales de moda del centro de Sofía, la reportera aprovecha la ocasión para denunciar otra de las características del panorama mediático búlgaro que permite entrever que la sombra del Kremlin es alargada en el panorama periodístico del país balcánico. Se trata de la enorme proliferación de páginas web en un pequeño territorio en el que, al fin y al cabo, viven tan solo 6,8 millones de habitantes, una población inferior a la de Cataluña. Según el Centro de Estudios para la Democracia, en Bulgaria existen más de trescientos sitios informativos de estas características en Internet, la mayoría de los cuales reproduce materiales en consonancia con las narrativas de Moscú respecto a la OTAN o a la guerra de Ucrania, continua Cheresheva. Algunos de estos medios «ni siquiera emplean a periodistas» y se limitan a copiar contenidos prefabricados que reciben del exterior, critica. Al ser tan numerosos, dan una imagen distorsionada del estado de la opinión pública local sobre Rusia, dando a entender que sus puntos de vista no son marginales, sino *mainstream* o hasta mayoritarios entre la opinión pública local.

La analista menciona, por último, el caso de los comúnmente llamados *influencers*, con miles de seguidores en las redes sociales. De hecho, desde Bulgaria han emergido relevantes bulos favorables a Moscú acerca de la guerra de Ucrania impulsados por estas figuras que incluso han adquirido relevancia «a nivel internacional», destaca la informadora. El más importante de ellos es la acusación de que el Pentágono estaba realizando «experimentos biológicos» con soldados locales tanto en Ucrania como en Georgia, difundidos por la bloguera local Dyliana Gaythandzieva. Cheresheva considera muy extraño que esta mujer, a la que rehúsa calificar de «colega», sea capaz de producir continuamente contenidos supuestamente periodísticos en lengua inglesa «sin contar con la ayuda de un editor» en ese idioma.

No se han podido identificar los métodos que emplean Rusia y sus agentes para introducir el dinero que luego sirve para sobornar a políticos y periodistas locales. En el caso concreto de Bulgaria, el periodista de investigación Tchobánov descarta el uso de transferencias bancarias desde Moscú debido al rastro que dejan, y apunta que la responsabilidad de canalizar dichos fondos podría recaer en la delegación en Sofía de Rossotrúdnichestvo, la Agencia Federal Rusa para los Asuntos de la Colaboración con la Comunidad de Estados Independientes, Compatriotas en el Extranjero y Cooperación Humanitaria, sita junto al enorme edificio del centro cultural ruso en la céntrica calle Shipka de Sofía.

En particular, el reportero sospecha de la directora de la institución, «la diplomática rusa Olga Shirokova», dado su controvertido historial profesional repleto de episodios oscuros. En el verano de 2016, esta funcionaria rusa había sido desplazada por Moscú a la república exsoviética de Turkmenistán, y fue entonces cuando le fue incautado en las aduanas del aeropuerto de Asjabad, la capital turkmena, un maletín con una suma de 100.000 dólares.[10] «Es muy probable que el dinero sea introducido en valija diplomática», aventura Tchobánov.

La polémica está servida ya en Bulgaria, y las acusaciones de Borislavova respecto a la compra de periodistas propiciaron en los meses posteriores a su difusión un intenso debate en la sociedad, discusión que jamás se había planteado públicamente hasta aquel momento en la pequeña nación balcánica. De hecho, quedó meridianamente claro que la jurista, graduada por Harvard, había tocado hueso con sus aseveraciones por la reacción de aquellos sectores del estamento periodístico local que se sintieron atacados por sus palabras. La respuesta que exhibieron incluso guarda extraordinarias semejanzas con los métodos empleados en Rusia para desacreditar a la disidencia, basados en *kompromat* o informaciones comprometedoras, a menudo de carácter sexual. Semanas después de la entrevista radiofónica de denuncia, numerosos medios de comunicación búlgaros, incluyendo la televisión estatal, publicaron una fotografía de la exjefa de Gabinete subiendo las escaleras del Parlamento junto al primer ministro, un hombre casado. En la imagen, parecía que Petkov y Borislavova se estaban dando la mano, dándose a entender que mantenían una relación extramatrimonial.

Pese a que el propio autor de la fotografía desmintió con posterioridad que ambos personajes se estuvieran dando la mano, atribuyendo la imagen a un mero efecto óptico, el daño ya estaba hecho. Lena tuvo que abandonar la política, y en las elecciones anticipadas celebradas en octubre de 2022, rehusó ser candidata por Continuamos el Cambio, el partido proeuropeo y anticorrupción búlgaro liderado por el exministro Petkov. El principal beneficiario de la publicación de las fotos comprometedoras es «la quinta columna en la política y los medios de nuestro país activada a raíz de la invasión de Ucrania», se indignó el comentarista Georgi Lozanov en la publicación *Darik*. La propaganda rusa «vio en el Gobierno de Kiril Petkov el gran enemigo, ya que estaba dando pasos radicales que nunca habían sido dados para romper las dependencias con Moscú», concluyó el artículo.

El resultado de todos estos esfuerzos por captar y manipular a la opinión pública local es comprobado mes a mes, por un lado, en las estadísticas que publica la prensa y que demuestran que los búlgaros son los ciudadanos comunitarios que aprueban en mayor grado la figura del presidente Vladímir Putin, y, por otro, en las decisiones que, con contadas excepciones, adoptan a diario las autoridades del país respecto a Rusia y la guerra de Ucrania. En diciembre, un sondeo dado a conocer por la Comisión Europea apuntaba que tan solo un 44 por ciento de los búlgaros apoyaban las sanciones contra Rusia, unos números que contrastan con los del resto de la UE, que cifraba ese respaldo en el 80 por ciento de la ciudadanía.[11] Además, Bulgaria es, junto con Croacia, el único país de la Unión Europea que fue eximido de la prohibición de importar petróleo ruso.

Más allá de lo que está sucediendo en un país de tamaño medio e historia complicada, convertido por el Kremlin en su particular caballo de Troya dentro de la Unión Europea, la propaganda rusa y la captación de medios y periodistas por parte del Estado ruso ha tenido sonoros e inquietantes éxitos durante los últimos años, una circunstancia que ha empoderado a los jerarcas en Moscú a continuar con dichas políticas y a no escatimar recursos para influir en los medios de comunicación mundiales. La confusión que lograron sembrar el tándem formado por el Gobierno sirio y el Gobierno ruso en las opiniones públicas occidentales sobre la autoría de los bombardeos con armas químicas en la guerra civil siria y que aún perdura en muchos debates en Europa y Estados Unidos será, sin duda, material didáctico a estudiar en las facultades de Ciencias de la Información en el futuro. Además, posee extraordinarios paralelismos con lo sucedido durante los años treinta en el Holodómor: negacionismo a toda costa pese a las abrumadoras evidencias, el uso de nombres consagrados del periodismo para silenciar los hechos o el empleo de los servicios secretos para desacreditar a los periodistas independientes.

Hagamos un poco de recensión sobre los hechos ya comprobados. En 2019, el Instituto Global de Política Pública de Berlín contabilizó, al menos, 336 ataques químicos en los ocho años transcurridos desde el arranque del conflicto.[12] De todos ellos, el 98 por ciento eran atribuibles al régimen de Bashar al-Ásad, mientras que tan solo seis eran responsabilidad del Estado Islámico. En ningún caso se señalaba a la oposición democrática siria, personalizada en el ya irrelevante Ejército Sirio Libre (ESL) como posible autor o encubridor. La Comisión Independiente de Investigación sobre la República Árabe Siria, un órgano establecido por el Comité de Derechos Humanos de la ONU, llegó a conclusiones similares, acusando a Damasco de haber bombardeado con armas químicas en 36 ocasiones y al Estado Islámico en seis, mientras que el ESL no fue mencionado en ningún momento en sus conclusiones. Sin embargo, si uno pregunta en una calle de cualquier ciudad europea o estadounidense acerca de la autoría de dichos ataques, la mayoría de los encuestados se encogerá de hombros y no sabrá qué responder.

La guerra de Siria arrancó en 2011, al rebufo de las primaveras árabes, a partir de un movimiento ciudadano que se inició en Túnez y que pretendía llevar la democracia a una zona del mundo que históricamente había sido alérgica a ella. La resistencia del régimen de Ásad a abandonar el poder, y el apoyo decisivo que le brindaron Rusia e Irán, sus aliados, transformaron la revolución siria en una guerra civil de larga duración y con la intervención de potencias extranjeras que causó la muerte a más de 300.000 civiles. La Red Siria para los Derechos Humanos, próxima a la oposición, calcula que las fuerzas leales a Damasco son las responsables del 91 por ciento de los fallecimientos.

La pasividad de la comunidad internacional ante unos hechos de tanta gravedad como son el empleo de armas de destrucción masiva contra civiles indefensos, sin parangón desde el final de la Segunda Guerra Mundial y dignos sus responsables de ser perseguidos en un tribunal internacional, es la prueba fehaciente de lo eficaz que ha sido el tándem Moscú/Damasco en sus operaciones de desinformación, operaciones para las que ha contado con la colaboración de medios y profesionales en Occidente.

En este caso, según Scott Lucas, profesor emérito en la Universidad de Birmingham e investigador estadounidense afincado en el Reino Unido y experto en operaciones de desinformación —un hombre que durante la Guerra Fría desveló cómo la CIA compraba y manipulaba a reporteros—, han sido periodistas, medios de comunicación y blogueros en lengua inglesa, con algún invitado de otra nacionalidad, los que se han transformado en correa de transmisión de una realidad paralela diseñada para silenciar las atrocidades cometidas por Damasco y Moscú. Y la única diferencia respecto a los casos mencionados con anterioridad es la motivación. Aquí no ha sido el dinero, sino el ego, el instrumento del que se ha valido la maquinaria de propaganda ruso-siria para convencerles de las bondades de sus narrativas e implantarlas en las opiniones públicas de Estados Unidos y el Reino Unido.

«Todo lo que tienes que hacer es adular su ego», destaca el profesor, tras investigar los perfiles psicológicos de los principales involucrados. Y estos, continua Scott, tienen nombre y apellidos y pueden ser identificados. En primer lugar, Robert Fisk, un afamado reportero británico del rotativo *The Independent* y que fue corresponsal de dicho periódico en Oriente Próximo y que dedicó los últimos años de su vida a cubrir la guerra civil siria. «Estaba mayor, aislado y aburrido en su apartamento de lujo en Beirut, y los sirios le ofrecen llevarle a cubrir el conflicto», desde su bando, por supuesto, lo que le devuelve el ansiado protagonismo que siempre ha buscado durante toda su carrera, destaca el profesor.

Vanessa Beeley, una bloguera muy activa respecto a la causa palestina que comienza a viajar a Siria y a Damasco y acaba instalándose en esta última ciudad, es otro caso. «Tiene allí un apartamento y un Volkswagen de color rosa, probablemente suministrado por el Gobierno sirio», explica el investigador.

En tercer lugar está Eva Bartlett, bloguera de nacionalidad canadiense, con un perfil similar a Beeley. Ambas son calificadas por el investigador como «periodistas *wannabe*», expresión coloquial en inglés que se puede traducir como *juniors* o inexpertas, que aspiran a ser «periodistas convencionales» con el mismo peso que un corresponsal de un gran diario.

Los tres fueron literalmente «empaquetados», junto con otros informadores, en un viaje para la prensa organizado por las autoridades de Damasco en coordinación con los mandos militares de Rusia en Siria, para visitar el escenario donde tuvo lugar uno de los episodios más polémicos de la guerra civil en Siria: el bombardeo con armas químicas perpetrado el 7 de abril de 2018 por el régimen de Ásad en la localidad de Duma, en los alrededores de Damasco.[13]

El incidente, de hecho, constituyó una excelente muestra de lo bien engrasada y coordinada que estaba la maquinaria de desinformación ruso-siria. Los hechos son los siguientes. Duma era el último bastión próximo a la capital en manos de las fuerzas rebeldes, y era importante para el régimen de Ásad recuperar su control lo más rápidamente posible. Por experiencias anteriores, las tropas gubernamentales sabían que un asedio de larga duración como el de Duma acababa en el momento en que son empleadas armas de destrucción masiva, ya que los defensores se dan cuenta de que toda resistencia es inútil. A diferencia de incidentes anteriores, en este caso no se recurrió al mortífero gas sarín, sino que se empleó el cloro, mucho menos letal, probablemente con el objetivo de enviar un mensaje a los defensores de la localidad para que depusieran las armas. Tal y como concluyeron investigaciones posteriores, un helicóptero del régimen sirio dejó caer dos frascos con esta sustancia tóxica; uno de ellos no llegó a abrirse mientras que el otro impactó en el techo de un edificio de apartamentos en un ángulo inesperado, liberando a la atmósfera una gran concentración de gas venenoso y matando de forma rápida a los habitantes del inmueble.[14] Era probablemente un resultado no deseado por los perpetradores, quienes en apariencia solo pretendían lanzar un aviso. Según fuentes médicas locales, al menos cincuenta personas perdieron la vida, mientras que más de un centenar resultaron heridas como consecuencia del bombardeo.

El ataque logró el efecto esperado. Las fuerzas rebeldes que defendían el lugar, temerosas de una nueva embestida tóxica por parte de un régimen empoderado por un fuerte sentimiento de impunidad, accedieron al cabo de pocas horas a deponer las armas mediante un acuerdo con los sitiadores. La indignación internacional que suscitó el incidente al difundirse nuevas imágenes de civiles y niños asfixiándose debido al gas venenoso empujó a Estados Unidos, Francia y el Reino Unido a lanzar una oleada de ataques en represalia. Con misiles de crucero lanzados desde submarinos, aviones de combate y buques militares atacaron objetivos sirios, en concreto instalaciones militares cerca de la localidad de Homs y un centro de investigación científica donde se suponía que Damasco desarrollaba armas químicas.

Ante este desarrollo descontrolado de los acontecimientos, comenzó a activarse la maquinaria propagandística de Damasco y Moscú, deseosa no solo de rebatir las acusaciones, sino también de poner en un brete a unas potencias occidentales ante los influyentes sectores pacifistas de sus propias opiniones públicas, siempre críticos con las intervenciones militares que realizan sus respectivos países en el extranjero. Pocos días después del ataque, desde Moscú, empezó a impulsarse la narrativa de que el ataque nunca sucedió. Valeri Guerásimov, jefe del Estado Mayor del Ejército y autor de la ya mencionada «doctrina Guerásimov», aseguró que la inteligencia militar rusa poseía información de que las fuerzas rebeldes, apoyadas por los Cascos Blancos, el grupo de voluntarios que rescataba a los civiles de entre los escombros provocados por los bombardeos sirios y rusos, preparaban una puesta en escena para acusar a Rusia y Siria de un bombardeo químico que nunca sucedió.

En Damasco, y con una rapidez inusitada, las autoridades autorizaron la entrada de los mencionados periodistas y blogueros extranjeros de elevado perfil, considerados como afines y capaces de implantar en las opiniones públicas de sus respectivos países la narrativa de que el ataque químico de Duma en realidad era una invención. «No podían ocultar el ataque y, por esta razón, autorizaron a periodistas a viajar [a Duma]», explica Scott.

Sin duda, el plato fuerte del controvertido *press tour* era Robert Fisk. Fisk era un veterano corresponsal que construyó su reputación allá por los años setenta siendo uno de los pocos que permaneció en Líbano durante su sangrienta guerra civil. En su día, contribuyó a desvelar al mundo la masacre de Sabra y Chatila, pero sobre él circulan muchos mitos, incluido el de que es capaz de hablar con fluidez en árabe, algo que han demostrado reporteros y nativos que tienen como idioma materno la lengua del Corán. En los últimos años de su vida, Fisk, con severas limitaciones físicas, no podía ya informar de la guerra de Siria desde el bando rebelde, al tratarse de una cobertura muy exigente que requería cruzar fronteras de forma ilegal o pasar la noche en cobertizos. Damasco y los viajes organizados por el régimen le ofrecían la posibilidad de seguir en el candelero.

En un artículo publicado tras su periplo a Duma y titulado «La búsqueda de la verdad entre los escombros de

Duma», Fisk aseguró haberse zafado de sus mentores logrando entrevistar a un médico,[15] supuestamente del hospital donde fueron tratados los heridos del presunto ataque químico. El médico, llamado doctor Rahaibani, aseguraba que las imágenes transmitidas de gente ahogándose o con dificultades para respirar no eran una simulación, pero que, en realidad, esos casos de hipoxia habían sido provocados por «el polvo» procedente de los bombardeos del régimen. «Aquella noche, había viento y enormes nubes de polvo comenzaron a penetrar en los sótanos donde la gente vivía», relataba el supuesto médico, quién, de forma sorprendente, concedió una entrevista sin ocultar su identidad, aceptando que fuese reproducido su nombre y apellidos. Ni que decir tiene que medios como la cadena rusa RT y numerosas publicaciones de ultraizquierda y ultraderecha dieron una amplia cobertura a la versión del relato de Fisk en *The Independent*. Su artículo fue difundido de forma frenética por las redes sociales, generando una gran controversia en el Reino Unido y en la prensa anglosajona.

La página web Snopes, especializada en verificar informaciones, desmontó en un largo escrito días después la versión de Fisk,[16] recordando en primer lugar que en un régimen tan represivo como el sirio, nadie habla libremente y menos sin ocultar su identidad, apuntando la posibilidad de que el médico en cuestión hubiera sido amenazado por agentes del régimen, y en segundo lugar comparando el relato de Fisk, quien aseguraba que, tras una veintena de entrevistas, nadie admitía haber sufrido un ataque químico, con el de otros medios que también formaban parte del mismo convoy, como la cadena estadounidense CBS o la sueca SVT, que sí encontraron a testigos proclamando lo contrario.

Scott Lucas, estudioso de la desinformación, sostiene que Fisk, en realidad, fue víctima de una escenificación cuidadosamente preparada para obtener una exclusiva *fake* que sus mentores sabían que sería reproducida, gracias al probado impacto de sus informaciones en el mundo anglosajón. En realidad, el periodista no se escapó, sino que se le permitió alejarse del grupo, a sabiendas de que el doctor se hallaba «lejos del lugar donde se había producido el ataque, y lejos del hospital a donde habían trasladado a los heridos» cuando aquello había sucedido.

Muchos años atrás, Fisk ya fue objeto de un engaño similar cuando viajó a Argelia a cubrir unas elecciones durante la sangrienta guerra civil argelina, y se le permitió hospedarse en un hotel diferente al del resto de los periodistas. Allí recibió la visita de un supuesto combatiente —probablemente un islamista encarcelado y actuando bajo coacción— que le mostró señales de tortura y le dio informaciones exclusivas sobre la oposición armada que favorecían al régimen en la misma terraza de uno de los hoteles más lujosos de la ciudad. Cuando se demostró que su exclusiva era *bidon* (que quiere decir 'falsa' en francés) el afamado reportero nunca rectificó ni pidió disculpas a sus lectores, aunque cargó las tintas contra Argelia, al sentirse engañado y su ego maltrecho. El resultado de su trabajo en Siria guarda asombrosas similitudes con el de Walter Duranty durante los años treinta en la URSS de Stalin: ambos se convirtieron en adalides del negacionismo ante terribles crímenes cometidos por el Kremlin y sus aliados.

El resultado de la controversia sobre el ataque químico de Duma fue una clamorosa victoria de la maquinaria de desinformación ruso-siria. «La propaganda del siglo XXI no busca convencer a nadie, simplemente intenta sembrar dudas, [para generar] escepticismo e indiferencia», concluye Lucas. «Si haces dudar a la gente, ganas», sentencia.

3

Las tres guerras de Putin

«*Razhoshlis!*» Aquella tajante orden vino precedida de un aterrador rugido que nadie logró identificar debido al cielo encapotado, obligando a la concurrencia a huir en todas direcciones y a lanzarse sobre la hierba fresca junto a aquel edificio en llamas. Acto seguido, todos comenzaron a lanzarse azarosamente sobre la hierba fresca que rodeaba a aquel edificio en llamas. Pasado el peligro, y transcurridos unos 20 minutos en los que los rescatadores habían regresado a aquel amasijo de piedras humeantes y hierros retorcidos, intentando dilucidar si entre ellos se hallaba aún algún morador enterrado en vida, la escena volvió a repetirse.

En esta ocasión, el orden presidió la desbandada y en cuanto se oyó la voz de alarma, todo el mundo ya sabía hacia dónde dirigirse, y el pánico se hallaba en remisión. Pasada esta nueva alerta, sin saber a ciencia cierta si la contingencia había desaparecido definitivamente o acabaría reproduciéndose en una tercera ocasión, los congregados hicieron de su capa un sayo y regresaron definitivamente a sus quehaceres, y hasta un equipo de una televisión catalana aprovechó la ocasión para filmar una entradilla y así transmitir mejor, en la crónica del día, la intensidad del momento.[1]

La amenaza del *double tap*,[2] práctica a la que recurre constantemente la aviación rusa en los conflictos en los que participa y que consiste en bombardear de forma reiterada un objetivo previamente atacado en el momento en que se hallan trabajando equipos de rescate, paramédicos y periodistas con el ánimo de infligir el mayor daño posible, no había desaparecido. Pero ¿qué se podía hacer? La guerra continuaba y, con ella, la necesidad de que doctores y enfermeros siguieran salvando vidas, bomberos apagando fuegos y reporteros explicando sus devastadores efectos a sus audiencias.

Los hechos relatados acontecieron durante la tercera semana de mayo de 2022, es decir, tres meses después del arranque de la invasión rusa de Ucrania. Y lo hicieron precisamente en Bajmut, una población del este del país que, al cabo de poco tiempo, sería el escenario de los más encarnizados combates acaecidos en suelo europeo desde el final de la Segunda Guerra Mundial. Aunque las tropas rusas se hallaban aún a decenas de kilómetros del casco urbano y quedaban todavía semanas para que comenzara la más enconada batalla de la contienda ucraniana, los bombardeos contra el interior de la ciudad eran ya diarios, lo que obligaba a los equipos de médicos y paramédicos allí desplegados a mantenerse en alerta permanente.

El aviso de ataque aéreo inicial había llegado hacia el final de la mañana a la destartalada base del Primer Hospital Móvil de Voluntarios Mikola Pirogov, que es el nombre de un doctor del siglo XIX considerado como el padre de la cirugía de campaña en el mundo. De inmediato, el equipo dirigido por Svitlana Ruzinkoi y compuesto por Vova Bobalo, alias «Boban», el conductor; Ígor Aleseiev, cirujano, y Bohan Marchuk, un estudiante de Medicina en el último curso universitario, abordaron a la carrera una ambulancia medicalizada que, a toda velocidad, sorteó el denso tráfico bajmutiano cual vehículo de carreras en una pantalla de videojuego.

La rapidez en llegar al lugar de los hechos no sirvió de nada. Aquel día, el grueso del trabajo recayó, no en el personal sanitario, sino en los bomberos. Primero había que apagar el incendio provocado por la explosión. Además, de entre los escombros no surgían heridos, sino algún que otro cadáver, que era debidamente retirado e introducido en una bolsa de plástico negra. En total, en los minutos posteriores al ataque, en torno a aquel edificio cuyos pisos superiores habían sido arrancados de cuajo por el proyectil ruso, se llegaron a congregar decenas de rescatadores, apagafuegos, curiosos y reporteros; una aglomeración humana que, a todas luces, constituía un excelente objetivo para un enemigo con una larga tradición de recurrir a cualquier método, legítimo o no, para desmoralizar a la retaguardia. Era, en definitiva, el momento del *double tap*. Esta práctica bélica del ejército ruso, ensayada también ocasionalmente por los estamentos militares de otros países como Arabia Saudí en Yemen o Estados Unidos en Afganistán, aunque con mucha menor destreza y frecuencia, es considerada por la Convención de Ginebra como un crimen de guerra, pues constituye una flagrante violación de la prohibición de atacar a civiles, heridos o combatientes que no estén en disposición de seguir luchando.

El «par controlado», tal y como se traduciría al castellano esta táctica militar, ha sido también el pan nuestro de cada día en Chechenia o Siria, y constituye uno de los numerosos elementos que —planteémoslo así, de esta manera tan cruda— «une espiritualmente» a las tres guerras lanzadas por Vladímir Putin desde su llegada al poder en el año 2000.

«La primera vez que vi algo así se produjo durante la primera guerra de Chechenia, cuando fue atacado un entierro», denuncia Usmán Baisáyev, exactivista de la ONG Memorial, que ha documentado con detalle las atrocidades cometidas por las tropas rusas en la república caucásica. «Bombardean una primera ocasión y, transcurridos cinco o diez minutos, cuando las ambulancias están sobre el terreno, bombardean de nuevo», recuerda Abdulrahmán El Khasan, portavoz de los Cascos Blancos, una organización de voluntarios financiada por Occidente que rescata a los supervivientes en Siria. Todos estos precedentes permitieron que, en febrero de 2022, Ucrania llegara a la invasión rusa ordenada por el Kremlin con la lección aprendida y, de inmediato, sus responsables militares elaboraran un exhaustivo protocolo que establecía que, al menor ruido sospechoso, los mandos debían detener de inmediato las operaciones de rescate y ordenar a los congregados ponerse a cubierto, protocolo que se aplicó a rajatabla en aquella intensa mañana de primavera en Bajmut.

Ismail Alabdalá, voluntario de los Cascos Blancos en la localidad siria de Idlib desde hace un decenio, conoce a pies juntillas lo que supone convivir a diario con la amenaza del *double tap*. La inmensa mayoría de los 307 fallecidos registrados en su unidad de rescatadores se ha debido a esta perversa estrategia, en la que la aviación rusa ha demostrado mucha mayor destreza que su aliado, el régimen de Bashar al-Ásad. Recuerda cómo, antes de la entrada de los rusos en la guerra civil siria, la aviación de Damasco lo intentaba, pero eran bombardeos en su opinión estúpidos, poco efectivos. «Los rusos, en cambio, son precisos y saben dónde disparar», denuncia.

En marzo de 2016, mientras llevaba a cabo un rescate en Alepo oriental, zona bajo control rebelde de la segunda ciudad más importante de Siria, asediado desde hacía un par de años por las tropas del régimen de Ásad y apoyadas estas desde el aire por la aviación rusa, acudió al escenario de un bombardeo reciente, y una vez allí, sufrió un nuevo ataque lanzado por aviones del Kremlin. En el momento de la explosión, voló por los aires hasta darse de bruces contra una pared. Ismail rememora impertérrito estos hechos, casi sin mover un músculo de la cara, toda una indicación de lo acostumbrado que está a ver de cerca la muerte en su quehacer diario. Meses más tarde, en julio, perdió a dos compañeros que trabajaban con él y que habían acudido a rescatar a supervivientes después de un grave bombardeo ruso en el centro de la ciudad. Recuerda que tuvieron prisa y que salieron de inmediato en cuanto recibieron noticias del ataque; él, en cambio, dudó, y eso le salvó la vida.

Ahora que el conflicto sirio ha remitido de manera sustancial debido, precisamente, a que el Kremlin, el gran aliado de Ásad, concentra sus esfuerzos en la guerra de Ucrania, aprovecha el relativo receso en los ataques aéreos para ver, en televisión, las imágenes de la contienda europea, algo que hasta le hace suspirar. Le gustaría ir allí para explicar a los rescatadores ucranianos que, con Rusia, no hay reglas; concienciarles de que, para la aviación rusa, no es ninguna garantía ser un paramédico o conducir una ambulancia bien identificada. Más bien es todo lo contrario. «Somos el objetivo, más incluso que los soldados», certifica.

El *double tap*, además, pone en evidencia una realidad que la Rusia de Putin ha venido ignorando pese a la enorme inversión realizada en el último cuarto de siglo para la modernización y renovación de sus Fuerzas Armadas: la ciencia y las estrategias militares avanzan, pero el Ejército ruso, una institución que tradicionalmente premia a los burócratas y castiga a los innovadores, repite una y otra vez las mismas y anquilosadas estrategias militares, haciendo que las guerras en las que opera se acaben pareciendo las unas a las otras de forma sorprendente. «Lo parecido de la guerra de Ucrania con la de Siria son las tácticas: tierra quemada, ataques deliberados contra infraestructura civil, incluyendo hospitales, *double tap...*», certifica la hispanosiria Leila Nachawati Rego, profesora de Comunicación en la Universidad Carlos III de Madrid. La única diferencia que percibe es que, en Ucrania, todo ha ido mucho más rápido: desde el inicio del conflicto se iban quemando etapas con mucha mayor rapidez; de los bombardeos indiscriminados se pasó en cuestión de días a los ataques a infraestructura civil y a las «operaciones de limpieza». En Siria todo tardó más.

Esta pobre adaptación a los tiempos modernos no solo repercute en la eficacia en el campo de batalla o en la rígida respuesta que tradicionalmente ofrecen los militares rusos a los imprevistos, sino que también provoca un desproporcionado número de bajas civiles, impropio de la potencia militar que Rusia reclama ser, al obligar a los militares rusos a cometer abusos de gran calado para suplir sus carencias en otros campos. En Chechenia, en las dos guerras que padeció la república caucásica, perecieron más de 160.000 civiles,[3] un 10 por ciento de la población; en Siria, más del 91 por ciento de los más de 200.000 muertos civiles contabilizados han sido responsabilidad del Damasco y sus aliados, en particular Rusia, de acuerdo con la Red Siria de Derechos Humanos.[4,5]

En Ucrania, sin embargo, gracias a la existencia de líneas de frente convencionales y a la naturaleza del conflicto, en el que toman parte dos ejércitos regulares bien pertrechados, las pérdidas humanas de inocentes no son por el momento tan elevadas, y hasta el verano de 2024 habían fallecido alrededor de 11.000 civiles, según el Alto Comisionado de la ONU para los Derechos Humanos, aunque se presupone que la cifra real es mucho más elevada.

Que las tres guerras de Putin se asemejen como gotas de agua no es de extrañar, si uno presta atención a los nombres de los comandantes militares que las han dirigido en el pasado, en el caso de Chechenia y Siria, o las están dirigiendo en la actualidad en Ucrania.

El actual jefe del Estado Mayor, Valeri Guerásimov, nombrado jefe de la denominada «operación militar especial en Ucrania» en enero de 2023, aparece en todas las quinielas bélicas de las operaciones militares rusas desde principios de siglo. Hombre considerado de la máxima confianza del presidente Putin, se bregó durante la segunda guerra chechena con cuarenta y cinco años, ocupando el cargo de comandante del 58.º Ejército en el Cáucaso Norte entre 2001 y 2003. Su paso por el conflicto caucásico está repleto de episodios oscuros. De acuerdo con el activista Usmán Baisáyev, el militar estuvo al frente de todas las operaciones de limpieza —*zachistka*, en ruso— que tuvieron lugar en este periodo y que consisten en la destrucción completa de un pueblo o una localidad, el saqueo de sus propiedades y el asesinato de un buen número de habitantes, independientemente de si van armados o constituyen algún tipo de amenaza para la integridad de los soldados rusos.

En la anexión de Crimea en 2014, verdadero arranque de la invasión de Ucrania nueve años más tarde, jugó un papel muy relevante Ígor Turcheniuk, vicecomandante del Distrito Sur de las Fuerzas Armadas Rusas. Durante la guerra de Chechenia, a finales de los años noventa y principios de este siglo, se hallaba al frente de la 138.ª Brigada instalada en Stari Atagi, una localidad donde sucedieron numerosas masacres.

Según informó en sus crónicas difundidas en 2002 la asesinada periodista rusa Anna Politkóvskaya, acribillada a balazos en el ascensor de su edificio el 7 de octubre de 2006, el día en que Putin cumplía cincuenta y cuatro años, los soldados rusos estacionados allí acudían frecuentemente a la localidad, saqueaban las casas, y exigían joyas o entre 300 y 500 rublos a las lugareñas si no querían ser violadas ante su propia familia.[6]

El general Aleksándr Dvórnikov, conocido por el alias del «carnicero de Siria», también ha construido su carrera militar gracias a estos tres conflictos, aunque ha sido precisamente la invasión de Ucrania la que ha puesto fin a su meteórico ascenso. En abril de 2022, fue nombrado comandante al frente de las operaciones militares en Ucrania tras el fiasco de la batalla de Kiev, en la que los blindados rusos sufrieron gravísimas pérdidas y no lograron ni siquiera entrar en la ciudad. Eso sí, duró poco y fue relevado al cabo de algo más de un mes, probablemente por los escasos resultados obtenidos. Era el primer comandante designado de la denominada «operación especial», ya que el Kremlin preveía que la victoria sobre Ucrania iba a ser tan expeditiva que, antes de su nombramiento, ni siquiera había establecido la figura de coordinador de las tropas rusas cuando estas fueron enviadas a ocupar el país eslavo.

Dvórnikov supervisó el inicio de las operaciones militares rusas en Siria en 2015, presentando entonces la intervención como una campaña contra el Estado Islámico u otros grupos yihadistas. En realidad, el Kremlin concentró sus acciones militares en la oposición armada a Bashar al-Ásad, su aliado sirio, posicionado en Idlib, Alepo y alrededores, a cientos de kilómetros de distancia de los ultrarradicales en Raqqa. Tal y como constató el periodista británico Martin Chulov en *The Guardian*,[7] el militar aplicó sin ápice de duda en el país árabe «las técnicas militares soviéticas», que consideran la destrucción de objetivos civiles como una forma de ganar impulso en el campo de batalla. Lo primero que hizo fue montar una base aérea cerca de la costa noroeste desde la que los bombarderos y aviones arrasaron pueblos y ciudades de la provincia de Idlib, denuncia Chulov. Los objetivos habituales eran hospitales, colegios, colas del pan y otros puntos clave para la población civil.

Las contorsiones y piruetas semánticas que realiza el vocabulario oficial del Kremlin a la hora de definir y designar sus ofensivas militares también forman parte del mínimo común denominador existente entre las tres guerras de Putin.[8] Si la guerra en Ucrania, de acuerdo con el argot de Putin, es una operación militar especial para desnazificar el país eslavo, en Chechenia las hostilidades se iniciaron bajo la etiqueta de operación antiterrorista destinada a acabar supuestamente con los extremistas islámicos, una definición que un decenio y medio después, durante la intervención militar en Siria en socorro del régimen de Ásad, se convirtió en operación humanitaria. Con ello, los dirigentes del Kremlin buscan un triple objetivo, valora Baisáyev: por un lado, consolidar a la opinión pública rusa en torno a una lucha contra un enemigo simple, ya sea de ideología nazi o de carácter extremista islámico; pero también restar legitimidad a la oposición armada, a la vez que enviar un mensaje a la comunidad internacional.

El activista considera que el tema del vocabulario es muy importante para Rusia, ya que tiene fuertes repercusiones jurídicas internacionales. En Chechenia, por ejemplo, Moscú logró que el Tribunal Europeo de Derechos Humanos denominara a los rebeldes como «grupos ilegales», pese a que estos cumplían con los criterios de la

Convención de Ginebra para ser consideradas «fuerzas regulares», es decir, contaban con uniformes y un mando unificado. Baisáyev denuncia que el Kremlin se escuda en esa terminología, que considera que «legitima sus puntos de vista», para luego arrastrar los pies y prolongar *ad infinitum* el momento de cumplir las sentencias emitidas por la corte europea.

Las similitudes entre las guerras de Putin también son evidentes en el modo en el que comienzan los cercos medievales a los que las tropas rusas suelen someter a esas grandes ciudades situadas en territorio hostil y que optan por la resistencia. Si el asedio de Grozni, la capital de Chechenia, se inauguró el 21 de octubre de 1999 con un bombardeo coordinado contra una mezquita, un mercado, un centro juvenil y, sobre todo, contra el único hospital ginecológico de la ciudad —ataques en los que perdieron la vida un centenar de personas—, el cerco al estratégico puerto ucraniano de Mariúpol, a orillas del mar de Azov, comenzó oficialmente el 9 de marzo de 2022 con un ataque contra el ala materno-infantil del principal hospital local, donde murieron al menos tres personas y otras 17 fueron heridas.

La estrategia, según Baisáyev, es clara: en lugar de golpear en primer lugar allí donde su enemigo puede presentar resistencia armada, como bases o posiciones militares, los mandos rusos prefieren bombardear objetivos civiles, buscando, mediante el terror, enviar dos mensajes: uno a la población, haciéndole entender que cualquier forma de oposición es inútil, y otro al Ejército defensor, «que se considera protector de los civiles y que entiende que, cuanta más resistencia presente, más sufrirán los habitantes», aclara el activista.

Entre las fallecidas de Mariúpol aquel frío día de principios de marzo se encontraba Irina Kalínina, una mujer en sus últimos días de embarazo ingresada en el centro atacado. Acabó dando a luz por cesárea a un bebé ya muerto, y cuando se enteró de la noticia imploró a los médicos que no le salvaran la vida, que la dejaran morir. La imagen de Irina, ensangrentada y gravemente herida, agarrando su vientre en un gesto de desesperación mientras era evacuada del hospital bombardeado en una camilla, acabó dando la vuelta al mundo.

«Oímos el sonido de un avión, y luego un par o tres de explosiones, muy cerca de donde estábamos nosotros», explica Evgeniy Maloletka, el fotógrafo *freelance* autor de la laureada imagen periodística, entonces colaborador de Associated Press. «Cuando llegamos, vimos que un proyectil había impactado en el patio del departamento ginecológico y el ala maternal», continúa.

Maloletka desconoce la razón del ataque a un objetivo civil tan evidente como la sección ginecológica de un hospital, y admite su impotencia a la hora de discernir si el incidente fue premeditado, o la razón última del bombardeo. A fin de cuentas, opina, esta guerra no tiene ninguna lógica. Acerca del estado de Irina en los instantes finales de su existencia, poco puede decir. No pudo hablar con ella; solo certificar, mientras le hacían las fotografías y grababan el vídeo en el momento del traslado a la ambulancia, que se encontraba en estado crítico. Eso sí, él y su compañero llegaron a hablar con otras mujeres que estaban siendo evacuadas, muchas de las cuales no recordaban nada, solo paredes y muros derrumbándose.

El ataque al hospital de Mariúpol fue objeto de una enconada controversia en las semanas siguientes a su difusión internacional, debido a los intentos, desde el Gobierno y los medios rusos, de desacreditar a los periodistas autores de la información y contrarrestar la oleada de condenas internacionales por el bombardeo. Lo hicieron, además, siguiendo esquemas de desinformación ya ensayados por el Kremlin anteriormente en otros conflictos. Aunque ya existieran precedentes en guerras anteriores de flagrantes ataques rusos a objetivos civiles, en Ucrania la presencia de reporteros en el interior de la ciudad rodeada, capaces de hacer de correa de transmisión de lo que estaba sucediendo realmente, lo cambiaba todo. Así, Evgeniy Maloletka y su compañero tuvieron que enfrentarse a un ataque masivo a su credibilidad, con acusaciones de ser terroristas informativos. Las imágenes eran muy duras, estaban siendo publicadas en todas partes y desmentían rotundamente su versión de que no atacaban objetivos civiles, viene a recordar Maloletka.

El aparato de propaganda del Kremlin no tardó en activarse. Mariana Vyshemírskaya, una de las embarazadas evacuadas que aparecen en las fotografías realizadas por el equipo de Associated Press, abandonó Mariúpol y, a los pocos días tras dar a luz, publicó en sus redes sociales desde Donetsk, en la Ucrania ocupada, una entrevista realizada por el bloguero ruso Denís Selezniov y difundida por cuentas oficiales rusas en la que intentó desmontar la credibilidad del trabajo periodístico realizado por el equipo de Associated Press. Dijo que los presentes en el hospital se habían refugiado en el sótano, y aseguró que la mayoría de ellos pensaba que en realidad se trataba de un ataque de artillería, dando a entender que todo podía ser producto de un montaje por parte de Ucrania con fuego amigo, ya que en ningún momento oyó ningún avión. Además, denunció la supuesta presencia de unidades militares en el recinto, permitiendo entrever que el hospital podría tratarse de un objetivo legítimo en un conflicto armado. Dicha versión,[9] de cuestionable valor ya que fue pronunciada desde territorio ucraniano bajo control ruso y a medios rusos oficialistas vinculados a la guerra, encajaba a la perfección con lo que venía afirmando el Kremlin, que sostenía que en el centro sanitario se habían atrincherado unidades militares ucranianas.

Sin embargo, todo ello es desmentido tajantemente por el fotógrafo Maloletka. «Llevábamos días oyendo aviones sobrevolar la ciudad y deduzco que, cuando comprobaron que no había defensas antiaéreas de envergadura, decidieron bombardear», explica. El reportero también niega rotundamente que hubiera unidades militares ucranianas estacionadas allí, todo lo más voluntarios de las Fuerzas de Defensa Territorial (FDT, voluntarios civiles con entrenamiento militar) que protegían el lugar como cualquier otra infraestructura. «Pero eran cuatro o cinco hombres, no más; el hospital no era una posición militar; no había tanques, por ejemplo», responde en tono firme.

Los descarnados intentos lanzados por agentes y medios en la órbita del Kremlin de desacreditar a todos aquellos que le ponen en la picota han sido una constante también en las tres guerras iniciadas por Putin. Leila Nachawati recuerda con indignación el acoso que sufrió en las redes sociales cuando, gracias a sus contactos en Siria, país de donde procede su familia paterna, fue publicando informaciones de primera mano sobre el ataque químico de 2013. Una de ellas hablaba de una familiar suya, que estuvo dando clases a un niño que, dos días antes, había visto a su madre morir durante el ataque químico de Guta, cerca de Damasco. Recuerda las hordas de *trolls* y *haters* de ideología de extrema izquierda, muchos españoles, otros latinoamericanos, que la llamaban «amiga de los rebana cuellos», y admite que terminó agotada y traumatizada por las agresiones que sufría.

El ataque a hospitales ginecológicos en los inicios de los cercos militares a metrópolis por las tropas rusas se enmarca, en realidad, en una estrategia general de ensañamiento deliberado contra edificios marcados como hospitales o refugios de civiles. Esta estrategia ha sido una constante en los conflictos de Chechenia y Siria, y se está repitiendo igualmente en Ucrania. Marta Ter, catalana que estuvo al frente de la campaña «Txetxènia, trenquem el silenci» (Chechenia, rompamos el silencio), recuerda en particular un episodio que, desde su ONG, intentaron destacar sin excesivo éxito. Se produjo al comienzo de la segunda guerra chechena y estuvo protagonizado por Hasán Baibev, un médico local, en la localidad de Alján Kalá, una suerte de suburbio de Grozni a escasos kilómetros de la capital. «Estaban bombardeando cerca de su hospital y para identificar el lugar, colgó del techo una manta con una cruz roja; fue colocarla y el edificio fue objeto constante de bombardeos», rememora.

El equivalente ucraniano a este crimen de guerra se materializó el 16 de marzo de 2022, casi un mes después del inicio de la invasión. Y con resultado mucho más fatídico. La ciudad de Mariúpol se encontraba totalmente rodeada y, en ese momento, fue bombardeado el Teatro Dramático Regional de Donetsk, un edificio histórico de color blanco situado en pleno centro urbano. Allí se habían congregado, en las semanas precedentes, centenares de personas que residían en la periferia buscando un lugar seguro lejos de cualquier posible posición militar ucraniana que pudiera ser considerada como un objetivo. Según las conclusiones de Amnistía Internacional, «probablemente los militares rusos atacaron de forma deliberada el teatro el 16 de marzo, aunque sabían que cientos de personas se refugiaban allí», lo que constituye «un claro crimen de guerra».[10] La organización ha podido documentar al menos 16 fallecidos, aunque considera factible que se produjeran muchos más, mientras que otras fuentes elevan dicha cifra a cuatro centenares. En viajes para periodistas acreditados en Moscú y organizados por el Ejército ruso con posterioridad, una vez la ciudad ya se hallaba firmemente en manos de las tropas del Kremlin, los mandos militares aseguraban a los reporteros qué efectivos del denominado batallón de Azov se habían parapetado allí, dando a entender que los fallecidos eran utilizados como escudos humanos y justificando de alguna manera lo sucedido.

En el momento en que el teatro fue bombardeado, el fotógrafo Maloletka y el resto de sus compañeros ya habían abandonado Mariúpol, a bordo de un coche de civiles haciéndose pasar por refugiados, conscientes de la importancia de que no fueran capturados por las tropas rusas para no ser así obligados a repudiar y a desdecirse públicamente de sus historias anteriores. Con todo, sí recuerda haber pasado junto al lugar en multitud de ocasiones, por lo que es incapaz de avalar las tesis de error humano que se blanden a veces desde el Kremlin. «En muchas ocasiones conducíamos a través de la plaza central de Mariúpol [donde se hallaba el teatro]; siempre había muchos coches frente al edificio y gente cocinando; además, en las fotografías aéreas se vislumbraba claramente escrita, frente a la entrada principal, en enormes letras la palabra *deti* —'niños', en ruso—», rememora Evgeniy. El fotógrafo no alberga ninguna duda de que fue un ataque aéreo, no fue un error, y recuerda que los pilotos de un avión de combate, antes de abrir fuego, introducen unas coordenadas, es decir, saben a lo que están disparando.

Bombardeos deliberados contra objetivos civiles aparte, si existe una similitud, una característica fatal, que vincula y une a las tres guerras gemelas lanzadas por Putin desde el inicio de su mandato y que destaca sobre las demás por su crueldad y salvajismo, es el permanente recurso de las tropas federales rusas y de las milicias paramilitares de mercenarios adscritas al Estado ruso a las operaciones de castigo colectivo contra una localidad o población determinada. Durante estas incursiones punitivas, resultan destruidas propiedades, son asesinadas o desaparecen decenas de personas sin relación alguna con militares o grupos armados, llegándose a producir violaciones sexuales, saqueos y mutilaciones arbitrarias. De acuerdo con el activista Baisáyev, existen dos tipos de batidas represivas. Por un lado, está la *zachistka* (que significa 'limpieza' en ruso), una operación militar originada después de un atentado o un ataque contra las tropas federales rusas. En ella, estos bloquean durante días una población cercana, normalmente la más próxima al lugar de los hechos, impiden las entradas o salidas y cometen todo tipo de abusos contra los civiles, en particular contra la población masculina, sospechosa de complicidad. Muchos de ellos son arrestados y «desaparecen» perdiéndoseles el rastro.

Por otro, la *reznya* (que significa 'matanza' en ruso), una suerte de caótica orgía de violencia y abusos, durante la cual, continúa Baisáyev, los integrantes de una unidad militar determinada, inmersos en un ambiente de falta de disciplina y hundimiento moral, sin ningún plan previo, se comportan como bandidos y matan a mucha gente con diferentes pretextos.

En Ucrania, estas operaciones represivas tienen un nombre propio que ya ha pasado a ocupar un lugar relevante en la lista de atrocidades de la historia contemporánea, compartiendo pódium con masacres de tan siniestra memoria como Srebrenica en julio de 1995 a manos de las tropas serbobosnias; Haditha, causada por los marines estadounidenses durante la ocupación de Irak en noviembre de 2005, o Sabra y Chatila, a manos de las milicias cristianas libanesas en el Líbano bajo control de Israel en septiembre de 1982. Se llama masacre de Bucha,[11] un suburbio de Kiev, en la que al menos 420 civiles perdieron la vida a manos de la 64.ª Brigada de Fusileros Motorizados del Ejército ruso en las primeras semanas de la invasión. Los cadáveres aún yacían sobre el suelo cuando las tropas ucranianas recuperaron el control del lugar a principios de abril. En algunos casos, habían permanecido allí sin ser retirados durante semanas.

Alekséi Tarasévich vivía con su madre en un pequeño apartamento de Bucha cuando llegaron los soldados rusos a principios de marzo. Como a muchos ucranianos, los acontecimientos se habían precipitado, y no hubo tiempo para la evacuación. En las proximidades de la localidad, una columna entera de blindados rusos había sido aniquilada por las tropas ucranianas nada más iniciarse la invasión, y los combates acabaron inmovilizándole en su domicilio familiar junto a su progenitora.

Alekséi rememora que los rusos venían en oleadas. «La primera oleada fue bien, luego el silencio; la segunda oleada también, y tranquilidad, pero a partir de la tercera, ya se instalaron con nosotros en la ciudad y fue entonces cuando comenzaron los problemas; saquearon todas las casas», relata, con la voz entrecortada. En total, la ocupación rusa de Bucha duró cuarenta días; los treinta primeros, a decir de este testigo, fueron más o menos llevaderos. Fue en los últimos diez cuando se desencadenaron las matanzas. Durante ese mes y medio, vivió en un régimen de supervivencia, ya que no había nada, ni comida ni agua. En los últimos diez días, el sonido de las armas automáticas era permanente.

El maltrato a la población civil fue constante durante todo ese periodo de tiempo. Existía un rígido toque de queda, que comenzaba a las cinco de la tarde, pero, incluso fuera de esas horas, una vez en el exterior del hogar, cualquier cosa podía suceder debido a la arbitrariedad con la que se comportaban los ocupantes. Así pues, nunca salía de casa antes de las doce de la mañana porque, con solo salir a la calle, asegura que se jugaba la vida. «Había francotiradores por todos lados, y yo en una ocasión oí a un ruso decir a otro: "Desde mi ventana, hoy he matado a dos"», continúa. De hecho, una de las imágenes de Bucha que ha dado la vuelta al mundo, la fotografía de un cadáver yaciendo sobre el suelo junto a una bicicleta, sucedió a escasos metros de la casa de su amigo Shura Abramóvich. Y no se trató de ninguna muerte fortuita producto de los combates. «Fue tiroteado», sentencia.

Hacer acopio de agua para su madre y las seis ancianas que vivían en su edificio durante la ocupación era el principal desafío con el que se enfrentaba Alekséi a diario. Había un pozo a un centenar de metros de su edificio, pero ello le obligaba a salir y exponerse a los peligros de la intemperie. Precisamente, en una de esas ocasiones en que salió a por el agua, mientras caminaba con una tetera en la mano, tres soldados rusos le hicieron un ademán y le conminaron a aproximarse. Primero, le pidieron que se acercara; luego le ordenaron que se parara y se quedara a unos metros de ellos; una vez allí, le exigieron que cantara el himno nacional ruso, a lo que les respondió que no podía, porque lo desconocía. «Entonces me respondieron: "¡Pues vamos a enseñarte!"», recuerda.

En ese preciso momento, Alekséi comenzó a recibir golpes, uno en la boca, que le afectó a la dentadura y le hizo sentir el sabor de la sangre en la cavidad bucal, otro en la cara, y por último uno en la espalda. Este último impacto fue muy fuerte, muy duro, cree que lo hicieron con la culata de un arma, aunque no puede decir exactamente con qué porque no pudo ver al soldado que tenía detrás. Derribado por el dolor, se precipitó al suelo, y justamente en ese momento se produjo una explosión en las cercanías que le permitió ponerse a salvo. «Levanté la cabeza y vi que [los soldados] estaban tumbados, no sé si estaban muertos, aproveché la ocasión para huir», explica.

Los paralelismos del comportamiento de las Fuerzas Armadas rusas en Bucha con el que exhibió el Ejército nazi durante la ocupación de Ucrania y Bielorrusia en la Segunda Guerra Mundial son sorprendentes, en particular en lo que se refiere al capítulo de burlas y vejaciones a la población local. Alekséi relata cómo una unidad militar rusa se instaló en casa de su amigo Nikolái. Allí, los ocupantes decidieron que no llamarían por su nombre a los moradores del edificio, y que en su lugar les pondrían apodos humillantes. «A su amigo, le llamaban *zaika* ('tartaja') porque tenía un problema de dicción, a un compañero suyo *detenka* ('bebito') porque un día lo iban a fusilar y su madre lo encerró y lo salvó, prohibiendo a los rusos tocar a su *detenka*», prosigue.

Lo más duro para Alekséi fue enterrar con sus propias manos a dos amigos, en especial a su vecino Vasili, de cuya violenta detención fue testigo a través de la puerta de su apartamento. Se retrasó con el toque de queda quince minutos, su mujer vino a visitarle y a explicarle su retraso, y estaba muy agitada; luego le oyó llegar al portal, pero en seguida escuchó duros golpes, fue arrestado allí mismo. Cuando acabó todo, los soldados rusos llamaron a su casa a porrazos, le ordenaron salir y fue entonces cuando vio el cuerpo de Vasili inconsciente, yaciendo sobre el suelo y rodeado de sangre y dientes rotos. Pensó que estaba muerto, aunque en realidad solo estaba malherido por los golpes recibidos; los ocupantes rusos le apuntaron con un fusil y le ordenaron levantarlo. «Yo le decía: "¡*Vasenka, vasenka*!" [diminutivo cariñoso de Vasili]. Él intentaba con dificultad sostenerse con los pies», relata. Alekséi logró finalmente erguir a su vecino, sentarle y colocarle el gorro. Después imploró a los soldados rusos por su vida, que no le mataran, asegurando que lo conocía y que era una buena persona. Estos se limitaron a responder que creían en Dios y que no mataban a nadie.

Alekséi no volvió a ver a su vecino con vida. «Pensábamos que estaba en la cárcel, su mujer lo buscó por los hospitales», cuenta, con la voz entrecortada. Finalmente, el cuerpo sin vida de Vasenka apareció muerto en la entrada de un sótano, con una mueca de dolor infinito en el rostro y señales de haber sido torturado. Durante el registro posterior en su apartamento, habían encontrado armas, y sus captores no tuvieron piedad con él. Alekséi sacó el móvil y fotografió su cadáver, para que quedara constancia del crimen de guerra cometido por las tropas rusas. La cara estaba totalmente deformada y apenas era reconocible debido a los golpes recibidos. Enormes regueros de sangre seca surcaban las mejillas desde los ojos. Los dedos se habían convertido en muñones en carne viva, después de que sus torturadores le hubieran arrancado las uñas.

«La masacre de Bucha es más bien una *reznya*», certifica Baisáyev, gracias a la enorme experiencia acumulada durante tres décadas documentando las atrocidades cometidas por el Ejército ruso. Muy similar a lo sucedido en febrero del año 2000 en la localidad chechena de Novie Aldi, un suburbio de Grozni, la capital, donde vivían unos 27.000 residentes. De acuerdo con la base de datos del activista en Oslo, donde trabaja en la actualidad, nueve decenas de civiles fueron asesinadas en una orgía de violencia y caos lanzada por tropas OMON, fuerzas del Ministerio del Interior, en su caso procedentes de San Petersburgo, que se prolongó varios días.

En el transcurso de la *razzia*, fueron destruidas o incendiadas casas de civiles y, al igual que en Bucha, se ejerció violencia contra los civiles de forma gratuita: ejecuciones, violaciones, saqueos, robos y hasta una decapitación. No sirvió de nada que una delegación de ancianos, blandiendo banderas blancas, hubiera informado previamente a los militares rusos de que ya no quedaban guerrilleros chechenos en el interior de la localidad. Novie Aldi fue arrasado y, hasta la fecha, la justicia rusa no ha imputado a nadie por lo sucedido. Tan solo el Tribunal Europeo de Derechos Humanos, en dos sentencias separadas, declaró culpable subsidiario al Estado ruso y ordenó el pago de indemnizaciones.

Chechenia, Siria y Ucrania son las tres guerras de Putin, unidas por un cordón umbilical e iniciadas —semántica oficial de Moscú aparte— de acuerdo con una misma justificación: recuperar para Rusia el estatus de superpotencia imperial que un día detentó la URSS. Se ha recurrido a las mismas tácticas militares, se han cometido los mismos crímenes, las ofensivas e incursiones han sido diseñadas por los mismos oficiales y materializadas por los mismos actores... Pese a todos estos vínculos y características comunes, sí existe una divergencia entre estas tres contiendas, una disimilitud que hoy en día enerva a quienes, como el activista Baisáyev, hace un cuarto de siglo, ya pregonaban en el desierto, denunciando las primeras atrocidades cometidas por un presidente Putin recién llegado al poder y frente al que nadie en Occidente parecía elevar la voz: «En Chechenia, a diferencia de Ucrania, nadie quería decir que aquello era un crimen de guerra».

4

Envenenamiento, el método predilecto del Kremlin para el crimen perfecto

Nadie se acordaba de nada, nadie admitía haber visto nada, pero, sobre todo, nadie quería prolongar, más allá de la cortesía elemental, la conversación con un extraño como yo, recién llegado de Moscú, que hablaba ruso con un marcado acento extranjero y realizaba preguntas incómodas sobre un suceso reciente que había colocado a Tomsk, una remota localidad siberiana, en el epicentro de un huracán mediático global, viendo su nombre repetido hasta la saciedad en las primeras páginas de los diarios internacionales.[1]

Habían pasado tres semanas tras el envenenamiento, en agosto de 2020, de Alekséi Navalni, el más conocido líder de la oposición rusa, y la ciudad de Tomsk parecía atenazada por el miedo y la inseguridad. La ley del silencio se había impuesto entre sus habitantes, aquejados de una suerte de amnesia colectiva acerca de lo sucedido en su propia metrópolis tan solo días antes. Desempolvando el viejo hábito soviético de considerar a cualquier extranjero como una fuente potencial de problemas, todas las personas a las que invoqué en aquella fresca tarde-noche siberiana, que ya hacía presagiar el otoño, medían sus respuestas hasta la extenuación, mostrándose inquietas ante la posibilidad de haber pronunciado alguna palabra de más.

«No tengo derecho a hablar», respondió con educación uno de los empleados de cocina del hotel Xander, donde se había alojado Navalni durante casi una semana. «No recuerdo nada», aseveró, sin apenas dirigirme la mirada, la responsable del personal de tierra de la aerolínea privada rusa S7 en el pequeño aeropuerto local. Su subalterna tampoco quiso abrir la boca, aunque sí que reaccionó a la requisitoria levantando la vista y dirigiéndome una sonrisa de complicidad. En ningún momento desatendió su tediosa labor de etiquetar las maletas facturadas para un vuelo con destino al aeropuerto moscovita de Domodédovo, el mismo en el que, veinte días antes, había embarcado Navalni. «Estoy trabajando», reaccionó, aquí ya con una mueca evidente de desagrado, la empleada del Vienskaya Koffeina, el único bar existente pasados los controles de seguridad. En este preciso lugar, el opositor se había tomado un último té antes de abordar el fatídico vuelo en el que cayó enfermo.

Todas estas negativas no eran más que la confirmación de una circunstancia de la que me había prevenido horas antes, en su despacho del centro de la ciudad, Ksenia Fadeeva,[2] representante local de la Fundación contra la Corrupción (FBK, por sus siglas en ruso), la ONG fundada por Navalni, y la persona con la que el bloguero había pasado sus últimas horas antes de encontrarse mal. Todos los potenciales testigos del fallido intento de asesinato, desde los empleados del hotel hasta los trabajadores de la aerolínea, habían sido aleccionados por agentes del Servicio Federal de Seguridad (FSB) para guardar silencio y no hablar con nadie, menos aún con un extranjero. La ciudadanía local también había entendido el límpido mensaje procedente de los herederos del KGB, enfatizando que era el momento de callar y mirar hacia otro lado.

Navalni había viajado a la localidad siberiana por dos motivos. Por un lado, para exponer los abusos de la élite local vinculada al partido oficialista Rusia Unida, que controlaba de forma monopolística las empresas suministradoras de servicios básicos, como la electricidad, y aplicaba tarifas abusivas a los usuarios. Y por otro, para apremiar a sus partidarios ante las inminentes elecciones locales que se iban a celebrar en la ciudad, donde existía la posibilidad de que la oposición superara las barreras administrativas que tradicionalmente les imponía la comisión electoral regional y desbancara al partido progubernamental en los cercanos comicios. Ksenia y Alekséi habían pasado cuatro días grabando un vídeo de denuncia en los lugares más emblemáticos de la localidad, tales como la plaza Novosobornaya, la avenida Lenin o la Universidad Estatal de Tomsk. El rodaje transcurrió sin incidentes, aunque, eso sí, en medio de un gran interés ciudadano, con vecinos de Tomsk acercándose a saludar al opositor e interrumpiendo constantemente la filmación.

Los lugareños no fueron los únicos en prestar atención a los movimientos del *influencer* en Siberia durante aquellos días. De acuerdo con una filtración de la delegación local del FSB a un diario local publicada con posterioridad al envenenamiento, durante su estancia en Tomsk, Navalni estuvo bajo el radar de los agentes locales del servicio secreto ruso en todo momento. En un país de todopoderosas agencias de espionaje acostumbradas a no dar explicaciones, que detestan el contacto con la prensa y adoran el secretismo, aquello era de lo más inusual, un chivatazo periodístico que salía a la luz por algún motivo ignoto. La respuesta al enigma vino también de la mano de Fadeeva, amiga personal de Navalni y conocedora de las prácticas habituales de las fuerzas vivas de la localidad. Según la activista, se trataba de un ejercicio de autoexculpación por parte de la delegación en Tomsk del FSB, que, dada la gravedad de los hechos, se lavaba las manos frente a los ciudadanos y les decía que no era responsable de la tentativa de asesinato del más popular líder opositor de Rusia. Una proclamación que, tirando simplemente del hilo y aplicando la lógica más elemental, tenía una terrible y demoledora contrapartida: el envenenamiento solo podía haber sido ideado en Moscú y aprobado por el mismísimo líder del Kremlin. En su ejecución, además, únicamente pudieron haber participado agentes llegados exprofeso a Siberia desde la capital.

Esta dimensión estatal del envenenamiento de Navalni fue constatada de inmediato por Tom Vennik, antiguo corresponsal en Rusia del rotativo amsterdamés *De Volskrant*, que fue expulsado a los pocos meses del intento de asesinato bajo la recurrente excusa de haber violado las normas de registro establecidas por el Servicio de Migración. El reportero neerlandés, dotado de grandes reflejos y movilidad, siempre dispuesto a coger el primer avión para cubrir *in situ* los acontecimientos más urgentes, se presentó de inmediato en Omsk, la ciudad siberiana donde había sido desviado el avión en el que viajaba Navalni en el momento de caer enfermo.

Llegó el mismo día, a las pocas horas de conocerse la noticia, y convertido en el único periodista foráneo presente allí, informó puntualmente, durante aquellas horas críticas, de los contradictorios y extravagantes partes médicos emitidos por la dirección del hospital, y de las preocupadas declaraciones y pronunciamientos de los diferentes activistas opositores.[3] Ese estar en el lugar de los hechos le permitió comprobar de primera mano que, efectivamente, las decisiones concernientes al paciente se estaban tomando a miles de kilómetros de aquellas latitudes, concretamente en la capital del país. Y que las consideraciones médicas pesaban poco, muy poco, en las resoluciones que se tomaban sobre el futuro inmediato del paciente.

Las evidencias eran abrumadoras. En cuanto el reportero entró en el hospital, se dio cuenta de que el centro sanitario había sido literalmente tomado por hombres que vestían similares chaquetas de cuero negras y se movían con completa libertad por todas las estancias. Estos controlaban las entradas y salidas y, por supuesto, prestaban siempre gran atención a las conversaciones que pudiesen mantener los allegados y partidarios de Navalni, tanto entre sí, como con los periodistas congregados. «Había decenas de hombres con chaqueta de cuero», rememora el reportero neerlandés.

Estereotipos al margen, se trata de un detalle en absoluto baladí. Esa prenda oscura larga, con el cuello forrado de lana y cerrada mediante una cremallera medianera, es precisamente uno de los elementos que, junto con el porte de un bolso cruzado, permite a activistas y periodistas identificar a simple vista a los empleados de los servicios de seguridad rusos en las acciones callejeras opositoras. Estos individuos, casi siempre ataviados con una estética similar, se dejan ver en manifestaciones de protesta con o sin autorización legal, y su identificable asistencia siempre constituye un factor de intimidación para los participantes, enviándoles el mensaje de que, a partir de ese momento, sus acciones serán observadas.

No eran los únicos enviados del Gobierno al hospital de Omsk. En la planta hospitalaria superior, allí donde Navalni se debatía entre la vida y la muerte, fue detectada también la presencia de otro grupo de individuos ajenos al personal médico, en este caso ataviados, no con pellizas negras, sino con elegantes trajes y corbatas. De su vestimenta podía deducirse que se trataba de agentes del mismo cuerpo de seguridad o de otro cuerpo, aunque de rango superior.

Unos y otros, en realidad, formaban parte del enorme dispositivo de funcionarios del Estado enviados por el Kremlin a Omsk y que permitió a los poderes decisorios en Moscú, en aquellos momentos críticos, ejercer un control absoluto sobre ese remoto hospital siberiano, las decisiones que allí se tomaban y, sobre todo, sobre la información que se transmitía a la opinión pública. Ninguno de los partidarios de Navalni, ni siquiera Yulia, su esposa, tuvieron jamás acceso al interior de las instalaciones durante las horas en que el activista permaneció allí ingresado. A la mujer del envenenado tan solo se le permitió ver a su marido durante unos breves instantes desde la distancia. Posteriormente, cuando esta intentó llegar a su lecho burlando la vigilancia, los agentes allí desplegados se lo impidieron. «Estaba sentado junto a ella cuando, de repente, intentó subir a donde había sido ingresado su marido, pero le bloquearon el paso a empujones; la sacaron a la fuerza. Era increíble, su marido estaba siendo tratado allí y tenía derecho a saber lo que estaba sucediendo», rememora Vennik.

Las trabas no solo impidieron a los allí presentes cualquier acceso físico al enfermo, sino que también bloquearon posibles opciones de tratamiento para salvar la vida al paciente, que estaba en coma inducido desde su llegada al centro. Desde el principio, la familia y los colaboradores de su ONG exigieron trasladar al opositor a un hospital fuera de Rusia, donde pudiera ser tratado con garantías y, sobre todo, sin las evidentes interferencias políticas que ya se estaban produciendo. Alemania ya se había ofrecido a hospitalizar al enfermo y hasta había enviado un avión medicalizado a Omsk, pero el tiempo pasaba y la decisión no acababa de materializarse, lo que aumentaba el nerviosismo entre familiares y amigos. Todos los allí presentes sabían que, cuanto más tiempo se perdiera, mayores posibilidades había de que la sustancia tóxica suministrada fuera absorbida y no dejara rastro. Y que, por ende, hubiera mayor riesgo de que todo acabara en un desenlace fatal.

Ante el revuelo mediático que adquirió el caso, en varias ocasiones durante aquellas frenéticas 48 horas, el médico-jefe del centro y otros dos doctores de menor rango salieron a la palestra para ofrecer ruedas de prensa improvisadas en el gimnasio del hospital, situado en un pabellón aledaño. En ellas, curiosamente, nunca se hablaba de veneno, y sí de problemas de salud comunes como «enfermedad metabólica» y bajos niveles de glucosa. Estas afirmaciones fueron aprovechadas, de inmediato, por los propagandistas del Kremlin, como Margarita Simonián, directora del canal RT, que trató de desviar la atención al sugerir que, en realidad, Navalni sufría de diabetes no diagnosticada y que todo el problema se limitaba a un simple descenso en los niveles de azúcar en la sangre. A juzgar por las declaraciones y el lenguaje corporal que emitían los médicos durante sus comparecencias con la prensa, parecían dominados por una enorme preocupación, seguramente debido a la inesperada papeleta que les había caído encima, y era evidente que la inquietud les embargaba. «Estaban bajo presión; entendían que algo muy importante y que marcaría la historia de Rusia estaba sucediendo en su hospital, y que ellos se hallaban en medio; no estaba claro que fueran ellos los que estuvieran verdaderamente escribiendo los partes médicos», explica Vennik.

El tiempo ha acabado por dar la razón a esos temerosos médicos que trataron a Navalni en aquellos primeros días en Omsk. En el lapso transcurrido desde el verano de 2020 hasta el momento de enviar a imprimir este libro, dos de los doctores han fallecido como consecuencia de súbitos problemas de salud. El primero, Serguéi Maximishin, vicejefe del Departamento de Anestesiología del hospital de Omsk, que murió en febrero de 2021 debido a un repentino ataque de corazón. Tenía cincuenta y cinco años. El segundo, Rustam Agishev,[4] jefe del Departamento de Ortopedia y Trauma, expiró pocos días después, en su caso como consecuencia de una embolia. Aleksándr Murajovski, el director del hospital y hombre que dio la cara durante aquellos días presidiendo las ruedas de prensa y asumiendo el retraso del traslado de Navalni a Berlín, fue promocionado al puesto de ministro de Salud en la región de Omsk una vez acabó todo. No obstante, en mayo de 2021 protagonizó un extraño episodio, extraviándose en el bosque siberiano, donde permaneció en paradero desconocido durante tres días, desatando todas las alarmas entre la prensa local y foránea.

Acabar con la vida de opositores, disidentes, desertores y traidores políticos empleando el método del envenenamiento tiene una larguísima tradición, no solo en la Rusia de Putin, sino también durante el periodo soviético. Ofrece al poder de turno en el Kremlin sustanciales beneficios respecto a vías más convencionales de asesinato, que, en principio, podrían parecer más simples y accesibles, como un accidente de tráfico o incluso las armas de fuego. Christo Grozev, periodista especializado en temas de desinformación y seguridad en la web Bellingcat, considera que la primera ventaja que obtiene Moscú está relacionada con eso que los anglosajones denominan negación plausible (*plausible deniability*). Si la operación acaba teniendo éxito, «no se dejará evidencias ni rastro, y pese a las sospechas públicas y a las acusaciones, concederá [al Kremlin] capacidad para negarlo», sostiene el investigador, un hombre que se ganó en su día el aplauso mundial y numerosos premios periodísticos precisamente por demostrar que a Navalni, en realidad, lo habían envenenado colocándole en los calzoncillos un agente tóxico de la familia Novichok.

Si el envenenamiento, además, se produce en el interior de las fronteras rusas, este se convertirá en un crimen perfecto, ya que se remitirá la investigación al Instituto de Criminalidad del FSB, institución que, de hecho, supervisa el programa de envenenamiento. El investigador «acaba investigándose a sí mismo», bromea Grozev en un irónico juego semántico. Y si la tentativa de asesinato acaba fracasando y el opositor no fallece, el revés recibido nunca será de gran importancia, ya que un envenenamiento no letal por un agente nervioso tóxico siempre inspira terror y genera un potente efecto disuasorio en la víctima.

Mucho se ha escrito sobre el programa de sustancias toxicas de Rusia, llegándose incluso a bautizar las supuestas instalaciones donde este se desarrollaba con nombres propios de la saga de James Bond como Lab X, Kamera, Laboratorio 1 o Laboratorio 12. La realidad, sin embargo, es menos peliculera. Según el periodista de origen búlgaro, no se trata de una única institución, sino que cada una de las ramas de la inteligencia rusa, ya sea interior —FSB—, exterior —SVR—, o militar —GRU—, dispone de su propio programa para desarrollar dichas sustancias, y quienes trabajan en ellos mantienen una buena relación profesional con sus colegas. Las actividades, además, son coordinadas por un antiguo vicedirector del GRU, la inteligencia militar.

Entre las instalaciones para sustancias tóxicas que el equipo de investigadores de Grozev ha podido identificar se encuentran el Instituto Científico Signal en Moscú o el Instituto de Acústica Aplicada en la localidad de Dubná, aunque también lugares dependientes del Ministerio de Defensa como el 27.º Instituto. El líder político soviético/ruso que con mayor frecuencia ha recurrido al envenenamiento es, sin duda y con gran diferencia, Vladímir Vladimírovich Putin. «Creo que es una fascinación personal que se remonta a su época de agente en Alemania Oriental», aventura el investigador. Existen indicios, en cambio, de que el último dirigente soviético, el reformista Mijaíl Gorbachov, apenas tenía conocimiento de dicho programa, y hasta carecía de acceso a los investigadores y el personal que lo desarrollaban.

Preferencias de los líderes políticos al margen, lo cierto es que la Rusia de Putin no ha hecho más que revitalizar un programa al que la URSS dedicó grandes esfuerzos y dinero. Según reveló en su escalofriante libro de memorias Pável Sudoplátov,[5] un exagente que trabajó a las órdenes de Stalin, fue Lenin quien creó el primer laboratorio de sustancias tóxicas en 1921, pero no sería hasta más tarde que orientarían sus actividades hacia la eliminación de opositores. El programa fue capitaneado durante gran parte de la era soviética por Grigori Mairanovsk, un bioquímico soviético de origen judío que, en su búsqueda de un veneno que no dejara trazas ni huellas, llegó incluso a experimentar con presos de los gulags, al igual que hacía el doctor alemán Josef Mengele en los campos de concentración nazis.[6]

Los envenenamientos de opositores y disidentes en el extranjero han sido moneda corriente desde la llegada de

Putin al poder. Solo en el Reino Unido existen más de una decena de casos irresolutos de fallecimientos de ciudadanos rusos en los que se sospecha que ha podido mediar un envenenamiento. Los limitados recursos de la policía británica para investigar todas y cada una de las muertes dudosas han contribuido a extender un inquietante sentimiento de impunidad entre los perpetradores de estos crímenes, tal y como viene a admitir un antiguo funcionario del Ministerio de Exteriores británico.

Algunos opositores rusos y expertos opinan que la timorata reacción de los poderes públicos a la hora de señalar, condenar y sancionar estas actuaciones también ha acabado por conceder cierta licencia al Kremlin en estos menesteres.

Uno de los casos más irrebatibles de esta actitud de los Gobiernos en Occidente de barrer bajo la alfombra e ignorar durante largo tiempo estas crueles ejecuciones de personajes molestos en territorio extranjero ha sido precisamente el del asesinato en 2006 del exagente del FSB Aleksándr Litvinenko en Londres. Tras perder a su marido, su viuda, Marina, inició una dura batalla legal con el Gobierno británico, con el objetivo de que el asesinato de Sasha —diminutivo familiar del nombre ruso Aleksándr— fuese considerado por la Justicia del Reino Unido como un crimen político en el que participó el propio Estado ruso y hasta su presidente, Vladímir Putin. Sin embargo, el Gobierno británico parecía empeñado en olvidarse del caso para preservar buenas relaciones con Moscú.

Sentada frente a una taza de café en una pastelería próxima a la londinense estación de Victoria, la viuda del agente asesinado, una mujer menuda y elegante, recuerda a la perfección aquel fatídico día.

El 1 de noviembre de 2006, Aleksándr regresó a casa tras haberse reunido en el hotel Millennium de Londres con Andréi Lugovói, un antiguo compañero de filas del FSB al que aspiraba a convencer para iniciar un negocio conjunto. Ambos debía volar a España en los días siguientes para cooperar con las autoridades de Madrid, proporcionando información a la justicia local en procesos abiertos contra miembros del crimen organizado ruso asentados en territorio español y respaldados incluso por las mismas instituciones y fuerzas de seguridad de Rusia.

«Sasha empezó a encontrarse mal después de la cena; en cuanto se metió en la cama, comenzó a vomitar, yo pensaba que era una intoxicación alimenticia, aunque él ya tuvo un primer presentimiento de que aquello era una intoxicación química», recuerda Marina. De hecho, durante el encuentro con su excompañero, rememora esta mujer, la entrevista se desarrolló de forma en que en ningún momento pudo negarse a beber ese té que le ofrecía su anfitrión. La tetera estaba perfectamente colocada encima de la mesa en el momento en que el exagente entró en la estancia y Lugovói, que en la actualidad se encuentra refugiado en Rusia tras ser ya considerado el asesino de Litvinenko sin lugar a dudas, estaba bebiendo alcohol. Este le propuso acompañarle tomando más alcohol, oferta que Litvinenko declinó recordándole a su interlocutor que no bebía. Fue en ese momento cuando el asesino le ofreció en su lugar el té, que estaba frío y no sabía a nada.

Pasaban los días y el estado de salud del disidente no mejoraba, ante lo cual Marina decidió llamar a la ambulancia y pedir su traslado a un hospital. La sintomatología iba empeorando a ojos vista: sangre en las heces, incapacidad para tolerar alimentos y hasta líquidos, extrema delgadez, pérdida del cabello... Después de pasar varios días en el

Hospital Barnet, su situación se había estabilizado y los doctores le diagnosticaron infección por Helicobacter. Sopesaban enviarlo a casa, pero revirtieron la decisión cuando constataron en sus análisis de sangre que su sistema inmunológico había colapsado por completo. A partir de entonces, Litvinenko no paró de empeorar y sus últimos cinco días de vida los pasó en la sala de cuidados intensivos del University College Hospital de Londres.

A partir de ese momento, sus allegados, incluyendo su esposa, solo podían acercarse a él tras adoptar severas medidas profilácticas y vestirse con guantes y trajes especiales. Su apariencia física fue transformándose a ojos vista, y los propios doctores que le trataban aseguraban que su sintomatología se asemejaba ya a la de una persona con cáncer que estaba recibiendo tratamiento de quimioterapia.

La primera sospecha de envenenamiento la tuvieron los médicos a las dos semanas, cuando hallaron talio en la sangre. A partir de entonces, agentes de Scotland Yard asumieron el caso como una tentativa de asesinato y los Litvinenko, con pasaporte británico, desvelaron al equipo médico su condición de refugiados políticos y la posibilidad de que, desde Rusia, se hubiera ordenado su asesinato. Tres semanas después de aparecer los primeros síntomas, el 23 de noviembre de 2006, el exagente del FSB falleció víctima de una parada cardíaca. Pocos días antes, en su lecho de muerte, había dictado una carta póstuma dirigida al presidente Putin en la que le acusaba de ordenar su asesinato. «Puede que hayas conseguido silenciarme, pero el silencio tiene un precio; has demostrado ser tan bárbaro y cruel como la mayoría de tus críticos sostienen», dictó.[7]

La confirmación de que el agente tóxico empleado era polonio 210, un isótopo altamente radiactivo que, sin embargo, había pasado desapercibido al equipo de médicos hasta ese momento debido a que emite escasas dosis de radiación gamma, se produjo el mismo día del fallecimiento en un comunicado emitido al día siguiente por la Agencia para la Protección de la Salud. Semejante descubrimiento, en palabras de Marina Litvinenko, «lo cambió todo». Se trataba de una sustancia de la que Rusia era su principal productor mundial, solo se hallaba en centrales nucleares, revestía una gran peligrosidad y únicamente podía ser manejada con autorización de altos funcionarios de Estado.

Lamentablemente, para el momento en que la génesis del envenenamiento tomó cuerpo a ojos de los investigadores, Lugovói ya estaba fuera del alcance de la policía británica: había regresado a Rusia al día siguiente del encuentro con Litvinenko, y en la fase inicial de la enfermedad, incluso hasta contestaba a las llamadas telefónicas de la víctima a la que acababa de envenenar y que solo pretendían informarle de cambios de planes debido a su repentina enfermedad. Eso sí, en su periplo de ida y vuelta a su país natal, Lugovói fue dejando un rastro de polonio por todos los hoteles y aviones en los que habían recalado él y su cómplice, el también exagente Dmitri Kovtun.

Para Marina, el fallecimiento de Sasha no solo supuso convertirse en viuda de forma inesperada, sino también el inicio de un desigual combate en los tribunales en el Reino Unido con las autoridades británicas para conseguir que Londres reconociera que aquello se trataba de un crimen político en el que una potencia extranjera había empleado dentro de territorio británico sustancias peligrosas para la salud, poniendo incluso en riesgo la vida de ciudadanos británicos. Un calvario de procesos legales, repleto de obstáculos y contratiempos, que solo llegó a buen puerto con una sentencia judicial emitida por el juez Owen en 2016, una vez que la Rusia de Putin había ya había mostrado su verdadero rostro al mundo anexionándose, en 2014, pedazos del Estado ucraniano. Muchos conocedores de la realidad rusa consideraron entonces que el veredicto llegaba demasiado tarde como para desincentivar al Kremlin de continuar envenenando y asesinando a personajes molestos refugiados en Occidente.

En los primeros años tras el crimen, Marina y su equipo legal tuvieron que tratar con un Gobierno encabezado por el laborista Gordon Brown, que incluso mostró una cierta sensibilidad, rehusando hacer la vista gorda ante el crimen y exigiendo explicaciones ante los representantes gubernamentales rusos en cada ocasión que se presentaba. «No hicieron mucho, pero siempre que podían, evocaban el caso ante los ministros rusos y reclamaban la extradición de Kovtun y Lugovói», recuerda Marina. Cuando el ministro de Exteriores, Serguéi Lavrov, rechazó la entrega de ambos sospechosos en una reunión con su homólogo británico David Miliband alegando que la Constitución rusa lo prohibía, este le llegó a responder que entonces lo que había que hacer era enmendar la Carta Magna de la Federación Rusa.

El Ejecutivo de Brown impuso algunas sanciones, pero ninguno de los países afectados de refilón por el incidente, en particular Alemania, donde se encontraron restos de polonio en el apartamento del cómplice Kovtun, quisieron secundar la postura de Londres, probablemente temerosos de contrariar a Moscú. «Todo el mundo cerró los ojos y dejaron solo al Reino Unido, decían que se trataba de un único caso de envenenamiento, que Sasha era un espía...», rememora Marina con dolor.

Todo ello fue a peor en cuanto los *tories* regresaron al poder tras las elecciones legislativas celebradas en el Reino Unido en 2010. Al año siguiente de su victoria, el primer ministro británico David Cameron viajó a Rusia, se reunió con Putin y Lavrov, e impuso en las relaciones bilaterales con el gigante euroasiático un patrón de *business as usual*, priorizando la agenda económica y actuando como si nada hubiera sucedido.

Por su parte, William Hague, el secretario de Exteriores, se negaba siquiera a reunirse con Marina Litvinenko alegando problemas de agenda. Lavrov visitó de inmediato el Reino Unido tras la formación del Ejecutivo y, durante las reuniones celebradas en Londres, no se abordó en ninguna ocasión el envenenamiento con polonio del exagente. Para los conservadores, el caso Litvinenko estaba definitivamente cerrado.

La viuda de Litvinenko no se amedrentó ante las dificultades, y recurrió a la única baza legal que le quedaba para impedir que el asesinato de su marido quedase impune y sin clasificar: lanzar unas pesquisas ('*inquest*', en inglés), una figura legal en el Reino Unido que permite investigar un crimen incluso en ausencia de un acusado. El Ejecutivo, personificado en la entonces secretaria de Interior y posterior primera ministra, Theresa May, planteó todas las trabas posibles e incluso vetó el acceso a informaciones y archivos que demostraban la culpabilidad del Estado ruso, alegando que su entrega podía «dañar las relaciones con un país extranjero».

Eran documentos vitales para el caso en cuya ausencia en la vista judicial no se podría obtener el ansiado veredicto de culpabilidad, pensaban los abogados. Ante la posibilidad de que todo acabara olvidándose, Marina decidió llevar a May a los tribunales y lo hizo con un gran riesgo para su estabilidad económica: si perdía el juicio, tendría que pagar las costas, y ello podía suponer arruinarse e incluso tener que vender su apartamento londinense.

Por suerte, finalmente, los jueces acabaron dándole la razón, el Ejecutivo británico fue obligado a entregar la información demandada por el equipo de la esposa de Litvinenko y la *inquest* arrancó y acabó produciendo el veredicto esperado: la muerte de Aleksándr Litvinenko fue dictaminada como un crimen político organizado desde Moscú y probablemente ordenado por el propio Putin.[8] El primer día de la vista, recuerda la viuda en tono eufórico, un avión militar ruso fue interceptado en las proximidades del espacio aéreo del Reino Unido. Era, a fin de cuentas, un nuevo y evidente intento de intimidar al sistema judicial de todo un país en Occidente.

Cuando se le preguntó de dónde sacó las fuerzas durante todos esos años para materializar este éxito judicial, Marina se encoge de hombros. «Me ayudó mucho saber que no luchaba contra nadie; luchaba a favor de Sasha, para que su hijo nunca se olvidara de él; Sasha continúa viviendo y la gente sigue hablando de él. Hacen películas sobre él, montan espectáculos», proclama con satisfacción, en referencia a producciones teatrales y televisivas que se presentan en el Reino Unido.[9]

Si el envenenamiento de Litvinenko ejemplifica el temor de las autoridades políticas en Occidente por señalar con el dedo acusador a Rusia, el caso, dos años después, de Robert Dudley, consejero delegado al frente de la petrolera británico-rusa TNK-BP, simboliza el temor de los propios afectados a denunciar estas prácticas. Una muestra de cómo este miedo puede llevar incluso hasta la supeditación de la salud y la integridad física de los hombres de negocios que operan en el país de Putin a los intereses económicos y los dividendos de las grandes empresas.[10]

A principios del siglo xx, TNK-BP era la tercera empresa petrolera de Rusia en cuanto a producción, una compañía participada a partes iguales entre la británica BP y AAR. AAR es un consorcio formado por archiconocidos oligarcas rusos de la órbita del Kremlin y con vínculos con el FSB, algunos de los cuales amasaron sus fortunas tras la llegada de Putin al poder, como Víktor Vekselberg, Piotr Aven, Len Blavatnik, German Khan o Mijaíl Fridman, entre otros. En los años 2008 y 2009, BP y AAR, los dos accionistas que se repartían las acciones a partes iguales, entraron en un enconado conflicto de intereses que se materializó en el acoso constante contra el director Dudley, percibido por los accionistas rusos como un hombre de BP. La policía fiscal, el propio FSB y el servicio de Migraciones unieron fuerzas, por aquel entonces, para lanzar una campaña de acoso y apartar al directivo del control operativo de los flujos de dinero, según denuncia en un artículo Underminers, un proyecto de investigación especializada en temas de cleptocracia en el espacio postsoviético.[11]

Dudley padeció registros en su apartamento bajo la excusa de falsas acusaciones de evasión fiscal, tuvo que soportar que sus conversaciones telefónicas fueran escuchadas, que fuera seguido por desconocidos permanentemente...[12] En medio de esta presión psicológica, comenzó a encontrarse mal y, ante la percepción de que su vida se hallaba en riesgo, se sintió obligado a abandonar Rusia y a ejercer su labor de director de la compañía desde Londres. La presión y el temor eran tales que, una vez sobre la aparente seguridad del suelo británico, retomó sus labores a partir de una dirección secreta, evitando incluso acudir a las oficinas de BP en Londres porque ni siquiera allí se sentía cómodo. Eso sí, en cuanto dejó de tomar la comida que le preparaban en la empresa empezó a recuperar su forma física y a sentirse bien. Publicaciones como *The Daily Telegraph* o *The New Yorker* sostienen en sendos artículos, tras consultar con fuentes, que, en realidad, Dudley había sido sometido a un envenenamiento a cámara lenta.[13] «Según tres fuentes próximas a BP, los análisis de sangre realizados demostraban la existencia de veneno», sentenció la revista neoyorquina.

Pese a la gravedad de los hechos, ningún miembro ejecutivo de BP, ni siquiera el propio Dudley, llegó jamás a admitir públicamente semejante ataque con veneno contra su persona o sus intereses empresariales. Las declaraciones del propio afectado sobre el incidente, eso sí, eran deliberadamente vagas, evitando a propósito pronunciar un desmentido rotundo. «No entiendo por qué la gente escribe cosas así», declaró en 2014. «Existía evidentemente un conflicto y tenía que irme... de acuerdo con mi permiso de residencia y mi estatus laboral, pero no sé, se dicen muchas cosas salvajes de ese periodo», continuó.

Iliá Zaslavskiy, al frente de Underminers, me remite a la propia BP cuando le pregunto sobre las razones de por qué el ejecutivo o la propia compañía no quisieron denunciar públicamente la situación, aunque intenta hacer un esfuerzo de aproximación a sus decisiones. «Por lo que pude entender, BP quería mantener reservas de petróleo en su hoja de resultados, y los rusos lo sabían», responde. Para este especialista en la economía oligárquica rusa y la corrupción que ella genera, una pregunta más lacerante es la razón de por qué los gobiernos británico y estadounidense prefirieron no intervenir. Y aunque admite que es posible que actuaran de esta forma pasiva bajo instrucciones de la empresa, cree que, en realidad, estaban aún dominados por «la lógica del apaciguamiento». «Estados Unidos y el Reino Unido no querían antagonizar con Putin y buscaban mantener el espíritu de *business as usual*», concluyó.

Esta actitud, en opinión de Zaslavskiy, tuvo efectos muy poco deseables. El probable envenenamiento de Dudley se convirtió posteriormente en un incentivo de impunidad para el Kremlin mucho más potente que la tímida y recelosa actitud británica tras el envenenamiento de Litvinenko. Una cosa es que se mire a otra parte tras el envenenamiento de un agente traidor de nacionalidad rusa, y otra muy distinta que se ignore una práctica del Kremlin llevada a cabo contra un alto ejecutivo de una de las principales compañías petroleras mundiales, viene a decir el investigador. Esta actitud envía la señal a Moscú de que puede actuar con impunidad contra objetivos muy elevados, incluso contra cualquier ciudadano de Estados Unidos o el Reino Unido, critica el experto.

La asociación TNK-BP acabó de la peor forma posible. Los oligarcas de AAR lograron el control operativo de la empresa y esta fue vendida a la petrolera estatal Rosneft en una de las operaciones financieras más corruptas de la Rusia poscomunista por un precio muy superior al de su valor real. Con los bolsillos repletos de dinero, los oligarcas de AAR adquirieron propiedades estratégicas en el exterior. En especial Len Blavatnik, quien donó 75 millones de dólares a la Universidad de Oxford para fundar la Blavatnik School of Government, una operación en apariencia filantrópica que ha sido intensamente cuestionada por periodistas y académicos.[14] Los resultados están ahí. La facultad invita regularmente a intervenir a cuestionados hombres de negocios rusos y se ha erigido como una voz autorizada dentro de la prestigiosa universidad en estudios de Relaciones Internacionales, especialmente referidos a Rusia y Ucrania. «Ha introducido [en Oxford] toda la autocensura referida a Putin y a sus oligarcas, y hasta marzo de 2022 [el inicio de la guerra de Ucrania] apenas hablaba de Ucrania», denuncia Zaslavskiy.

Como muchas de las denuncias referentes a Rusia, el responsable de la página web que expuso el caso tuvo que pagar un elevado precio moral por sus revelaciones. Entre 2008 y 2010, fecha en que abandonó Rusia para siempre, asegura haber sufrido la constante presión del FSB, de personal de seguridad de TNK-BP y de los mismos oligarcas mencionados, afrontando acusaciones tales como que realizaba actividades de «espionaje industrial». Ya instalado en Estados Unidos, el propio Zaslavskiy denuncia que fue sometido a «acoso judicial» por parte de Alfa Bank, después de que hiciera públicos unos informes en los que explicaba las razones de por qué ciertos oligarcas rusos, incluidos miembros de Alfa Bank, debían ser sancionados por sus vínculos personales con Putin.[15]

Ucrania merece un capítulo aparte en la historia de los envenenamientos bajo el régimen de Putin. Durante su mandato, la primera tentativa de asesinato más allá de las fronteras rusas mediante este método de la que se tiene constancia sucedió precisamente en 2004 en este país eslavo, que fue república soviética hasta 1991. En plena campaña electoral previa a las elecciones presidenciales de ese año, Víktor Yúshchenko, un candidato que prometía renovar Ucrania y poner fin a la corrupción endémica y a las estructuras mafiosas que controlaban la economía del país impulsando su ingreso en la Unión Europea —donde existían el Estado de derecho, leyes claras y procedimientos para su implementación—, fue envenenado con dioxinas. Este envenenamiento le provocó graves efectos secundarios como la inflamación y deformación del rostro, un conjunto de síntomas que, si bien no lograron acabar con su vida, sí hacían peligrar su participación en la liza electoral.

La tentativa de asesinato, en realidad, era un episodio más de una vasta operación de hostigamiento ideada desde el Kremlin para impedir que un aspirante como él, que pretendía imprimir un viraje radical en la política local, pudiera acceder al poder y alejar a Ucrania de la órbita moscovita. La maniobra de acoso incluyó otros momentos de gran tensión, como la aparición de un coche bomba cerca de la sede electoral de Yúshchenko, o el cierre del aeropuerto de la ciudad de Donetsk en el momento en que su avión se aproximaba para aterrizar y el aparato apenas tenía combustible para regresar al aeropuerto de origen.

El caso del envenenamiento se consumó durante una cena a la que fue invitado en septiembre, dos meses antes de los comicios, organizada por Ígor Shmeshko, jefe del aparato de seguridad ucraniano bajo el presidente saliente Leonid Kuchma, y celebrada en casa de su número dos, Vladímir Satsiuk. «Me empecé a encontrar mal muy rápidamente después de ese encuentro, me metí en el coche y pedí regresar lo antes posible a Kiev, que está a unos 30 minutos por carretera; durante el trayecto, el dolor se hizo muy intenso entre los hombros y en la espalda», rememora el propio Yúshchenko desde Ucrania a través de videoconferencia. La constatación de que algo grave le estaba sucediendo se produjo cuando fue a dar un beso a su esposa Kateryna y esta identificó un fuerte sabor «a metal» como si se hubiera tomado «algún tipo de medicina metálica».

Tras ser examinado por el servicio médico que trataba a las personalidades importantes del país, no llegar a ninguna conclusión y comprobar que los síntomas no solo no remitían, sino que empeoraban, Yúshchenko siguió el consejo del presidente del Parlamento ucraniano y aceptó viajar a Austria a tratarse, donde continuaron examinándole. Al principio, los médicos austriacos tampoco conseguían dar con ningún diagnóstico porque no buscaban veneno, aunque cuando aparecieron pústulas en el rostro y este se tiñó de un color verdoso era ya difícil pensar que pudiera haber sido provocado por causas naturales.

La constatación de que Yúshchenko había sido intoxicado con dioxinas, una sustancia de fabricación industrial altamente contaminante que incluye componentes como el cloro, se produjo al cabo de una decena de días.[16] Los análisis demostraron que su cuerpo albergaba una dosis de este subproducto 49.000 veces superior a lo normal, suficiente para matar a una persona. «No querían asustarme, querían matarme», constata. Tampoco hubo que devanarse demasiado los sesos para identificar el origen de aquella intentona de magnicidio: «Solo podía venir de Rusia; a partir de ese momento, nos dimos cuenta de que Moscú estaba dispuesto a todo para frenar el cambio que pretendíamos imprimir en Ucrania».

Pese a la certeza de la amenaza, el aspirante decidió, contra viento y marea, seguir adelante con la campaña electoral, a sabiendas de que las opciones de su candidatura, pendientes de un hilo, se desvanecerían si no lograba retomar su actividad política lo antes posible. En Viena, cada día preguntaba a los médicos cuándo podría regresar a Kiev; al fin y al cabo, podía moverse y andar y eso era lo único importante. Su aspiración de volver a su país, sin embargo, estuvo a punto de irse al traste cuando, transcurridas dos semanas desde el envenenamiento, comprobó que la parte derecha de su rostro estaba paralizada y ni siquiera podía pronunciar según qué palabras. «Ahí fue cuando me inquieté, me preguntaba cómo podría dirigirme al Parlamento...», explica.

Finalmente, logró reponerse lo suficiente como para reanudar la campaña electoral, y reapareció en Ucrania presidiendo mítines y pronunciando enérgicos discursos ante sus electores pese a que el veneno había transformado por completo su apuesto rostro y su atractiva presencia. Aquellas elecciones presidenciales, celebradas el último día de octubre de 2004, acabaron convirtiéndose en las más accidentadas de la corta historia de Ucrania como nación independiente. En la primera vuelta, Yúshchenko recabó más de 11 millones de votos mientras que su oponente Víktor Yanukóvich, del Partido de las Regiones y partidario de reforzar los lazos con Moscú, consiguió 200.000 votos menos, una cifra irrisoria para un país de 43 millones de habitantes. Al no lograr ningún candidato más de la mitad de los votos, ambos fueron a una segunda vuelta, celebrada el 21 de noviembre, tras la cual la comisión electoral proclamó, en medio de insistentes denuncias de fraude, la victoria de Víktor Yanukóvich, del Partido de las Regiones, una candidatura oficialista que contaba con el apoyo del presidente saliente Kuchma, por un estrechísimo margen de menos de tres puntos.

La comunidad internacional, con Estados Unidos y la Unión Europea a la cabeza, optaron por no reconocer los resultados, y las protestas callejeras en Kiev forzaron a repetir la segunda vuelta,[17] celebrada en diciembre, en la que finalmente Yúshchenko se impuso con casi el 52 por ciento de los votos.[18] Por primera vez desde la desintegración de la URSS, la presidencia del país estaba en manos de un candidato decidido a anclar firmemente a Ucrania en Occidente. Eso sí, el enorme porcentaje de votos obtenido por su oponente prorruso le obligaba a hacer compromisos y, lo que era incluso más lacerante, le impelía a mantener relaciones con la persona que, sin ningún lugar a dudas, había ordenado matarle: Vladímir Vladimírovich Putin.

En los cinco años que estuvo al frente de la jefatura de Estado, Yúshchenko mantuvo infinidad de encuentros con su homólogo ruso. Muchos, ni siquiera se acuerda del número. Y acudía a ellos con satisfacción y espíritu rompedor. Sí, la persona que tenía enfrente había intentado asesinarle, pero su propia presencia en las reuniones, ya se celebraran en Kiev o en Moscú, era toda una penitencia para su oponente. Al fin y al cabo, él era la persona a la que menos hubiera deseado el líder del Kremlin tener enfrente como interlocutor y representante de Ucrania. El lenguaje corporal también delataba al presidente ruso. En múltiples ocasiones, el ucraniano se daba cuenta de que se sentía incómodo y hasta le rehuía la mirada.

Durante las conversaciones, el dirigente kievita no orillaba los temas polémicos: le preguntaba por qué trabajó tanto en contra de su candidatura, por qué, una vez celebrados los comicios, no reconocía su victoria y no cesaba de felicitar a su adversario Yanukóvich, pese a que los datos de la comisión electoral certificaban lo contrario. Las personas identificadas por la Fiscalía ucraniana como autores del envenenamiento también fueron motivo de fricción. Se habían refugiado en Rusia al día siguiente del envenenamiento, pero no había manera de que Moscú accediera a su extradición. Y cuando Yúshchenko entregaba en mano a Putin los requerimientos de extradición emitidos por la Justicia ucraniana, este nunca contestaba con un no, pero evitaba el tema.

Estas reuniones también permitieron al expresidente de Ucrania identificar algunas particularidades de la psicología y el carácter de su interlocutor, incluyendo las razones de los mezquinos y mediocres apodos que recibió Putin cuando servía en el KGB —«polilla pálida» o «colilla de cigarrillo»—, lo que acabaría reflejándose en sus acciones posteriores. En opinión de Yúshchenko, Putin es un hombre acomplejado, que «intenta dar una imagen de macho, como un oso de la Gran Rusia». «Dios no le dio la capacidad de ofrecer ideas que pudieran consolidar a decenas de millones de personas. Y por eso creó de forma artificial la idea de que el mundo está contra Rusia», sentencia.

La elección de Víktor Yúshchenko constituyó el primer episodio de una larga lucha emprendida por las fuerzas prooccidentales de Ucrania para acercarse a Europa occidental y romper vínculos con un vecino cuya élite política, emergida del todopoderoso KGB soviético, no solo no respetaba ni su independencia ni su identidad nacional, sino que pretendía mantener con el país un tipo de relación similar al vasallaje. Una pugna que ha conocido importantes reveses en el tiempo transcurrido desde entonces y que se ha prolongado hasta nuestros días con la invasión de Ucrania en febrero de 2022. En la actualidad, el valiente expresidente del país que hace dos décadas se atrevió a enfrentarse al influyente *lobby* a favor del Kremlin de su país e iniciar el proceso de ruptura de amarras con el todopoderoso vecino del este vive en Kiev con su esposa Kateryna. Juntos afrontan no solo los rigores del conflicto bélico, sino también los efectos secundarios de ese 5 por ciento de dosis de veneno que aún alberga su cuerpo y que jamás podrá eliminar.

El inicio de la guerra de Ucrania y la práctica ruptura de las relaciones entre el Kremlin y las capitales occidentales tampoco ha significado el fin de los envenenamientos de opositores, activistas y personajes molestos fuera de la

Federación Rusa. Más bien todo lo contrario. Con las cartas ya sobre la mesa sobre la verdadera naturaleza del régimen de Putin, y sin necesidad de mantener las apariencias, los servicios secretos rusos han recurrido a este método en al menos tres ocasiones con destacados activistas y periodistas.

Uno de estos ataques tuvo como objetivo a Natalia Arno, directora de la Free Russia Foundation,[19] con sede en Washington D. C., una organización que ha mostrado gran destreza a la hora de exponer los mecanismos que emplea el Kremlin para burlar la implementación de sanciones, y que incluso desarrolla campañas en el interior del país con minorías nacionales para evitar que acaben siendo enviados al frente de batalla y se conviertan en carne de cañón de la maquinaria de guerra rusa en Ucrania.

Todo sucedió durante un viaje de trabajo a Europa, rememora Arno junto a una copa de vino en el bar del hotel Willard en el centro de Washington D. C. Al regresar a su hotel en Praga, Natalia se dio cuenta de que la puerta de su habitación estaba abierta. Entró en la estancia con todas las precauciones posibles pensando que los intrusos podían hallarse aún en su interior y al comprobar que no había nadie, avisó de inmediato a recepción para protestar. Una vez ya dentro, pudo sentir un fuerte olor, como de perfume barato, y se preparó para salir de nuevo a un encuentro. Se metió en la cama alrededor de las dos de la madrugada y, a eso de las cinco, se despertó con un fuerte dolor de dientes. «Tengo gran tolerancia al dolor, pero aquello era demasiado», rememora.

Incapaz de seguir con su programa en Europa, canceló el resto del viaje y llamó de inmediato a su hijo para que le fijara una cita con el dentista, mientras cambiaba su billete de avión para un vuelo que salía de la misma capital checa a las nueve de la mañana del día siguiente. A toro pasado, eso sí, admite que, si hubiera tenido la más mínima sospecha entonces de que había sido envenenada, jamás se hubiera embarcado en un vuelo transatlántico.

El viaje de regreso a Estados Unidos se convirtió en una tortura. «En el avión, tenía todo tipo de dolor en las axilas, en mi pecho, en el estómago, en mis oídos... Mis costillas empezaron a quedarse sin sensibilidad. Mi brazo y mis piernas, también. En mi boca sentía que tenía una piedra, pero lo más desagradable fue cuando perdí la sensibilidad y la movilidad en la espalda», relata Natalia.

En cuanto aterrizó, el Departamento de Estado le aconsejó acudir a una clínica, mientras agencias de seguridad estadounidenses tomaron muestras de su sangre, logrando descartar en cuestión de horas el empleo de un agente vinculado a la familia Novichok. Los síntomas eran muy parecidos a los que sufrió Vladímir Kara Murzá, un opositor ruso próximo a Natalia que llegó a ser envenenado en dos ocasiones, en particular la pérdida de sensibilidad en las extremidades y en la espalda. Acudió al neurólogo, quien le diagnosticó polineuropatía, que había provocado que sus terminaciones nerviosas literalmente se quemaran. Le auguró que los síntomas desaparecerían y su sistema nervioso se regeneraría en un plazo de un año. Descartó, eso sí, que la enfermedad pudiera ser originada por causas naturales. Por su parte, los expertos estadounidenses aventuraron que el agente empleado era una ciguatoxina, una toxina marina que se halla en determinados tipos de pescado y produce una intoxicación alimentaria de ciguatera.

Natalia, quien tuvo que abandonar Moscú en 2012 a punta de pistola bajo la amenaza de ser encarcelada dos décadas acusada de traición, descarta que los agresores quisieran acabar con su vida. Cree que, de momento, solo querían intimidarla y hacerle llegar el mensaje de lo peligrosas que eran sus actividades. Pese a ello, no piensa deponer su actitud. «No, no tengo miedo. Estamos en el lugar adecuado de la historia. Cuando trabajas [en el activismo contra el régimen de Putin] es difícil medir tu efectividad; pero cuando te sucede algo así, es una indicación de que estás siendo efectivo», concluye en tono de desafío.

5

Rusia, el Estado-mafia

El mar está en calma, apenas rizado por una suave brisa marina, y no se divisa una sola nube en el horizonte. Septiembre es un mes que permite a los visitantes disfrutar de Mallorca y de su clima sin los agobios ni la masificación de los meses centrales de verano, y apenas circulan vehículos por la carretera repleta de curvas que atraviesa la urbanización Sol de Mallorca, en el término municipal de Calviá, en el extremo sur de la bahía de Palma.

Tras dejar atrás, a uno y otro lado de la ruta, adineradas mansiones protegidas por elevadas vallas y frondosos setos, se divisa en el número 5 de la avenida Portals Vells una enorme edificación de tonos marrones y estilo neoclásico erigida en el mismo borde del acantilado. A diferencia de los caserones circundantes, aquí apenas existe vegetación que disuada a las miradas curiosas, una circunstancia que concede al visitante una inmejorable perspectiva de la fachada, con una entrada principal sostenida por columnas cuya inspiración podría hallarse, rizando el rizo, tanto en la Grecia clásica como en el Egipto antiguo, y sendas esculturas de dudoso gusto representando a leones y vigilando celosamente la puerta de acceso. Un sendero lateral con escaleras permite descender hasta Cala Aixada, una típica playa balear de rocas, transparentes aguas turquesas, y flanqueada por pinos y arbustos, un punto privilegiado del litoral mallorquín al que los moradores de la mansión tienen acceso directo, y desde donde se vislumbra la espectacular piscina con vistas panorámicas al mar de la que disponían.

Entre el salitre y el mecer de las olas, el lugar exuda tranquilidad, sin que nada permita vislumbrar que aquí, en este punto de la costa mallorquina, tuvo lugar, un buen día de junio de 2008, la operación policial de mayor envergadura contra el crimen organizado originario de Rusia jamás emprendida hasta la fecha en cualquier país occidental.[1] Agentes de la Guardia Civil, apoyados tanto desde el aire como el mar, irrumpieron en el complejo nada más despuntar el día y, tras echar abajo la puerta, forcejearon con sus moradores, aunque sin producirse ningún intercambio de disparos. Aquel día, se produjo la detención de varias personas, entre las que se encontraba Gennadios Vasílievich Petróv, considerado por la Fiscalía principal cabecilla de la mafia Tambóvskaya y que, en la actualidad, es prófugo de la Justicia española. Arrancaba así el caso Troika, un macrosumario judicial contra una de las mafias del crimen organizado más importantes del mundo, nacida en Leningrado, hoy San Petersburgo, a finales de los años ochenta, aunque con presencia delictiva en un buen número de países.

La operación de Mallorca se produjo de manera simultánea a actuaciones policiales similares en Málaga, Alicante, Madrid y Cataluña. En ellas tomaron parte cuatrocientos efectivos de la Policía Nacional, la Guardia Civil y el Centro Nacional de Inteligencia (CNI) y, dado su carácter multinacional, también participaron los servicios de inteligencia de Estados Unidos y Suiza.

Durante aquella jornada fueron detenidas una veintena de personas, desde testaferros y abogados relacionados con la supuesta red de blanqueo de dinero procedente de actividades criminales, hasta algunos de los más importantes capos de la mafia: el ya mencionado Petróv, supuesto líder de la red, pero también sus lugartenientes Aleksándr Malyshev y Vitali Izgilov. Serguéi Kuzmín, el otro gran peso pesado de la organización, logró escapar de la detención ya que el día anterior se emborrachó y perdió el avión en el que debía viajar a España. Como curiosidad, entre los objetos incautados entonces por las fuerzas de seguridad en la casa de Calviá se hallaba una chaqueta de cocodrilo valorada en 62.000 dólares, una pieza casi única en el mundo.

Por aquel entonces, nadie podía imaginar que el recién inaugurado caso Troika se prolongaría durante más de una década y media cual culebrón, reverberando periódicamente y ejemplificando como ningún otro la enorme amenaza que representa para las democracias liberales el crimen organizado surgido de los escombros de la URSS. Nadie podía concebir tampoco que, en los tres lustros transcurridos desde las detenciones, se acabarían dictando tres sentencias de diferente signo contra acusados o personas relacionadas, poniendo en evidencia las limitaciones de los sistemas judiciales en Occidente a la hora de afrontar semejante desafío legal debido a la nula cooperación de Rusia a la hora de perseguir en su país de origen este tipo de delitos. Nadie pudo prever tampoco que algunos de los encausados más relevantes acabarían dándose a la fuga mientras que otros, como el empresario Iliá Traber,[2] se colocarían a salvo de la acción policial en territorio ruso, desde donde hostigaban a fiscales y expertos, acribillando con demandas judiciales gracias a sus representantes legales contratados en España. Pero, sobre todo, nadie pudo creer en aquel momento que el propio Vladímir Putin,[3] el presidente de la nación rusa, acabaría apareciendo en los sumarios judiciales y artículos periodísticos como una de las amistades más relevantes de estos personajes de perfil delictivo, haciendo realidad los inquietantes análisis que señalaban que, desde su llegada al poder con el cambio de siglo, Gobierno y mafia en la Federación Rusa se habían fusionado en un todo, convirtiendo en la práctica a la segunda potencia nuclear del planeta en un Estado gobernado por gentes con mentalidad y actitudes propias del crimen organizado.

Pero, para poder comprender como sucedió todo esto, hagamos un pequeño repaso a la historia. El origen del crimen organizado en esta parte del mundo se remonta a la época de los zares, donde el bandidismo estaba muy extendido y la inseguridad de los caminos dificultaba los viajes en un país de semejantes dimensiones, favoreciendo así los asaltos y los robos. Pero la aparición de profesionales del crimen que siguen determinadas tradiciones y normas de conducta —incluyendo la prohibición a cualquier forma de cooperación con las autoridades, lo que en ruso se denomina como *vor v zakone*— surgió en los campos de concentración de presos, más conocidos como gulags. La desintegración social y económica que propició el hundimiento de la Unión Soviética empujó a antiguos funcionarios gubernamentales y a veteranos de las últimas guerras soviéticas a unir fuerzas con el crimen organizado. Con la privatización, la clase criminal rusa adquirió un perfil más empresarial y llegaron a controlar importantes posiciones en la economía del país, como en el sector bancario. Solo en Moscú, en 1993 murieron 1.400 personas en actos violentos vinculados con el crimen organizado. En ese mismo año, se calculaba que el 80 por ciento de las empresas pagaban un canon de protección a grupos criminales.

El clan Tambov fue fundado en 1988 por Valeri Ledovskij, un exdeportista, y Vladímir Kumarin, un hombre cuyo corazón alberga aún fragmentos de bala producto de un tiroteo en una escaramuza entre bandas y que estaba especializado en sus primeros años en la extorsión de pequeños comercios en Leningrado. Su aparición se produjo en un momento en que el país se estaba desintegrando, y el sistema judicial y policial hacía aguas por todos lados. A principios de los años noventa, según asegura Vadim Volkov, sociólogo de la Universidad Europea de San Petersburgo, en su libro *Violent Entrepreneurs: The Use of Force in the Making of Russian Capitalism* [Empresarios violentos: el uso de la fuerza en la formación del capitalismo ruso],[4] la red mafiosa expandió sus actividades a todo tipo de sectores «desde la prostitución a la compra de ordenadores». Más tarde, en el seno de la organización se vivieron luchas intestinas que se saldaron con la victoria de Kumarin, quien intentó en los años siguientes transformar esta asociación criminal en un grupo financiero e industrial respetable, con actividades en sectores económicos como la madera, los ordenadores o el entretenimiento.

Es precisamente en esta época cuando el nombre de Vladímir Putin entra en escena. El actual presidente de Rusia había regresado a principios de los años noventa a su país natal desde Alemania Oriental, donde había servido como agente de campo del KGB, entrando a formar parte de la reserva activa del servicio secreto ruso. Tras unos meses en la Universidad Estatal de Leningrado, fue reclamado para trabajar en el ayuntamiento de la segunda ciudad rusa, la actual San Petersburgo, por el entonces alcalde, Anatoli Sobchak, donde ocupó cargos en el departamento de Relaciones Internacionales hasta ascender a un puesto equivalente en España al de teniente de alcalde.

Algunas informaciones indican que Putin entraría en contacto con el principal clan mafioso de la ciudad también a principios de la última década del siglo XX. Según explica la periodista británica Catherine Belton, excorresponsal en Moscú del diario *Financial Times*, el hombre destinado a llevar las riendas del país pocos años después quería controlar los flujos de dinero que generaban los sectores económicamente estratégicos y desviarlos hacia las actividades del KGB.[5] Semejante objetivo requería, en particular, hacerse con el control del puerto, la infraestructura más rentable de San Petersburgo, y allí fue donde entró en colisión con la mafia Tambov. Intentó establecer su propia terminal petrolera en el puerto, pero los grupos mafiosos que controlaban el negocio reaccionaron y amenazaron a su familia, por lo que tuvo que enviar a sus hijas a Alemania. «Durante este proceso se dio cuenta de que no podía vencer, se unió a ellos y acabaron forjando una relación muy próxima», explica la periodista Belton, autora del libro *Los hombres de Putin: Cómo el KGB se apoderó de Rusia y se enfrentó a Occidente*.[6]

De estos años también data la construcción de una red de «casinos municipales» en San Petersburgo impulsada por Petróv y Kuzmín con la ayuda de la Yakuza, la mafia japonesa, recuerda Anastasia Kirilenko, periodista independiente rusa de la web de investigación *The Insider* y una de las más reputadas expertas en el crimen organizado de su país. Uno de sus emisarios, Kinichi Kamyasu, viajó hasta la segunda ciudad rusa para tratar el asunto. En 2016, ya lejos de la criminalidad, Kamyasu concedió una entrevista a Kirilenko en Estocolmo, donde reside, en la que le reveló detalles de su experiencia en San Petersburgo. Según él, ambos supuestos mafiosos se comportaban como socios del actual presidente de Rusia, quien, en aquella época, era el funcionario municipal encargado de conceder las licencias y permisos necesarios para la apertura de establecimientos de juego.

El proyecto de casinos municipales que los tres se llevaban entre manos debía servir para aliviar las penurias que padecían los ciudadanos más pobres, según repetía el propio Putin, en una época de graves problemas de abastecimiento en los productos básicos en la ciudad tras el colapso de la Unión Soviética. Sin embargo, los establecimientos se hallaban en realidad bajo el control de la mafia Tambóvskaya-Maleshevskaya,[7] y las posibles ganancias que generaron en favor de los pobres nunca llegaron a sus supuestos destinatarios, ya que todo funcionaba con dinero negro y cajas B, revela Kirilenko. En las reuniones de negocios, además de los personajes de la mafia, a veces se dejaban ver agentes del KGB, lo que permitía entrever una suerte de asociación entre los servicios secretos rusos y el crimen organizado en aquella sospechosa iniciativa. Como justificación ante el fracaso del negocio, Putin siempre esgrimió la inexperiencia de sus promotores en el capitalismo moderno, en un país que acababa de dejar atrás ocho décadas de economía planificada.

La llegada de los grandes integrantes del supuesto clan mafioso ruso a España se produjo a principios del año 2000, concretamente en Marbella, de acuerdo con fuentes próximas a la investigación. Aleksándr Malyshev, Gennadios Petróv y Vitali Izgilov vivieron literalmente puerta con puerta durante sus primeros años de estancia en la Costa del Sol. Sin embargo, Petróv ascendió rápidamente y, en este periodo de tiempo, ganó mucho más dinero que sus dos colegas, probablemente gracias a sus contactos con Putin, explican fuentes cercanas a la investigación, por lo que empezó a desmarcarse de ellos. Era «absurdo» que continuara vinculado a gente «tan asesina», vienen a señalar dichas fuentes.

El lujoso estilo de vida que llevaban estos personajes, con descomunales ingresos quc, dada la ausencia de actividad empresarial, no se justificaba de forma alguna —el nombre de Petróv ni siquiera aparece en el registro mercantil de Rusia entre 1998 y 2008, recuerda la periodista Kirilenko—, llamó en seguida la atención de las fuerzas de seguridad españolas. Tres años antes, estas mismas fuerzas se habían marcado un tanto importante en la lucha contra el crimen organizado con origen en la ex Unión Soviética cuando, gracias a un chivatazo, lograron arrestar en Dubái, en el marco de la denominada operación Avispa, a Zakhar Kalashov, líder de la mafia ruso-georgiana.[8] La caída del primer gran capo ruso tras la desintegración de la URSS animó a judicatura y fuerzas de seguridad españolas a seguir por esta senda y a marcar precedentes ante otros países occidentales, desorientados ante el descomunal desafío que suponía la lucha contra el crimen organizado originario de la antigua URSS.

Con Petróv y compañía todo fue mucho más despacio que con Kalashov. Las fuerzas de seguridad españolas sometieron a vigilancia intensiva a los sospechosos y pusieron sus teléfonos bajo escucha durante meses, antes de lanzar los asaltos a sus propiedades. El material obtenido a partir de estas actuaciones policiales no dejaba lugar a dudas respecto a lo «heterogéneo» de los contactos de Petróv. En un mismo día, se comunicaba con el mundo del hampa, pero también con algunos de los personajes más relevantes del entorno de Putin. Hablaba con gente importante del Ministerio de Defensa, de Interior, de la Fiscalía. Llegaba incluso a conversar a diario con el ayudante de Aleksándr Bastrykin, actual jefe del Comité de Investigación, órgano equivalente a la Fiscalía General en España, o con Nikolái Áulov, de la agencia antidroga, hoy finiquitada. También conversaba acerca de la sucesión de Putin con interlocutores, pero «no lo hace como tú y como yo lo haríamos, lo hace con conocimiento de causa», revelan fuentes próximas al caso.

La periodista Kirilenko, quien ha examinado una por una ese largo millar de conversaciones, corrobora todas estas revelaciones de la investigación. «Ese hombre habla con el entonces ministro de Comunicaciones y Tecnologías de Información, Leonid Reiman, o con el diputado Vladislav Reznik, y con él debate sobre cómo introducir a un oligarca en los círculos del poder del Kremlin, pero también habla con gente que está en prisión», concretamente con presos acusados de asesinato. Por citar un par de ejemplos: durante un viaje a Rusia, Petróv llamó por teléfono a su hijo para explicarle que había mantenido una reunión con el ministro de Defensa, con quien había llegado a un acuerdo sobre unos terrenos, había cerrado una venta de aviones y un esquema para invertir en empresas de energía. En otro diálogo diferente con un colega, este le preguntó si iba a acabar formando parte del Gobierno, e incluso bromeó diciéndole que le había comprado una maleta para todas las comisiones que iba a obtener. Petróv le contestó que estaba satisfecho con el control político de Putin, informó el portal proPublica.[9]

El contenido de las escuchas telefónicas motivó incluso que, en 2010, la UEFA abriera una investigación para averiguar si la organización de Petróv había comprado el resultado de un partido de semifinales de la copa de la UEFA entre el Bayern de Múnich y el Zenit de San Petersburgo.[10] El encuentro acabó con un resultado de 4 a 0, una de las derrotas más humillantes sufridas por el equipo alemán en toda su historia deportiva, permitiendo a la escuadra de la ciudad natal del acusado lograr su primer trofeo continental. En un diálogo con otros tres mafiosos, Petróv admitió, entre risas, que los jugadores del Zenit solo hubieran podido ganar al equipo bávaro si se amañaba el partido de fútbol y constató que los integrantes del club alemán apenas corrieron durante el encuentro. Una y otra vez, los participantes en aquella conversación repetían una cifra mágica: 50 millones de euros. La percepción que tenían entonces los fiscales era que Petróv, aunque no cometía crímenes, sí ordenaba a otros cometerlos.

Tras el asalto policial a las lujosas mansiones de Calviá y otros lugares, y la veintena de detenciones practicadas, comenzaron los tratos de la Fiscalía española con la rusa para compartir información y preparar el eventual juicio. Y de inmediato quedó clara la escasa disposición a cooperar de los funcionarios rusos para resolver el caso. Durante las reuniones, los fiscales venidos de Moscú cuestionaban la misma noción de mafia rusa. Incluso el fiscal general, Yuri Chaika, se llegó a personar en Madrid dando a entender, en los encuentros que mantuvo con sus colegas españoles, que lo único que quería era saber el alcance de sus investigaciones y, sobre todo, las identidades de las personalidades políticas o del Estado que hubieran podido salir a relucir durante la investigación. «Sabíamos que [los detenidos] eran capaces de movilizar al aparato judicial ruso (en su favor) y desconocíamos si tenían anclajes en España», constatan fuentes bien informadas. En medio de un ambiente de creciente desconfianza, incluso el embajador de Rusia en España se atrevió a terciar en la polémica, calificando de «rusófobos» a los fiscales encargados de instruir la causa y negando la existencia misma de la denominada mafia rusa.

El principal encausado, Gennadios Petróv, pasó en la cárcel cerca de un año y medio. En febrero de 2010 salió de prisión y quedó en libertad provisional previo pago de una fianza de 600.000 euros, instalándose de nuevo en su mansión de Calviá con el compromiso de personarse dos ocasiones a la semana en un cuartel de la Guardia Civil. Su entorno, contactado entonces por el diario *Última Hora* de Palma de Mallorca, aún mantenía de forma reiterada su inocencia, al tiempo que se quejaba de que su hogar se hallara bajo permanente vigilancia de la Guardia Civil o de agentes del Centro Nacional de Inteligencia. «Hace unos días intentaron arreglar el ascensor de la casa y no parece que fueran trabajadores normales», se quejaron dichas fuentes al rotativo mallorquín.

Una vez fuera de la cárcel, Petróv contrató a un nuevo abogado, Javier Viada, con el objetivo de llegar a un acuerdo con la Fiscalía, a lo que esta accedió. Pidió sacar de la causa a su esposa y a su hijo, Anton Petróv, y a cambio asumir todas las acusaciones. Los términos del trato incluían la pérdida de su casa de Calviá, valorada en más de tres millones de euros, para afrontar responsabilidades civiles, viajar con antelación a Rusia para asegurarse de que todo estaba bien y de que no iba a tener problemas, pero sobre todo la inclusión en la causa de Aleksándr Bastrykin,[11] todo un peso pesado en el sistema de justicia de la Federación Rusa, además de antiguo compañero de estudios de Putin en la Facultad de Derecho de la Universidad Estatal de Leningrado, allá por los años setenta.

Este personaje, en la actualidad presidente del Comité de Investigación, órgano con funciones similares a la Fiscalía del Estado, merece mención aparte. En 2022, le fue encargado por el presidente Putin indagar y perseguir, nada más y nada menos, que las «informaciones falsas» publicadas en los medios occidentales acerca de la responsabilidad del Ejército ruso en la masacre de Bucha, durante los primeros compases de la invasión rusa de Ucrania.[12] La versión oficial del Kremlin es que las decenas de cadáveres que aparecieron cuando los rusos se retiraron de la población fueron producto de «un montaje» para desacreditar al Ejército ruso, extremo que la Justicia rusa, actualmente, considera un «delito».

Los vínculos del excompañero de estudios de Putin con el crimen organizado ruso quedan bien reflejados en las escuchas practicadas por la policía a los teléfonos de Petróv antes de su detención, revela la periodista Kirilenko. En ellas se deduce que fue el propio Petróv quien impulsó el nombramiento de Bastrykin al frente de dicho órgano, un gesto que, como también se recoge en las conversaciones, fue bien recibido en el mundo del hampa. La web de investigación Putin's List le acusa de haber convertido al Comité de Investigación que dirige en una de «las herramientas para preservar el régimen de Putin, abriendo investigaciones criminales contra dirigentes de la oposición en casos claramente políticos», mientras que la Fiscalía General del Estado le ha incluido en la lista negra de personajes con vínculos mafiosos elaborada al inicio de la invasión rusa de Ucrania.

Por último, a Bastrykin se le atribuye un terrible episodio de amenazas e intimidación contra Serguéi Sokolov, un periodista que publicaba artículos críticos y trabajaba en *Nóvaya Gazeta*, en unos hechos que se remontan al año 2012. Según salió a relucir en los medios por aquel entonces, el dirigente ruso invitó al reportero a reunirse con él en Nalchik, una pequeña localidad en el Cáucaso norte. Durante el vuelo de regreso, exigió al informador que se retractara de todo lo escrito y, una vez aterrizados en Moscú en plena noche, introdujo al periodista en un coche y lo llevó, acompañado de sus guardaespaldas, a un bosque. Allí pidió a la comitiva que los acompañaba que les dejaran solos, profirió todo tipo de amenazas, incluso de muerte, y hasta se burló de la asesinada periodista Anna Politkóvskaya, quien trabajaba en la misma publicación que Sokolov.

Durante la conversación que mantuvieron, Bastrykin se llegó a vanagloriar ante su víctima de que, en el caso de que fuera allí asesinado, sería él mismo quien se encargaría de la investigación del crimen. Posteriormente, presionado por las protestas en tromba de la prensa independiente, aún existente en Moscú en aquel entonces, el magistrado tuvo que reconocer los hechos y pedir públicamente disculpas.

Bastrykin es, muy probablemente, la razón por la cual el acuerdo entre el presunto líder de la red mafiosa y la Fiscalía española nunca pudo materializarse, consideran fuentes próximas a la investigación. Petróv, con toda seguridad presionado desde altas instancias una vez en Moscú, nunca regresó a Mallorca desde Rusia, encontrándose desde entonces en situación de busca y captura como prófugo de la Justicia española. De acuerdo con fuentes bien informadas en la capital rusa, nada más aterrizar, se dirigió a la Duma Estatal, la Cámara Baja del Parlamento, para reunirse con el diputado Vladislav Reznik, su vecino en Mallorca, que también estaba incluido en la causa, aunque finalmente fue absuelto. En medio del revuelo por su fuga, en España, a los fiscales que llevaban el caso se les sugirió que la mención a Bastrykin sobraba y que esta debería ser eliminada de la causa, advirtiéndoseles, de paso, que la propia Fiscalía rusa podría volverse en su contra. «En Rusia no estaban interesados en que saliera a la luz la conexión de Petróv con alguien tan importante del círculo íntimo de Putin como Bastrykin», revelan fuentes próximas a la investigación.

Tras la fuga de Petróv a Rusia, hubo que esperar más de un lustro para que los acusados menores de colaborar con la organización mafiosa, muchos de ellos locales de nacionalidad española —abogados, secretarias, testaferros—, fueran juzgados. La vista se realizó con nueve de los principales imputados en situación de rebeldía y huidos de la justicia, incluyendo a sus cabecillas Gennadios Petróv y Aleksándr Malyshev. Desde Rusia, el único encausado que aceptó personarse en España fue el diputado Reznik, a quien se había tomado declaración ya de forma telemática y quien no arriesgaba nada acudiendo al juicio, habida cuenta de que no podría decretarse contra él prisión preventiva y que regresaría a la «seguridad» de Rusia antes de que se dictara sentencia, fuera esta del signo que fuera.

El juicio contra estos personajes, considerados por la Fiscalía miembros menores de la organización mafiosa, acabó con un veredicto exculpatorio basado en la imposibilidad de establecer el origen criminal del dinero que manejaban los acusados.[13] La Sección Tercera de la Audiencia Nacional admitió en la sentencia que «las operaciones financieras realizadas» eran «muy raras, antieconómicas o poco convencionales», aunque por sí mismas insuficientes para determinar el origen del dinero. Si no se podía probar «la procedencia de una actividad delictiva de los bienes adquiridos, convertidos, transmitidos, ocultados o encubiertos no hay delito de blanqueo de capitales», concluyó el tribunal, formado por la presidenta Ángeles Barreiro y los magistrados Antonio Díaz y Ana María Rubio. Y ello, pese a que dos de los acusados se declararon durante el juicio culpables de los delitos de blanqueo de dinero procedente de actividades criminales en Rusia.[14]

La falta de cooperación de las autoridades judiciales rusas es, en opinión de los investigadores y los periodistas que siguieron el proceso, la causa principal de que el caso naufragara en los tribunales. La periodista Kirilenko, que escuchó una por una todas escuchas telefónicas incluidas en el sumario, es especialmente crítica con la decisión de la juez de desestimar este material de investigación argumentando que estas escuchas «no aportaban nada». Además, le parece sorprendente que no se tuvieran en cuenta los informes elaborados por la policía española y los servicios de inteligencia sobre el crimen organizado y la corrupción del sistema judicial en Rusia, ni tampoco el testimonio de un testigo protegido que denunció las extorsiones de la mafia Tambóvskaya. Por el contrario, lamenta que sí resultara decisorio un informe elaborado por el Servicio Federal de Seguridad en 2009 en el que se negaba la pertenencia de Petróv a la mafia Tambóvskaya-Maleshevskaya.

Para los fiscales, fue especialmente frustrante comprobar cómo sus requisitorias enviadas a la Justicia rusa eran literalmente toreadas sin pudor. A la comisión rogatoria enviada por la Fiscalía Anticorrupción con detalladas preguntas sobre las actividades de Reznik, las autoridades judiciales rusas se limitaron a enviar un escrito de 90 páginas alabando al parlamentario, el principal ciudadano ruso en la vista judicial.

Tres años después de este primer revés legal, el panorama se enderezó parcialmente cuando se juzgó, también en la Audiencia Nacional, a Irina Ussova, hermana de la esposa de Aleksándr Malyshev, uno de los tres capos de la red mafiosa, para la cual la encausada ejercía de testaferro. El criterio legal fue modificado y el tribunal, compuesto por los jueces Félix Alonso Guevara, Carolina Rius y Ana María Rubio, consideró probado el delito de blanqueo de capitales, condenando a la mujer a un año de prisión y a una multa de dos millones de euros.[15] Para cuando se dictó la sentencia, eso sí, la encausada ya se hallaba de vuelta en Rusia y, evidentemente, no tenía ninguna intención de regresar a España para cumplir la condena. La ejecución del veredicto se limitó a la expropiación de los 400.000 euros que tenía en una cuenta bancaria congelada.

De nuevo en Calviá, Mallorca, en el verano de 2023. Para un periodista, la visita al domicilio de Petróv, posible en los tiempos en que esta permanecía embargada, es ya algo inviable después de que la Audiencia Nacional ordenara hace unos años devolverla a sus dueños. «No le vamos a autorizar la visita a la casa, ni tampoco conceder ninguna entrevista», me espetó en tono agrio, a través del teléfono, Roberto Mazorriaga Las Hayas, abogado de Petróv en la isla balear, tras haber consultado por teléfono en los días anteriores con su cliente. En la conversación anterior, cuando le requerí anunciándole mi viaje a la isla balear, lo primero que me preguntó fue cuál iba a ser la línea editorial de mi libro sobre su cliente, en otras palabras, si lo iba a exculpar o lo iba a condenar, insistiéndome a la vez en que su defendido era un simple empresario maltratado y difamado por la Justicia y la prensa españolas.

En todos estos años, además, nuevos supuestos casos de implantación en la costa balear de organizaciones mafiosas procedentes de la Federación Rusa habían salido a la luz. No lejos de la descomunal mansión de Petróv en Calviá, concretamente en Peguera, al borde de una frecuentada playa por turistas alemanes, a unos cinco kilómetros de distancia, yace el esqueleto de un edificio en renovación. Es el inmueble del hotel Mar i Pins, una antigua propiedad de Aleksándr Romanov, acusado de integrar otra temida organización mafiosa rusa, la Tagánskaya, casado con una mujer con importantes contactos políticos en Rusia y cuya prolongada reforma arquitectónica servía para blanquear dinero procedente de actividades criminales en su país natal. El caso se cerró con un acuerdo con la Fiscalía, que consistía en una pena de tres años y medio de prisión por el delito de blanqueo de dinero y la donación del hotel como pago de la multa, a cambio, eso sí, de la retirada del cargo de pertenencia a una organización criminal.[16]

La historia de la lucha contra el crimen organizado ya sea en Italia, Estados Unidos, Rusia o España, está repleta de altibajos. En este desigual pulso entre legalidad y astucia, entre cinismo y honestidad, abundan los fracasos y los éxitos son escasos. No en vano, hace casi un siglo, personajes de un perfil criminal como Al Capone solo pudieron ser encarcelados en Estados Unidos por un delito de evasión de impuestos,[17] pese a haber cometido crímenes similares a los que se atribuyen en el pliego de acusaciones a Petróv.

Sin embargo, y pese a la montaña rusa de sensaciones encontradas, para todos aquellos investigadores y periodistas que hace una década pusieron en riesgo sus vidas para desarticular a la mafia Tambóvskaya-Maleshevskaya, subyace una satisfacción íntima que ningún capo mafioso, sentencia contraria o abogado defensor bien pagado jamás podrá arrebatar: la recompensa de haber sentado precedente internacional y haber desbaratado las actividades de una de las organizaciones criminales más importantes del mundo. Son organizaciones criminales transnacionales que, en opinión de Kirilenko, «vienen después acompañadas del FSB» y acaban convirtiéndose en instrumento de influencia política, como podría estar sucediendo en la actualidad entre la muy prorrusa Hungría de Víktor Orbán y el clan mafioso Solntsevo.[18]

«Este juicio ha servido para dos cosas, por un lado, como disuasión para todos aquellos que cooperan [con mafias internacionales] para criminalizar nuestra economía, ya sean abogados, economistas, testaferros; y, por otro, como advertencia a los mafiosos: a partir de ahora la gente de esta calaña se lo pensará dos veces antes de venir a instalarse aquí porque saben que pueden abrirse investigaciones contra ellos», valoran fuentes próximas a la investigación. Antes de dar por concluida la conversación, estas mismas fuentes, que insisten hasta el final en mantener su anonimato, se atreven a lanzar un epitafio, una suerte de alegato final que permite ver con optimismo el futuro: «Haber expuesto a Rusia [por vez primera] como Estado-mafia anima a otros países a que tiren para adelante».

6

Lo que Rusia busca en México

Era el momento más trascendental de la historia reciente de México, el instante que iba a modificar, en las décadas por venir, la vida política del país más poblado y de mayor peso económico de habla hispana. Entre las decenas de activistas que aquel 11 de septiembre de 2024 intentaban impedir la votación de la controvertida reforma judicial en la antigua sede del Senado en Xicoténcatl; entre los improperios proferidos por la senadora Lilly Téllez contra el entonces presidente de la cámara, Gerardo Fernández Noroña; entre las inconsistentes excusas pronunciadas por el senador Miguel Ángel Yunes para justificar la ruptura de la disciplina de voto y apoyar una iniciativa legislativa a la que su formación política se oponía ferozmente, solo los observadores más avezados podían identificar la mano de Rusia, país al que se le atribuyen las más osadas campañas de injerencia y desestabilización llevadas a cabo durante los últimos años en el mundo.[1]

La controvertida iniciativa legal que, entre otras medidas, establecía la elección por sufragio universal de alrededor de 7 700 jueces, tanto a nivel federal como estatal, y que había sido criticada por instancias internacionales por cuestionar la independencia judicial, finalmente recabó 86 votos a favor y 41 en contra, superando la mayoría cualificada necesaria de dos tercios para enmiendas constitucionales o propuestas legislativas que requieran modificar la Carta Magna. Pero lo que muy pocos conocían y conocen en el gigante latinoamericano es que lo hizo probablemente con las bendiciones del Estado ruso, convertido en el auténtico convidado de piedra de aquella decisiva sesión parlamentaria.

Vayamos por partes. Este posible episodio de injerencia del Kremlin en la política mexicana, del que apenas se ha hablado en la prensa internacional y mexicana, había arrancado sigilosamente tan solo tres meses antes, una vez promulgados los resultados de las elecciones presidenciales, legislativas y locales celebradas a principios de junio de 2024. Tal y como apuntaban los pronósticos, Claudia Sheinbaum, del Movimiento de Regeneración Nacional (Morena) y apuesta personal del presidente saliente, Andrés Manuel López Obrador, más conocido como AMLO, obtuvo la victoria y se convirtió en la primera mujer que ocupaba la jefatura de México, con un margen de votos de dos dígitos, muy por encima de lo que auguraban las encuestas.

También en las elecciones para determinar la composición de ambas cámaras parlamentarias el triunfo de Morena fue abrumador, pero con una particularidad: en el Senado, la Cámara alta del Congreso, los morenistas y sus aliados, el Partido Verde (PVEM) y el Partido de los Trabajadores (PT), se hicieron con 82 escaños, quedándose a tres espacios de la mencionada supermayoría de dos tercios necesaria para aprobar reformas a la Constitución. Para muchos comentaristas locales, conocedores del elevado nivel de corrupción y transfuguismo en la política mexicana, tres era un número reducido, y era solo cuestión de tiempo que el oficialismo acabara disponiendo en la Cámara alta de esos apoyos que la ciudadanía no le había concedido en las urnas.

El colchón opositor para frenar el rodillo morenista ya se redujo en agosto, pocas semanas antes de la votación sobre la reforma. Los senadores Araceli Saucedo y José Sabino Herrera,[2] del extinto Partido de la Revolución Democrática (PRD), aceptaron integrarse en la mayoría gubernamental, quedándose esta tan solo a un escaño de sacar adelante su propuesta sobre la reforma judicial. Y fue en este momento cuando entraron en juego los nombres de dos destacados políticos mexicanos: Gerardo Fernández Noroña, presidente del senado en ese momento, y Adán Augusto López, jefe de filas y coordinador de la bancada de Morena en la Cámara alta mexicana. Dos figuras que, durante la tumultuosa sesión parlamentaria, mostraron un elevado nivel de complicidad, conversando con frecuencia y aparentemente coordinando sus acciones.[3] Dos pesos pesados parlamentarios sin el concurso de los cuales, es muy probable, la polémica reforma jamás habría salido adelante.

La actuación del exlíder de la Cámara alta fue decisiva. Haciendo caso omiso a las protestas, Fernández Noroña decidió seguir adelante con la apretada votación, a pesar de la ausencia de Daniel Barreda, senador del opositor Movimiento Ciudadano (MC), quien en las horas previas había tenido que regresar apresuradamente desde Ciudad de México a su estado de origen, Campeche, al conocer que su padre había sido detenido por las autoridades judiciales locales en las horas previas bajo acusaciones difusas. «Bellaco, ¿dónde está el senador de Movimiento Ciudadano? No tienen el apoyo del pueblo; ¡bola de mafiosos!», repetía una y otra vez Lilly Téllez, denunciando que la significada ausencia de Barreda del hemiciclo tenía como resultado reducir el número de votos necesarios para que la reforma fuese aprobada.

Los *buenos oficios* de Augusto López habrían hecho el resto. Según Ricardo Raphael, columnista del diario *Milenio*, el jefe de filas de Morena en la Cámara alta se reunió[4] con Miguel Ángel Yunes Márquez, del Partido de Acción Nacional (PAN), y con su padre Miguel Ángel Yunes Linares, en los días previos a la sesión parlamentaria. Durante el encuentro, de acuerdo con las mismas fuentes, ambos habrían recibido la promesa de que serían retiradas las órdenes de detención contra miembros de su familia, asaeteada por asuntos de corrupción. «En las leyes secundarias tendremos la oportunidad de perfeccionar y de instrumentarla; por eso en la decisión más difícil de mi vida, he decidido dar mi voto a favor del dictamen para crear un nuevo modelo de impartición de justicia», se justificó a duras penas el tránsfuga desde la tribuna del hemiciclo en Xicoténcatl, entre las protestas de sus compañeros de bancada.

Sobre el papel, Fernández Noroña y Augusto López comparten ideas y militancia política. Pero existe entre ambos un nexo adicional, un mínimo común denominador escasamente mediatizado que los vincula y alinea: su predisposición favorable a Rusia, a su liderazgo y sus intereses. Fernández Noroña nunca ha ocultado su admiración por el presidente Vladímir Putin, a quien ha llegado a calificar como un «líder liberal de izquierda» elegido, según su opinión, por métodos democráticos.[5] En esa misma intervención panegírica, pronunciada en noviembre de 2024 ante el Senado, llegó incluso a alabar el sistema político de Rusia, donde según él, el voto es universal, secreto y directo, y lo comparó desfavorablemente con el de Estados Unidos, que recurre a un colegio electoral para elegir al jefe del Estado, institución que tildó de «antigualla» por albergar «desigualdades».

El actual presidente de la Cámara alta ha protagonizado otros episodios significativos de profesión de fe hacia la

Rusia de Putin. Al poco de iniciarse la invasión rusa de Ucrania, dio su aprobación a la creación de un Grupo de Amistad Rusia-México en la Cámara de Diputados,[6] ante el asombro de las embajadas occidentales y la indignación de la oposición. Más de un año después del inicio de la contienda, criticó públicamente y sin ambages que se invitara al presidente de Ucrania, Volodímir Zelenski, a intervenir ante el Congreso mexicano por videoconferencia. «Noroña viene de la izquierda radical de los años 70», donde el «sentimiento contrario a EE. UU.» está muy extendido, corrobora Fausto Pretelín, columnista en *Globalitika* y *El Economista*.

Los presuntos vínculos de Augusto López con el Estado ruso son más prosaicos y están relacionados con el mundo de los hidrocarburos. En 2020, cuando ocupaba el cargo de gobernador del estado de Tabasco, el político inauguró las instalaciones de la petrolera Lukoil en Villahermosa, la capital, después de haberse congratulado por la adjudicación de concesiones petroleras a esta empresa en su territorio.[7] Más aún, en 2023, medios mexicanos como *La Silla Rota* o *Ciudadanos en Red* aseguraron[8] que el número de sus seguidores en sus perfiles de redes sociales había aumentado súbitamente, como de la noche a la mañana, alcanzando en Instagram la cifra de 168 000, muchos de ellos radicados en Rusia o India. Los expertos en injerencias y campañas de desinformación rusas coinciden en que uno de los métodos a los que recurre el Kremlin para impulsar la popularidad de sus simpatizantes consiste precisamente en inflar sus perfiles personales de manera artificial en redes sociales mediante bots o cuentas automatizadas. Que Augusto López es un ferviente admirador de la presencia rusa en México lo corroboran también las palabras que dedicó durante la pandemia a la petrolera Lukoil, a la que agradeció,[9] con sentidos parabienes, el envío de material sanitario desde Rusia —cubrebocas y guantes— para combatir la infección por covid.

Ya lo proclamó,[10] a los pocos días de iniciarse la guerra de Ucrania, el general Glen Van Herck, jefe del Comando Norte estadounidense, durante una sesión del Comité de Servicios Armados del Senado, cuando sorprendió a propios y a extraños denunciando el elevado grado de infiltración de los peones del Kremlin en su vecino del sur: «La mayor parte de los agentes del GRU (la temida inteligencia militar rusa) se hallan radicados en México». Unas declaraciones que fueron corroboradas un año después por el director de la CIA, William Burns, al asegurar desde Londres que el Gobierno de Estados Unidos estaba «intensamente concentrado» en la cada vez más expansiva huella rusa en el país latinoamericano.

El descomunal tamaño de la Embajada de la Federación Rusa en Ciudad de México, ubicada en el barrio Hipódromo-Condesa, uno de los más demandados de la capital, así lo atestigua.[11] En mayo de 2023, la periodista independiente mexicana Dolia Estévez reveló en la publicación *Eje Central* que, mientras Europa y Estados Unidos reducían el tamaño de las representaciones diplomáticas de Rusia para limitar actividades de espionaje e influencia en sus territorios, México iba a contracorriente de este sentir general, autorizando un aumento de un 60 por ciento en la cifra de diplomáticos de esa nacionalidad acreditados por su Gobierno, hasta alcanzar los 85.

La noticia corrió como la pólvora, tanto en el país latinoamericano como en Washington, generando una terrible campaña de acoso[12] contra la autora de la información exclusiva y en la que incluso participó la propia embajada rusa en México, obviando todo uso diplomático de cortesía hacia la prensa de su país anfitrión, y sin que los reiterados desmentidos pronunciados por el presidente AMLO pudieran contrarrestar el impacto de la revelación. Y es que, teniendo en cuenta la constatada costumbre de las autoridades del gigante euroasiático de abusar de la figura del diplomático desplazado en el extranjero —enviando, en realidad, a espías—, o incluso su aprecio por ocupar con funcionarios de inteligencia cargos prosaicos como cocineros o médicos de embajadas, muchas figuras de peso, tanto en Washington como en Ciudad de México, llegaron a la conclusión, gracias a las revelaciones de Estévez, de que el país latinoamericano probablemente se había convertido en el lugar, fuera del espacio postsoviético, de mayor actividad de los servicios de inteligencia de Rusia del mundo.

¿Qué lleva a Moscú a mantener semejante interés por un lejano país situado en otro continente, a unos 10 000 kilómetros de sus fronteras y que ni siquiera entra en la lista de los diez principales socios comerciales de Rusia? Principalmente, su posición geográfica, contestan los expertos. Su estratégica situación en el vecindario inmediato de Estados Unidos concede al Kremlin múltiples oportunidades, no solo de interferir en el país que fue su gran antagonista durante la guerra fría del siglo XX, sino también de lanzar osadas maniobras de desestabilización contra el Estado norteamericano, al que, pese a las más de tres décadas transcurridas desde la desintegración de la URSS, sigue percibiendo como el gran enemigo a neutralizar.

Todo ello quedó meridianamente claro tras la reciente difusión de documentos obtenidos por el FBI, desclasificados por el Departamento de Justicia estadounidense y desmenuzados también en *Eje Central*[13] por Estévez. Pertenecían a empresas vinculadas a la denominada operación Doppelgänger, el aparato de propaganda de la Administración Presidencial de Rusia bajo responsabilidad de su influyente vicejefe, Serguéi Kirilenko. De la lectura de su contenido, sus reglas generales, sus instrucciones y sus propuestas de narrativas a difundir, se pueden deducir los principales objetivos del aparato ruso de influencia mediática respecto a México, y estos no dejan lugar a dudas: el Kremlin aspira a crear un conflicto entre el gigante latinoamericano y su vecino del norte, azuzando el extendido sentimiento antinorteamericano en varias capas de la opinión pública mexicana y recurriendo incluso a la recuperación de viejos y olvidados agravios territoriales de hace dos siglos.

Entre los papeles filtrados, destacaba un explosivo texto de seis páginas que incluía un mapa donde se consideraban territorios en disputa los estados norteamericanos de Nuevo México, California, Nevada, Utah, Arizona, Texas y parte de Colorado —es decir, el grueso de las cesiones territoriales que Estados Unidos logró tras la guerra con México a mediados del siglo XIX—, en el que los autores instan a los receptores a hacer todo lo posible para que Washington sienta «la amenaza de un país de 130 millones que despierta», una aspiración que, además, se repetía en el lema que presidía el escrito, de tan solo tres palabras: «México no perdona». Las revelaciones de la periodista mexicana, además, son consistentes con las declaraciones realizadas en los últimos tiempos por destacados prohombres del Kremlin como Nikolái Pátrushev, considerado número dos en la pirámide del poder de Putin. Este, durante una entrevista al diario oficial *Rossískaya Gazeta* en marzo de 2023,[14] llegó a asegurar que, «tarde o temprano, los vecinos del sur de Estados Unidos van a recuperar los territorios que les robaron» entonces.

El aparato de propaganda del Kremlin está formado por medios de comunicación gubernamentales financiados directamente por la Federación Rusa, como la cadena televisiva RT o la agencia Sputnik, además de un sinfín de plataformas alternativas que se han diseminado por el mundo y que transmiten sus narrativas, aunque formal o aparentemente no dependan económicamente del Estado ruso.[15] Y no cabe duda que este entramado comunicativo está dedicando ingentes esfuerzos en México, probablemente más intensos que en cualquier otro país del mundo, para fomentar entre la ciudadanía local un estado de opinión favorable a la consecución de sus objetivos geopolíticos.

En diciembre de 2023, en plena precampaña electoral para los comicios generales de junio, aparecieron en lugares estratégicos y de gran visibilidad de la geografía mexicana,[16] es decir, en aeropuertos, estaciones del metro y Metrobús, arterias urbanas intensamente transitadas o incluso vagones en el ferrocarril suburbano de la ciudad de Guadalajara, enormes vallas publicitarias instando a los ciudadanos a informarse a través del canal RT en Español, vetado en la Unión Europea, Canadá y Estados Unidos desde el inicio de la contienda ucraniana por su carácter propagandístico. Presididos por el lema «Las noticias no tienen fronteras», los encartes incluso incluían un código QR que permitía al viandante conectarse automáticamente, a través de la pantalla de su teléfono móvil, con la emisión en directo de la cadena propagandística rusa. «Es bellísimo», se jactó desde su cuenta de X, antes Twitter, la directora de la cadena, la controvertida Margarita Simonyán, objeto de sanciones internacionales y requerida por la Justicia estadounidense.

Ningún responsable gubernamental mexicano se planteó entonces la idoneidad de permitir semejante exposición en la vía pública de un canal considerado por muchos Gobiernos como una «amenaza» para la estabilidad política de sus respectivos países. «¿Cuánto costó eso, dónde se cobró, dónde se pagó o que contraprestación [recibió] al Gobierno de la Ciudad de México, o será que a las campañas electorales de la Ciudad de México tendremos esa injerencia?», se indignó entonces Santiago Taboada,[17] aspirante opositor a jefe de Gobierno capitalino. Eran todas ellas preguntas que carecían de respuesta, después de que Dolia Estévez,[18] una vez más, preguntara sin éxito, a través de un portal de transparencia, por los contratos y su tramitación en las instituciones en teoría encargadas de gestionar esos espacios, ya fuera la secretaria de Movilidad, la de Vivienda, la de Finanzas o el denominado Sistema de Transporte Colectivo, que gobierna la red de ferrocarril metropolitano.

Esfuerzos publicitarios aparte, RT en Español no necesita de grandes aspavientos para darse a conocer en México. Más bien todo lo contrario; no es en absoluto trabajoso para el telespectador conectarse con la controvertida cadena televisiva rusa, superando su alcance y, de largo, a «decenas de televisoras públicas y comerciales», como constata el columnista especializado en temas de la comunicación Gabriel Sosa Plata en el portal PopLab.[19] En marzo de 2024, el Instituto Nacional de las Telecomunicaciones informó que la señal del canal ruso se emitía en canales de nueve estados federados mexicanos, incluidos Campeche, Jalisco, Veracruz y Nuevo León, con alcance a once millones de hogares y cerca de cuarenta millones de personas. Sus emisiones también están disponibles en otros sistemas de televisión restringida, como Total Play, del empresario Ricardo Salinas Pliego.

Tal y como resume el propio Sosa Plata, RT en Español está presente en «destinos turísticos y áreas metropolitanas clave» como Puebla, Guadalajara, Cancún, Cozumel o Mérida, pero aún se halla ausente en dos de las más importantes urbes del país: Monterrey y Ciudad de México. El éxito de la desinformación rusa se intuye en las conclusiones sobre el fenómeno a las que llega este académico, un hombre que ocupa cargos de relevancia en el sector, tales como defensor de audiencias en el Canal 44 y en el Sistema Mexiquense de Medios Públicos. Sosa Plata hace suya una visión muy extendida entre las audiencias latinoamericanas, desconocedoras por lo general de los métodos del Kremlin, que consiste en que, más que una amenaza o agresión, la presencia de RT en Español en las parrillas televisivas locales es en realidad una oportunidad "para diversificar el acceso a la información, en un ecosistema dominado por medios comerciales y estadounidenses».

Las narrativas propagandísticas favorables al Kremlin, donde se mezclan verdades, medias verdades, falsedades y manipulaciones, también están siendo vehiculadas en todo mundo a través de entramados de comunicación que, aunque no tengan formalmente vínculos con el Estado ruso, sí es posible identificar sus huellas en las coberturas, estrategias editoriales o incluso en el personal que allí trabaja, lo que se denomina comúnmente como *marcas blancas* de RT. En enero de 2025, Canal Red, una plataforma audiovisual española en internet dirigida por Pablo Iglesias, exvicepresidente del Gobierno español, e incluida por la prensa anglosajona en este grupo de medios afines al Kremlin, anunció, mediante un *spot* comercial, el lanzamiento de una campaña para recaudar fondos dedicados a la apertura de una oficina de redacción en Ciudad de México.

En esos segundos de autobombo comercial, el canal aspirante a salir de España y a implantarse en el otro lado del océano Atlántico[20] emitía sus principales señas de identidad: no se anunciaba como un canal de comunicación comprometido con la transmisión de hechos, como es costumbre entre los medios de información, sean del sesgo que sean, sino que se presentaba abiertamente como partidista e ideológicamente comprometido. Sus principios editoriales, además, se insertaban como un guante en las belicistas prioridades propagandísticas rusas hacia México, expuestas en los documentos de la Administración presidencial rusa y filtrados por el FBI, consistentes en azuzar problemas y conflictos con su vecino del norte. Tras exhibir una pléyade de amenazas y advertencias pronunciadas por Donald Trump o miembros de su Administración y dirigidas al país al sur de Río Grande, desde la nueva emisora se instaba a los futuros televidentes a «plantar cara» frente a este estado de cosas: «Vamos a construir un gran medio de comunicación para dar la batalla ideológica», se proclama en el anuncio.

Aunque a la hora de escribir estas líneas no se conoce la composición exacta de la redacción de Canal Red en México, sí se sabe que en ella ejercerá un papel preponderante Inna Afinogenova, ciudadana rusa, antigua subdirectora de la página web del canal propagandístico RT, directora de Canal Red Latinoamérica y comunicadora que ha tenido acceso privilegiado a la élite política mexicana, con entrevistas exclusivas al presidente AMLO o a la actual jefa de Estado, Claudia Sheinbaum, cuando aún era candidata.

Su figura merece un pormenorizado examen, dado los enormes cuestionamientos que sobre ella se plantean. A modo de descargo, quiero enfatizar que a partir de ahora nunca utilizaré para referirme a ella la palabra *agente* o *espía*, porque no tengo elementos que avalen semejante afirmación. Pero sí usaré el término *propagandista*, porque tanto en el periodo en que codirigió la página web de RT en español, como en su paso por España en Canal Red, transmitió informaciones que posteriormente demostraron ser falsas, sin que las rectificara tras su difusión.

Afinogenova anunció su salida del canal ruso RT en Español apenas un mes después del inicio de la invasión rusa de Ucrania, alegando su posición contraria a la guerra, pese a que, en los meses anteriores, había contribuido a justificarla presentando al país eslavo, en los videos de su sección «Ahí les va», como un estado fallido donde milicias ultraderechistas campaban a sus anchas.[21] En el discurso en el que informaba de su renuncia, no hubo espacio para la autocrítica, ni para ella, ni para el medio en el que trabajaba. «No voy a entrar en si RT en Español hace propaganda o no, la verdad es que ni lo sé», afirmó en su intervención, en la que no tuvo reparos en reproducir una de las principales exigencias de Putin a Occidente: el cese del envío de armas a Ucrania.

La narrativa de vincular a Ucrania con la ultraderecha solo tenía razón de ser en 2014 debido al relevante papel que jugó durante la revolución del Maidán el batallón de Azov, de carácter marcadamente radical, consideran los expertos. Verificadores independientes, como *El Orden Mundial*, han certificado que esta unidad militar perdió su carga ideológica en los años siguientes, integrándose en las Fuerzas Armadas del país y difuminándose sus aspectos más controvertidos.[22] Además, la implantación del discurso ultraderechista en la sociedad ucraniana es, en la actualidad, mínima, como lo demuestra que en las últimas elecciones legislativas las fuerzas políticas con esas ideas no superaran el porcentaje necesario para tener representación parlamentaria. Durante esas trascendentales semanas anteriores a la invasión de Ucrania, la comunicadora hablaba de un país que ya no existía para hacer más digerible a su audiencia que el Gobierno que le pagaba el sueldo acabara atacándolo.

Afinogenova es una figura periodística amortizada en España. Muy pocos medios de comunicación, al margen de publicaciones minoritarias con un marcado sesgo antisistema o independentista en el País Vasco y Cataluña, o TVE muy al principio de su llegada a Madrid, cuando nadie la conocía, le han hecho una entrevista en estos tres años en que ha residido allí. Ningún diario, emisora o cadena de televisión, sea de la tendencia que sea, de derechas o de izquierdas, la contrataría como redactora, colaboradora o presentadora. Y es que, durante los más de tres años transcurridos desde su instalación en Madrid, han aflorado en la prensa española numerosas informaciones e investigaciones que desmienten coberturas difundidas tanto en el canal en el que trabaja como en la sección dirigida por ella. Además, los medios rusos en los que ha ejercido un cargo de responsabilidad editorial han sido señalados por políticos con responsabilidad gubernamental en España como constitutivos de una amenaza para la seguridad nacional.

Los ejemplos de lo mencionado surgen por doquier: recientemente, tanto en redes sociales como en otros medios, se recordó en España la cobertura que dedicó la web en español de RT al intento de asesinato por envenenamiento que sufrió en 2020 el opositor ruso Alekséi Navalni, en donde ella ejercía entonces el cargo de vicedirectora con responsabilidades editoriales, según ha reconocido ella misma en sus redes sociales. Siguiendo las directrices de su directora, Margarita Simonián —quien llegó a sugerir en esas fechas que el opositor padecía de un problema común relacionado con los bajos niveles de glucosa que presentaban sus análisis de sangre—, ninguna de las informaciones supuestamente supervisadas por Afinogenova antes de su difusión mencionaba un envenenamiento: «Médico ruso: "si Navalni hubiera sido envenenado, las personas a su lado hubieran sufrido"»; «Lukashenko afirma haber interceptado una conversación sobre la falsificación del envenenamiento de Navalni»;[23] «Moscú no descarta que Berlín use el envenenamiento de Navalni para justificar sanciones antirrusas ya preparadas», fueron algunos de los titulares publicados en el medio donde ejercía de vicedirectora.

Una vez en España, Afinogenova participó activamente en la creación de la burbuja de desinformación que rodeó al caso de Pablo González, un presunto espía de nacionalidad rusa y española, también llamado Pável Rubtsov, que acabó siendo intercambiado en verano de 2024 y devuelto a Moscú junto a renombrados miembros de los servicios de inteligencia rusos. Entre otras manipulaciones o falsedades, la comunicadora y sus compañeros de Canal Red aseguraron que la fiscalía de Polonia, país donde fue detenido, no había presentado acusaciones a González, que no se le habían mostrado pruebas de sus supuestos delitos o que la justicia polaca tuvo que cerrar el caso tras su excarcelación. Todas estas aseveraciones quedaron desmentidas en revelaciones de varios periódicos españoles[24] tras la liberación del presunto agente y su llegada a Moscú, donde fue recibido por el presidente Vladímir Putin y por Oleg Sotnikov, un destacado miembro de la inteligencia militar rusa encausado en Estados Unidos.

La posibilidad de que Afinogenova, además de falsificar noticias, constituyera una amenaza para la seguridad nacional española fue evocada de forma indirecta durante la comparecencia del ministro de la Presidencia, Félix Bolaños, ante la comisión de Seguridad Nacional de las Cortes Españolas. En su intervención, en la que se debatió la supuesta injerencia rusa durante las movilizaciones independentistas en Cataluña de 2017, coincidiendo con la celebración de un referéndum de autodeterminación no autorizado por el Gobierno de Madrid, Bolaños negó que existiera una trama rusa de apoyo al independentismo catalán, pero sí admitió que «se intentó debilitar a España y a Europa desde redes sociales, televisiones gubernamentales y webs de origen progubernamental»,[25] que es precisamente donde Afinogenova ejercía su cargo de responsabilidad editorial.

Bolaños se refería sin duda a la cobertura de la web de RT en Español de los acontecimientos en Barcelona de ese tenso periodo histórico,[26] medio en el que se publicaron mapas falsificados que mostraban que casi la mitad de Europa apoyaba la secesión de Cataluña, posts en redes sociales informando acerca de «sonidos de disparos» que nunca existieron, o titulares donde se hablaba de la posibilidad de que España desplegara «tanques» en la capital catalana, citando como única fuente a John Wight, un novelista empleado por la propia RT sin relación alguna con Cataluña. Fue una cobertura que, además, tuvo una enorme presencia en redes sociales, que superó incluso a medios españoles de larga tradición como *El Mundo* o Televisión Española, y que diversos estudios posteriores han demostrado que fue impulsada por bots o cuentas automatizadas.[27]

Escenarios similares de polarización y agitación política en las redes sociales se han vivido en México durante los últimos años, según han revelado los expertos. Víctor Abrego Molina, profesor del Departamento de Estudios Socioculturales en el Instituto Tecnológico y de Estudios Superiores (ITESO) en Guadalajara, ha estudiado con profusión, durante el mandato del presidente AMLO, el fenómeno de las denominadas Mañaneras, las intervenciones diarias matutinas de varias horas de duración del anterior jefe del Estado. Y llegó a varias conclusiones que ponen en entredicho la estrategia comunicativa del expresidente. Según su opinión, su elevado índice de popularidad se fraguó precisamente en estas particulares ruedas de prensa, convertidas en un «aparato de propaganda transmedia»[28] y gestionado por su portavoz, Jesús Ramírez Cuevas; un aparato que logró consolidar el "dominio de la agenda pública" por parte de Palacio Nacional, orillando a los medios tradicionales y dificultando el debate crítico.

¿Cómo funciona esa estructura propagandística de la que habla el estudioso tapatío? Abrego la define como un «circuito de concatenación de voces», que arranca en las conferencias matutinas del presidente, concebidas como «un ariete político» envuelto en una lógica discursiva de «amigo-enemigo» cuando se responde a la oposición o a las críticas periodísticas. Posteriormente, el relato se va expandiendo, «primero en canales de YouTube» regentados por *influencers* afines al jefe del Estado, y luego en la red social X, por «determinados perfiles».

El académico de ITESO evita hablar de coordinación o «sincronización» de esas figuras, extremo que, de probarse, podría tener implicaciones legales. Y aunque carece de pruebas de ello, sí es evidente que existía en ese periodo una superposición de mensajes que «encumbraban al líder político» (AMLO) y «aceleraban la realidad», dificultando la reflexión y la necesaria crítica sobre determinados acontecimientos o polémicas en las que se ve envuelto el jefe del Estado o el país. A todo ello, además, había que añadir legiones de troles o cuentas automatizadas que desincentivaban la crítica y los algoritmos en redes como YouTube y que colocaban en puestos posteriores a aquellos *influencers* que no ensalzaban la figura del jefe del Estado. Respecto al contenido de los mensajes, más que un discurso de odio o amenazas a los críticos de AMLO, lo que el profesor de Guadalajara detectó fue lo que se denomina *técnicas de enardecimiento* de lo hablado y un bombardeo polarizante de la discusión pública.

La gestión de las Mañaneras durante el mandato de AMLO recayó, como hemos dicho, en el portavoz Jesús Ramírez Cuevas. Asistentes a estos eventos y fuentes diplomáticas en la capital mexicana sostienen que no siempre fue fácil tomar la palabra en estas reuniones, y que en muchos casos se privilegiaba a voces amigas que plantearan cuestiones amables. En temas de política internacional, en particular en todo lo concerniente a la guerra de Ucrania, se daba voz de forma frecuente a representantes de medios de comunicación financiados por Rusia, como Sputnik o RT, que lograban arrimar el ascua a su sardina y obtener de AMLO posicionamientos que no incomodaban a Rusia o que incluso la favorecían abiertamente, dado el escaso interés que las cuestiones de política internacional suscitaban en el jefe del Estado. Una muestra adicional de las simpatías de Ramírez Cuevas por Rusia en el conflicto ucraniano pudo constatarse en 2022, cuando asistió a la ceremonia de entrega de los premios anuales en el Club de Periodistas, presidiendo la entrega de uno de los galardones a la difunta Maria Dúguina, hija del filósofo Aleksándr Duguin, acusado de defender ideas genocidas contra Ucrania e incluso de sostener públicamente que las víctimas de las masacres llevadas a cabo por Rusia en el país eslavo eran «actores».[29]

Es precisamente el mencionado Club de Periodistas otra de las instituciones punteras que se dedican a promover las bondades de Rusia entre la opinión pública mexicana y a generar simpatías hacia el Kremlin. Dolia Estévez, principal investigadora de la injerencia rusa en México, ha calificado a esta institución, que antaño premiaba al periodismo de calidad, como el primer organismo mexicano en ser «cooptado por Rusia», al otorgar sus galardones a nombres asociados con el entramado propagandístico ruso.[30]

Además de la propia Dúguina, la lista de comunicadores distinguidos incluye a personajes como Liu Sivaya, autora de videos de propaganda prorrusa sobre la guerra de Ucrania, quien llegó a asegurar en una televisión española que el teatro de Mariúpol, bombardeado por la aviación rusa, estaba «vacío»; Daniel Estulin, un bloguero y teórico de la conspiración residente en Cancún, militante contra el movimiento LGBT y célebre difusor de teorías contrarias a las vacunas, un hombre que se proclama sin ambages como exmiembro de la KGB sin que nadie en Moscú lo haya corregido públicamente; la ya mencionada expropagandista Inna Afinogenova; Guillermo Rocafort, asistente a congresos antiglobalización en Moscú y autor de entrevistas a Duguin; Helena Villar, excorresponsal de la cadena RT en Washington, o el diario *La Jornada*, completamente alineado con las tesis de Rusia respecto a la guerra de Ucrania; entre otros muchos nombres. La cooptación del organismo por parte de Rusia y su entramado de propaganda se ha materializado gracias a las gestiones de su presidenta, Celeste Sáenz de Miera, hija del reconocido periodista Antonio Sáenz de Miera, casada con un el ciudadano sirio-mexicano, Mouris Salloum George, muy cercano al exdictador sirio Bashar al-Ásad.

Rusia entiende que esta confrontación con Occidente va para largo y que no solo está influyendo en el México actual, sino que también está invirtiendo a futuro, con la esperanza de generar, en los años y décadas siguientes, una élite política local que respalde sus objetivos políticos y que, como hemos podido comprobar, se resumen en alejar al país de la órbita norteamericana, su socio comercial y político natural. Al margen de sembrar cizaña, los esfuerzos también están dirigidos a integrar a México en foros alternativos a su tradicional alianza política y económica con el vecino del norte, donde el Kremlin ejerce influencia y hasta una suerte de liderazgo espiritual, en particular hacia los BRICS,[31] la alianza de economías emergentes que pretende erigirse en alternativa al G-7 y que agrupa a 11 países.

En febrero, la presidenta Sheinbaum respondió con una negativa a la invitación emitida por el presidente de Brasil, Luiz Inácio Lula da Silva, a acudir a la cumbre de Río de Janeiro de los BRICS que se iba a celebrar en abril.[32] En octubre anterior, descartó por completo un ingreso en el club cuando fue preguntada por ello. «No [se avizora un acercamiento a los BRICS], en este momento nosotros lo que planteamos es la fortaleza del Tratado [entre México, Estados Unidos y Canadá] del T-MEC, y ampliar. México tiene relaciones comerciales, incluso tratados comerciales, con muchos países», aseguró la jefa del Estado, en declaraciones recogidas por la agencia Bloomberg. El presidente Donald Trump había amenazado a los estados miembros de esta alianza económica y política con imponerles aranceles del 100 por ciento si acordaban la creación de una moneda común para evitar el dólar, divisa con la que se hacen gran parte de las transacciones comerciales.[33]

Así las cosas, Estévez reveló, en febrero pasado en las páginas de *Eje Central*, que el denominado Centro de Integración y Cooperación de Rusia y América Latina (CICRAL), una institución de reciente creación,[34] que cuenta con representaciones en los países más relevantes del hemisferio y destinada a fomentar «las relaciones institucionales» de la región con Moscú, estaba cortejando a cuadros jóvenes de la formación gubernamental Morena, pagándoles viajes de capacitación a Rusia para explicarles las bondades de un eventual acercamiento al gigante euroasiático. En concreto, los agentes de influencia del Kremlin centraron su atención en Damaris Hoyos Olivan[35] de 30 años, quien, tras ser elegida presidenta del centro, fue invitada a Moscú y San Petersburgo a finales de 2024 para «una inmersión cultural política y social». En la segunda ciudad rusa, asistió a un congreso de los BRICS, mientras que en la capital se entrevistó con Serguéi Ivanovich Kislak, exembajador ante Bélgica, la OTAN y Estados Unidos, y actual vicepresidente del Consejo de la Federación, la Cámara alta rusa. Se trata de un personaje que generó gran polémica en 2017 al ser objeto de una investigación por sus encuentros con consejeros de Trump antes de que el magnate neoyorquino asumiera la presidencia en 2017, y que fue descrito por los medios estadounidenses como un «hábil reclutador de espías». También se vio con Serguéi Nalobin, director del departamento de Información y Prensa del Ministerio de Exteriores.

En su cuenta de Instagram, relata Dolia Estévez, se pudo comprobar lo fructífero que resultó el viaje para la joven política morenista y la enorme sintonía que mostró públicamente hacia sus anfitriones. A Kisiliak le expuso «el trabajo» que estaba desarrollando para promover su participación «como organización en el bloque BRICS». Con Nalobin se jactó de «lo enojados que tenían a los medios de comunicación vendidos a los yanquis» y de que su lucha contra lo que denominó como «rusofobia» en el continente estaba «empezando a dar frutos». El cortejo a cuadros jóvenes de fuerzas que Moscú percibe como no hostiles, o incluso comprensivas, no es privativo de México. CICRAL, presente en la mayoría de países de Sudamérica y Centroamérica, como ya se mencionó, también invitó a miembros de la sección argentina del organismo a Moscú, donde en febrero de 2025 mantuvieron un calendario de reuniones similar al de la joven Hoyos Olivan.[36]

Los coqueteos de una parte de la élite mexicana con la lejana Rusia en detrimento de los vínculos con el vecino del norte estadounidense no están exentos de riesgos, y en muchos casos tienen también implicaciones para la seguridad nacional del país. El inicio de la guerra de Ucrania ha traído a territorio mexicano un aluvión de inmigrantes procedentes de Rusia, muchos de los cuales no se quedan en territorio mexicano, sino que optan por continuar su viaje hacia el norte. Entre enero de 2022 y abril de 2024, un total de 166 000 rusos entraron a México, 73 000 de ellos continuaron su camino, intentando entrar de forma ilegal a Estados Unidos, según datos de Aduanas y Protección Fronteriza, una cifra que contrasta con los cuatrocientos conciudadanos de ese país que lo hicieron en 2020, es decir, antes del arranque de la contienda.

Se trata de un aluvión humano que podría generar tensiones innecesarias con Washington. Vera Mirónova, investigadora rusa basada en Estados Unidos, informó[37] en 2023, citando a fuentes sin identificar del Departamento de Seguridad Interna, que trece ciudadanos de Rusia habían sido detenidos al comprobar las autoridades estadounidenses que sus relatos de huida no se correspondían con la realidad, certificándose que en verdad se trataba de agentes al servicio de la inteligencia rusa. Se da por descontado que la cifra habrá aumentado en el tiempo transcurrido desde entonces.

El grueso de este contingente humano llegaba hasta tierras mexicanas después de una escala en Estambul y enlazando en el gigantesco aeropuerto de la megalópolis turca con un vuelo que, tres veces por semana, cubre la ruta con Ciudad de México y Cancún. No es de extrañar, por tanto, que ante semejante comodidad, las autoridades rusas pusieran el grito en el cielo cuando el Gobierno turco, probablemente presionado desde Estados Unidos y México, anunciara el fin de la venta de pasajes en ese vuelo a los ciudadanos rusos.[38] «Si hay un abuso de ese tránsito de turistas para otros fines [inteligencia], pues entonces se tienen que tomar medidas pertinentes», declaró a *Eje Central* Martha Bárcena, exembajadora de México en Turquía y Estados Unidos. «Fue una decisión de seguridad nacional, no solo política, para Estados Unidos, para Turquía y desde luego para México», continuó.[39]

No solo la entrada ilegal de agentes rusos en territorio estadounidense constituye un posible futuro motivo de fricción entre las autoridades mexicanas y Washington. Utilizando las mismas vías comunicativas sureñas, podrían acceder a territorio estadounidense contingentes de terroristas procedentes del espacio postsoviético, lo que desencadenaría una grave crisis entre ambos países si finalmente estos lograran materializar en territorio estadounidense actos violentos con pérdida de vidas humanas. En junio de 2024, ocho ciudadanos de Tayikistán, residentes en Nueva York, Los Angeles y Filadelfia, fueron arrestados en Nueva York bajo la sospecha de estar preparando acciones terroristas en suelo norteamericano, a donde llegaron precisamente vía México, uno de ellos incluso a través de la aplicación CBP One, que permite a los aspirantes a instalarse en Estados Unidos y organizar citas previas con funcionarios de inmigración estadounidenses para su admisión.[40] Pertenecían al Estado Islámico de Khorasán, la organización extremista responsable del atentado en Moscú contra el Crocus City Hall en el que murieron 145[40] personas.

Guillermo Valdés, al frente de los servicios secretos mexicanos durante la presidencia de Felipe Calderón, enfatiza la importancia de que su país entienda todos estos riegos y haga todo lo necesario para prevenir un suceso similar.[41] «En mi época, investigábamos a los pasajeros» con apellidos de nombres asiáticos recién llegados de otros países latinoamericanos y de Europa «y cotejábamos los datos con listados de agencias de inteligencia de EEUU y otros países. Cuando [el viajante] coincidía con las listas de sospechosos no se les permitía la entrada; llegamos a deportar a militantes de Hizbulá», explica. Sin embargo, la situación se ha modificado radicalmente durante el sexenio de AMLO. El antiguo Centro de Investigación y Seguridad Nacional (CISEN) ha pasado a llamarse Centro Nacional de Inteligencia (CNI) y está supervisado por militares, eliminando todo vestigio de autoridad civil sobre el organismo y cayendo un tupido velo sobre sus actividades. «No sabemos nada de lo que sucede allí», concluye sombríamente Valdés.

7

Rusia, paraíso de excesos y estafas urbanísticas

Una cargada atmósfera de indignación fue apoderándose de la sala de actos del colegio «Pável Popovich, dos veces héroe de la Unión Soviética» en aquel jueves de principios de diciembre de 2019.[1] Decenas de vecinos residentes en el número 6 de la calle Baltiyskaya habían sido convocados allí por funcionarios municipales del distrito de Sókol, en el norte de Moscú, para debatir acerca del futuro de sus hogares, sobre los que pesaba una amenaza de demolición debido a un oscuro informe en el que se aseguraba que el edificio, junto con otras construcciones próximas, se hallaba en estado de ruina. «¡Respetados vecinos! Podrán ustedes plantear todas las preguntas interesantes sobre el estado y las perspectivas del edificio...», rezaba el cartel anunciador.

Serguéi Dimin, uno de los afectados, llegó a la junta poco antes de que esta comenzara, cargado de documentos, informes y objeciones, y dispuesto a defenderse de lo que consideraba un intento de «expropiación» de su vivienda producto de la «escandalosa corrupción» reinante en la alcaldía. Y mientras subía por las escaleras, uno de los ponentes se le acercó con una forzada sonrisa dibujada en el rostro, a lo que él respondió con desprecio y negándose incluso a estrecharle la mano. «Han venido ya varias veces y los conozco; hasta nos envían psicólogos», me susurró acto seguido, indignado.

El evento arrancó en tumulto. Stanislav Stankievich, abogado de un grupo de propietarios, agarró el micrófono para proclamar que la convocatoria de la asamblea vecinal no había respetado los términos que marcaba la ley y que, por lo tanto, carecía de poder decisorio para llevar a cabo votación alguna sobre el futuro del edificio. Entre empujones y gritos, el letrado acabó siendo agarrado por agentes del orden presentes, escoltado fuera de la sala y detenido. Más tarde, tomó la palabra uno de los vecinos que ya había aceptado renunciar a su piso e instalarse en la vivienda que se le ofrecía a cambio, con la misión de defender las bondades de la operación urbanística. Pero todo fue en vano. «¡Está comprado!», gritó alguien desde el fondo.

Pasados unos días de aquella accidentada reunión, Serguéi me propuso reunirse de nuevo conmigo y explicarme, con más calma, el origen del *mobbing* inmobiliario que, según aseguraba, estaban sufriendo en Baltiyskaya 6.[2] «En 2011, construyeron un túnel aquí, enfrente del edificio y aparecieron unas grietas; sin embargo, hubo una inspección del único instituto autorizado a realizarlas y certificó que los cimientos estaban estabilizados», me dijo. Se realizaron algunas obras de reparación estructural, se cambiaron los ascensores y las escaleras, y ahí quedó la cosa.

En 2018, las tornas cambiaron: las autoridades del distrito de Sókol empezaron a invitar a los vecinos a su sede para que firmaran documentos en los que reconocían que sus casas se hallaban «en estado de ruina», mostrándoles un extraño informe firmado por una persona que acumulaba más de un centenar de demandas judiciales, en nombre de una organización que ni siquiera existía. A partir de ese momento, Serguéi y los demás habitantes del inmueble empezaron a sentir que vivían con la espada de Damocles sobre la cabeza, acudiendo sin cesar a reuniones convocadas por funcionarios municipales en las que se negaban a brazo partido a aceptar los planes de la alcaldía.

No lejos de Sókol, en el distrito de Kúntsevo, a unos ocho kilómetros en dirección suroeste, un ultimátum similar se cernía sobre los habitantes de la calle Ivana Franko, un conjunto de viviendas de ladrillo de cinco pisos construidas en los años cincuenta entre parques infantiles y encantadoras superficies arboladas. Levantadas las casas en una época en la que Moscú se expandía a lo ancho en lugar de a lo alto, y dotadas de amplios espacios comunales, no es de extrañar que sus propietarios sintiesen un gran apego por su barrio y se resistieran a marchar.

Aquí, el proceso estaba mucho más avanzado y el «asalto a nuestras propiedades», tal y como lo definieron Iván Rozhkov y Nadezhda Chízova, residentes en una de las viviendas afectadas, seguía un esquema diferente. Tres años atrás, el alcalde Serguéi Sobiánin había firmado un decreto municipal de reurbanización del área en el que se estipulaba su demolición total. No hubo posibilidad de presentar alegaciones o recabar información adicional. Poco después, los vecinos recibieron una citación judicial en la que se les informaba de que serían realojados, siguiendo lo estipulado en el decreto municipal. Como compensación, se les ofrecía apartamentos en un rascacielos con muy malos acabados y donde el ascensor estaba averiado.

Los vecinos decidieron no aceptar ningún requerimiento y resistir en sus casas, pese a tener enfrente al grupo PIK, una de las principales constructoras de Rusia, que por aquel entonces cotizaba en la Bolsa de Londres, tenía más de 14.000 empleados e ingresos anuales de 2.800 millones de euros.[3] El año anterior, habían llegado a paralizar las obras instalando un campamento y logrando un gran impacto en los medios. Habían recurrido a la justicia local, que ni les dio la razón ni tampoco dictó medidas cautelares. Y estaban dispuestos a acudir a los tribunales europeos. «En nuestro país no hallaremos justicia», sentenciaron ambos.

Han pasado cinco años de estos acontecimientos y David no venció a Goliat. La suerte que han corrido los vecinos de uno y otro lugar ha seguido derroteros similares, perdiendo todos ellos sus apartamentos e iniciando una nueva vida lejos de los espacios que hasta esa fecha habían considerado como sus hogares. En el caso de la calle Baltiyskaya, el edificio en cuestión aún se hallaba en pie el pasado verano, pero había sido desalojado por completo y nadie vivía ya allí. «Dicen que van a hacer un complejo, pero no pronto», explicó un viandante anónimo. En el pulso de la calle Ivana Franko, el otrora encantador barrio ajardinado de casas bajas construido en los años cincuenta se estaba transformando a marchas forzadas, y elevadas torres en construcción de más de una veintena de pisos se erigían a toda prisa; aunque eso sí, conviviendo aún con unos pocos edificios antiguos de cinco elevaciones, tapiados y a punto de ser derribados, construcciones que, hasta hace no mucho, conferían al barrio una personalidad especial.

Estas dos desiguales pugnas urbanísticas con idéntico resultado de derrota en dos puntos diferentes del norte de la capital rusa reflejan una lacerante injusticia a la que se han de enfrentar muchos habitantes de la Federación Rusa a diario: la voracidad sin límites de la especulación urbanística en ciudades y regiones rusas, y el consiguiente desamparo de los ciudadanos ante el empuje de las potentes empresas del gremio y los intereses inmobiliarios.

Rusia es descrita frecuentemente como una «cleptocracia», con una economía que encaja con la definición de «capitalismo clientelista», un sistema en el que el éxito en los negocios depende de la proximidad de los emprendedores o empresarios con el poder político. Ello concede a las compañías políticamente bien posicionadas privilegios tales como el acceso prioritario a los contratos públicos, capacidad de influir en su favor en los procesos de aprobación de leyes y normas, y favoritismo a la hora de repartir subvenciones gubernamentales e impositivos especiales.

Este fenómeno es percibido con plena nitidez por la ciudadanía, como lo demuestra que el país ocupe el puesto 141 de un total de 180 en el último Índice de Percepción de la Corrupción elaborado por Transparecia Internacional, colocándose al mismo nivel que países africanos como Liberia, Uganda, Guinea o Camerún. «La corrupción en Rusia no es un problema, es un negocio», sentenciaba, ya en 2011, la economista Aleksandra Kalinina en un largo artículo publicado en el portal del Instituto de la Rusia Moderna, un laboratorio independiente de ideas norteamericano.[4]

Todo ello favorece la gestación de un fuerte sentimiento de desprotección y desconfianza del ciudadano medio hacia el Estado, impropio de un país europeo con su nivel de desarrollo, que le empuja a mantenerse hipervigilante ante lo que sucede a su alrededor, prefiriendo reducir los tratos con la burocracia estatal al mínimo ante la creencia de que, más que solucionar problemas, lo que hará es añadir nuevos. «Cada día miro el proyecto arquitectónico y veo que lo están cambiando constantemente, no me fío de la alcaldía», se lamentaba en 2019 una ciudadana que prefiere no revelar su nombre, mientras controlaba que las obras en su vecindario inmediato de una antigua central eléctrica soviética para transformarla en museo de arte contemporáneo no violaran la prohibición municipal en ese bonito barrio del centro de Moscú de construir por encima de un determinado número de alturas.

La infraestructura, impulsada por Leonid Mikhelson, presidente de la empresa gasística Novatek y considerado el segundo hombre más rico de Rusia, abrió sus puertas en 2021 con la intención de rivalizar con el museo Pompidou de París bajo el nombre Casa de la Cultura GES-2, acrónimo heredado de la instalación soviética.

La corrupción se ha extendido a todos los niveles del poder y la mayoría de los ámbitos de la vida. Y el sector inmobiliario, un área de la economía cuyo volumen de negocio no ha dejado de crecer en los últimos años, ofrece innumerables posibilidades para que ese capitalismo clientelar se desarrolle y despliegue. Incluso en la actualidad, en plena incertidumbre económica debido a la guerra de Ucrania, se calcula que el negocio de la construcción en Rusia crecerá cada año, hasta 2029, un 5 por ciento anual.[5]

Aunque se trata de un fenómeno multicausal y con sus particularidades en cada caso, sí es posible encontrar tendencias, rasgos y hasta orígenes comunes en el sinfín de episodios de *mobbing* inmobiliario impulsados por las grandes empresas constructoras rusas. Y uno de ellos se remonta precisamente a los años noventa, tras la desintegración de la Unión Soviética, un periodo en el que las autoridades locales emprendieron la privatización de las viviendas. Gracias a estos programas, ciudadanos de cualquier clase social se convirtieron, de la noche a la mañana, en propietarios de apartamentos bien situados en las grandes ciudades, o de terrenos apetecibles en las provincias.

Tres décadas más tarde, estas propiedades han adquirido un gran valor económico y social en un país donde, en teoría, rige la ley del mercado y existe el derecho a la propiedad privada, pero que, como hemos visto, presenta elevadísimos niveles de corrupción. Esta última circunstancia permite a las empresas del sector cometer todo tipo de abusos y tropelías para hacerse con el control de los mejores espacios, generando una lacerante inseguridad jurídica y hasta cuestionando una competencia básica en cualquier sociedad desarrollada como es la de la propiedad de tu propia vivienda.

El problema es de tal gravedad que incluso ha sido el tema recurrente en la más laureada película rusa de los últimos tiempos: *Leviatán*, del cineasta Andréi Zviagintsev, calificada de obra maestra por la prensa internacional, ganadora del Globo de Oro y nominada para el Óscar a la mejor película extranjera en 2014.[6]

La cinta narra la historia de Kolia, un mecánico de un pueblecito imaginario a orillas del mar de Barents, propietario de un terreno ansiado por el alcalde de la localidad. El protagonista se niega a vender su espacio a precio de saldo, y en su pulso con las fuerzas vivas locales, muere su esposa, pierde a su hijo, sus mejores amigos le acaban dando la espalda y es condenado por un crimen que no cometió. El terreno finalmente pasa a ser propiedad de la Iglesia ortodoxa, institución que, bajo el mandato de Vladímir Putin, se ha convertido en uno de los principales brazos ejecutores del régimen, recibiendo privilegios y prebendas. «Vivir en Rusia es como vivir en un campo de minas», argumentó el director a *The Guardian* al poco del estreno.[7]

Regresando a las vicisitudes de los inquilinos de Baltiyskaya 6, Stanislav Stankievich, representante legal de algunos propietarios, me explicó en una entrevista las estrategias y los vericuetos legales que emplean las autoridades locales aliadas de las constructoras para justificar el desalojo forzoso de vecinos de apartamentos de su propiedad. Durante la era soviética, recuerda, no existía la propiedad privada, pero cada edificio tenía asignado un territorio y las premisas comunes. Cuando se privatizaron los apartamentos, todas estas divisiones no fueron actualizadas ni incluidas en los catastros, pese a que la ley estipulaba que pasaban a ser propiedad de los habitantes. Como resultado, detalla el abogado, es frecuente que los vecinos posean un apartamento, pero que el territorio en el que está construido el edificio y el espacio adyacente sea asumido por la alcaldía y las empresas como «tierra de nadie», abriendo un amplio abanico de oportunidades a la especulación.

Más concretamente, continúa el jurista, se recurre a diversos artificios legales: en primer lugar, a informes municipales falsificados sobre el estado de las viviendas, declarando que se hallan en mal estado y deben ser derribadas. En segundo lugar, los denominados planes de reconstrucción por decreto, gracias a los cuales, de un día para otro, los vecinos se ven incluidos en estos proyectos sin que puedan presentar batalla legal ya que los jueces sentencian siempre «en favor de la alcaldía o las empresas», denuncia Iván Rozhkov, vecino del inmueble amenazado por derribo en el barrio de Kúntsevo.

En Moscú, este último planteamiento se materializó de forma masiva en 2017, cuando el alcalde Serguéi Sobiánin anunció el derribo de miles de viviendas de cinco pisos denominadas «*jrushchovkas*», al haber sido construidas durante el mandato de Nikita Jruschov, lo que en términos concretos significaba despojar de sus hogares a 1,2 millones de personas y realojarlas en otro lugar, en una de las reformas urbanísticas de mayor envergadura jamás emprendidas por la ciudad, tiempos soviéticos incluidos.

En seguida, una voz de alarma se extendió por toda la ciudad y decenas de miles de personas salieron a la calle, una cifra incluso superior a la de las manifestaciones convocadas por la oposición hasta aquel momento, para protestar contra las intenciones de la alcaldía.[8] Muchos de los posibles afectados temían que, a cambio de sus pisos, se les ofrecieran viviendas en barrios escasamente equipados, lejos de la red de metro. Solo después de comprobar lo masivo de las movilizaciones y su potencial desestabilizador, el alcalde Sobiánin aceptó enmendar la ley, aunque eso sí, tras recibir un «paternal» tirón de orejas público de parte del presidente Vladímir Putin. Entre otras mejoras, se obligó a las constructoras a ofrecer a los propietarios desalojados pisos en su mismo distrito municipal.

Pese a las enmiendas y modificaciones, el plan, a decir de Stankievich, está repleto de lagunas o vacíos legales que permiten el fraude. Aunque la ley establecía que eran las juntas de vecinos las que debían decidir la suerte del edificio, en la práctica se daba un plazo de tiempo muy corto, de dos meses y medio, para que se celebraran las asambleas; se permitía votar a distancia, a través de Internet y, en muchas ocasiones, los vecinos no pudieron comprobar que las votaciones no fueran fraudulentas. Transcurridos dos años y medio del anuncio de los planes de la alcaldía, Stankievich denuncia que muchos de los propietarios que se acogieron a él acabaron recibiendo pisos de valor muy inferior, junto a autopistas o avenidas transitadas, lo que les acarreó pérdidas económicas significativas. Además, recordó que «nadie» sabe quién elaboró la lista de edificios a derribar, ni tampoco las cifras exactas de las personas que habían tenido que ser realojadas hasta esa fecha.

El programa de renovación fue «un regalo de la alcaldía a los oligarcas», más en concreto «a la vieja guardia» de constructores, sentenció en su día Transparencia Internacional.[9]

Si en las ciudades son las grandes empresas conectadas con el poder político las que impulsan el lucrativo negocio de la construcción, en las provincias normalmente este papel es ejercido ya directamente por políticos locales, quienes, gracias a sus privilegiadas posiciones en los gobiernos regionales, las asambleas municipales o los parlamentos locales, consiguen excelentes concesiones o prebendas, combinando política y negocios hasta un nivel inimaginable en cualquier país europeo. Aquí, debido a esta proximidad entre poder político y económico, la tarea de denunciar los abusos urbanísticos se convierte ya directamente en un acto heroico, en el que incluso uno pone su integridad física en juego y hasta se juega la piel.

«Llévese este aerosol de pimienta», me aconsejó Dmitri Markélov, candidato a concejal por la coalición opositora de Novosibirsk, en Siberia, poco antes de emprender una visita a Pliushikhinski, un barrio periférico perteneciente al distrito en el que había presentado su candidatura para las elecciones locales del verano de 2020.[10] El aspirante insistía en que cualquier precaución era poca para semejante viaje a un barrio fantasma, a medio construir, que ni siquiera había sido dado de alta en el catastro, pero promovido por la empresa Diskus, propiedad de Alekséi Dzhulái, el diputado más rico de la asamblea municipal de la ciudad. La promoción había sido denunciada como estafa por el propio Alekséi Navalni escasos días antes de ser envenenado, una incriminación pública que atrajo una atención no deseada por sus promotores sobre el lugar y sus condiciones de vida.[11]

Y ciertamente, saltaba a la vista que todo en el arrabal rezumaba provisionalidad y precariedad: gigantescos socavones en terrenos adyacentes a los edificios, hierba que alcanzaba a los mismos portales, excavadoras horadando agujeros permanentemente, tubos de calefacción pendientes de ser enterrados y edificios de baratos paneles prefabricados unidos a toda prisa por un cemento ya solidificado que rebosaba de sus hendiduras a mazacotes y que ningún obrero se había molestado siquiera en igualar. Parecía mentira que cientos de ciudadanos estuvieran ya residiendo en unos apartamentos sin acabar que, por supuesto, habían sido pagados por adelantado por sus moradores.

Tatiana Guzeeva arrastraba a trompicones, por un camino semiasfaltado lleno de baches, la sillita con la que sacaba a pasear a su hijo más pequeño. «La vida aquí es muy dura; tengo dos hijos, y no hay parques ni hospitales; ni siquiera hay una carretera construida [para ir al centro]; solo, tras mucho insistir, nos acaban de instalar el ascensor; uno para dos portales», protestaba.

Quejas similares emitía una adolescente que se negaba a decir su nombre. «Cuando vendimos nuestro apartamento, Diskus recomendó a mi familia comprar un piso aquí, y ahora nos sentimos completamente estafados», explicaba. Vivía con los suyos en un décimo piso y se lamentaba de que, en invierno, se colara el hielo, que los pisos superiores se inundaban cuando llovía y que se oía perfectamente lo que decían los vecinos. Tatiana Vikhitovich, una anciana entrada ya en años, se quejaba de que, debido a la ausencia de una dirección en el catastro, no podía empadronarse en su vivienda recién adquirida, un requisito legal cuya violación en Rusia implica una sanción administrativa.

En Pliushikhinski, Dzhulái, oligarca local devenido en diputado municipal, lo controlaba todo: empresas de su propiedad fabricaban los paneles prefabricados con los que se construían los edificios, suministraban servicios como la electricidad, la calefacción y el agua caliente, regentaban las tiendas y los comercios proveedores de Internet abiertos algo más al norte. Y muy probablemente, según denunciaba Markélov y la oposición, también eran suyas las empresas que pagaban a los fornidos hombretones que patrullaban el lugar, día y noche, en aparatosos vehículos con tracción en las cuatro ruedas. Esos mismos que se detuvieron ante mí de forma intimidatoria, obligándome con su presencia a abandonar el lugar, después de percatarse de que no era más que un extraño realizando preguntas incómodas a los vecinos en un ruso con un marcado acento extranjero. No lejos de allí, podía vislumbrarse un enorme cartel electoral con el rostro del oligarca representado y en el que podía leerse su eslogan de campaña: «La vivienda debe ser accesible».

A decir de Yaroslav Vlasov, reportero en la página de Internet local Taiga-Info, el barrio de Pliushikhinski era producto de un esquema piramidal en el que Dzhulái no invertía su propio dinero, sino que solo construía a medida que vendía apartamentos y disponía de dinero líquido.[12] El oligarca «necesita el escaño de concejal; sin su mandato político su modelo de negocio dejaría de funcionar, no solo quebraría, sino que probablemente acabaría en la cárcel», denunció Navalni en su blog poco antes de ser envenenado.

Dzhulái acabó siendo elegido concejal en las elecciones locales celebradas en septiembre de ese año, después de que su principal rival, el aspirante opositor Markélov, fuera apartado de la liza electoral por la junta electoral alegando una dudosa cuestión de procedimiento. Los habitantes del barrio fantasma continuaron arrastrando durante años problemas estructurales con sus hogares recién adquiridos, a decir de un artículo publicado en el portal Taiga-Info y fechado en mayo de 2023 bajo el siguiente título: «Los poderes de Novosibirsk firmaron con Diskus un acuerdo para la finalización de sus casas». En el interior del texto, se estipulaban los términos de una eventual hoja de ruta para que Dzhulái sufragara la deuda adquirida con sus clientes, incluyendo la finalización y entrega de los últimos apartamentos acabados, en diciembre de 2024.

8

Rusia y Siria, terrorismo de Estado

El Cementerio Memorial de la Resurrección es un inmenso camposanto al noroeste de la ciudad de Oklahoma, capital del estado homónimo, que rezuma serenidad y sosiego, con miles de pulcras parcelas individuales cubiertas por un cuidado césped verde, perfectamente alineadas y marcadas por una sencilla placa sin signos religiosos a la vista. Cada tumba está coronada por un funcional jarrón fabricado a partir de material resistente y adherido a la lápida, donde los familiares pueden colocar flores o ramos en recuerdo del difunto. Fundada por la congregación de los Hermanos de San José en 1960 y gestionada por la archidiócesis local, esta enorme necrópolis admite gentes de todas las religiones, pero fundamentalmente reciben sepultura feligreses de la Iglesia católica. «Proveemos apoyo y consuelo a quienes están de luto creando un lugar pacífico y honorable para sus seres queridos en el momento en el que acceden a la Vida Eterna», puede leerse en su página web.

En un sobrio edificio de ladrillo rojo situado en el extremo oriental de la instalación se halla el bloque administrativo, donde una amable empleada intenta explicarme, frente al ordenador de la sala, cómo hallar la tumba que estoy buscando. «Mire, hay que clicar en la entrada: "¿Cómo hallar a un ser querido?", e introducir el nombre y la fecha en el buscador», desgrana con paciencia. Siguiendo a pies juntillas las instrucciones de la funcionaria, escribo un nombre que llevo apuntado en mi libreta —Booker, Sandy A., fallecido el 27 de octubre de 2002—, y acto seguido aparece un número —sección 6, bloque 4, terreno 1, tumba 7— junto con un código QR que, una vez escaneado en la pantalla de mi teléfono móvil, me indica el trayecto hasta el lugar en cuestión. El sepulcro no parece hallarse lejos; de hecho, se encuentra junto a un cruce de caminos a apenas medio kilómetro de las oficinas del cementerio, por lo que decido dejar el coche en el aparcamiento y acercarme a pie hasta el lugar.

Y sí, por fin. Allí estaba la tumba que me había empujado a recorrer miles de kilómetros, desde Barcelona hasta aquella ciudad amable, aunque remota, fronteriza con el Medio Oeste estadounidense. Era una lápida de metal, en la que se hallaba inscrito el nombre del difunto, la fecha de nacimiento y defunción, y una sencilla frase en inglés que se traduciría así: «Amante hijo, hermano y padre». Una losa férrea que, trascendiendo a su aparente irrelevancia en un camposanto de tan grandes dimensiones, reviste y revestirá una gran importancia, porque vincula para siempre a esta extensa y próspera aglomeración urbana —de cuidados suburbios y casas bajas con jardín, surcada por infinidad de autovías, frecuentada por *cowboys* y sede de uno de los mercados de ganado más grandes del mundo—, con una realidad completamente ajena a su algo provinciano universo: la toma de rehenes en el teatro Dubrovka de Moscú que acabó con la muerte de 132 cautivos. Uno de los episodios más siniestros, sombríos y sospechosos del terrorismo en Rusia.

Sandy Alan Booker era un ingeniero eléctrico nacido en Albuquerque, en el cercano estado de Nuevo México, que hace dos décadas trabajaba en la hoy cerrada planta de General Motors en Oklahoma.[1] Un hombre amable, trabajador, meticuloso, de ideas conservadoras, quien, tras divorciarse de su primera esposa, había viajado hasta Moscú en otoño de 2002 para conocer en persona a Svetlana Gúreva, una ciudadana de Kazajistán con la que había entablado contacto a través de una página en Internet y a la que quería traer a Estados Unidos junto a su hija Sasha, de trece años. La fatalidad hizo que, durante aquella estancia, Sandy comprara entradas para todos en un conocido musical ruso acerca de soldados soviéticos combatiendo durante la Segunda Guerra Mundial. La obra en cuestión se llamaba *Nord-Ost*, y se representaría en la noche del miércoles 23 de octubre de 2002 en el ya mencionado teatro Dubrovka de la capital rusa.

Allí, durante el segundo acto de la obra, en medio de gritos y desconcierto, un grupo formado por cuatro decenas de combatientes armados y mujeres chechenas, portadoras de cinturones con explosivos, irrumpieron en la sala pasadas las nueve de la noche. Entre la confusión, algunos de los artistas lograron escapar y avisar a las fuerzas de seguridad. En total, unas noventa personas evitaron ser capturadas en los primeros momentos de la crisis de rehenes. Los terroristas se dirigían los unos a los otros con nombres en árabe, algo completamente inusual en Chechenia, mientras que las mujeres también llevaban ropas más propias de Oriente Próximo que del Cáucaso. La invasión rusa de la república ordenada por Putin tres años antes había permitido a las tropas federales rusas recuperar el control del díscolo territorio, a un precio terrible para los civiles chechenos. En un estremecedor vídeo enviado a los medios de comunicación, los captores denunciaron que «los invasores rusos» habían «inundado» su tierra con «la sangre de sus hijos», y hasta justificaban que eligieran un objetivo civil como método de presión para obtener sus demandas. «La gente no está al tanto de los inocentes que están muriendo día a día en Chechenia.»

El segundo día, el servicio en ruso de la BBC logró entrevistar a uno de los captores, quien aseguró que los miembros de su grupo estaban dispuestos a morir si no lograban que el Kremlin ordenara el fin de la guerra y la retirada de las tropas rusas de la república caucásica. «No tenemos nada que perder... no hay vuelta atrás», declaró.[2]

A los tres días de la incursión, Sandy y Sasha, la hija de Svetlana, pasaron a engrosar la larga lista de víctimas mortales del ataque, después de que fuerzas especiales dependientes del FSB introdujeran en la sala un gas tóxico destinado a adormecer a los captores, asaltando acto seguido el lugar. La mayoría de los cautivos perdieron la vida asfixiados debido a la falta de cuidados médicos tras la evacuación. Fueron colocados en autobuses con las cabezas derechas o inclinadas hacia los asientos, lo que hizo que muchas de ellas murieran ahogadas en sus propios vómitos. Un doctor llegó a relatar cómo los agentes del FSB rechazaron los ruegos del personal médico para que inclinaran sus cabezas y pudieran respirar.

De vuelta a Estados Unidos, la noticia de que un oklahomense podría hallarse entre los cautivos en Moscú llegó al día siguiente del asalto a la redacción de *The Oklahoman*, el principal diario local.[3] Michael Bratcher, hoy director de *marketing* del Teatro Lírico de la ciudad, quien trabajaba entonces como reportero júnior en la publicación compitiendo con decenas de colegas para acumular méritos y lograr que sus noticias se hicieran un hueco entre las páginas del diario, fue encargado por su redactor jefe de cubrir la noticia debido a sus contactos con el Departamento de Estado. «Vino a mí y me dijo que un colega que trabajaba en otro departamento [del diario] estaba preocupado por su hermano, quien había viajado a Moscú a conocer a una mujer», explica Michael desde su despacho teatral.

El reportero activó a sus fuentes de información en Washington D. C. y habló con la madre de la víctima, prometiéndole que le haría llegar cualquier nueva información que recibiera. La primera noticia que obtuvo fue la confirmación de que Sandy Alan se hallaba en el interior del teatro. La segunda, la certificación de su defunción, dos días después, concretamente el 27 de octubre de 2002. «La primera edición salía sobre las diez de la noche, y para la segunda, alrededor de la medianoche, tuve que redactar la noticia de nuevo porque la muerte se había confirmado», explica Michael. El joven periodista, que apenas contaba con veintitrés años, fue el encargado de transmitir la defunción a la progenitora, quien le respondió acongojada que ya albergaba la sospecha de que todo iba a acabar mal.

La muerte de Sandy pasó relativamente desapercibida en la apacible ciudad estadounidense. *The Oklahoman* despachó el acontecimiento aquellos días con un conjunto de artículos de corta extensión sobre la muerte de Sandy y su funeral, piezas que ni siquiera Bratcher recuerda si lograron hacerse un hueco en la portada de la edición de papel. Las cadenas locales de televisión también parecieron ignorar el asunto, dedicándose a otros menesteres. «Para mis editores, cuando el hermano nos explicó la noticia, nos parecía incluso difícil de creer, un habitante de Oklahoma que viaja a Moscú a conocer a una mujer, muerto en un atentado; parecía como de una película de Hollywood», rememora Michael. Además, el país aún se recuperaba de lo sucedido un año antes, con los atentados del 11 de septiembre en Nueva York y el Pentágono, y a la prensa estadounidense, tanto local como nacional, le quedaban escasas reservas de empatía con actos de terrorismo. Por último, aquella desgraciada muerte sucedía en una población que, precisamente, siete años antes, había sido el escenario del peor atentado en Estados Unidos hasta 2001: la explosión en un edificio federal de oficinas planeada por Timothy McVeigh y Terry Nichols, dos activistas de ultraderecha, que causó 168 muertos.

Pese al conjunto de circunstancias que propiciaron el bajo perfil de la trágica muerte de Sandy, su nombre podría cobrar en un futuro relevancia si en Rusia algún día cambian las circunstancias y existe voluntad política de investigar hasta las últimas consecuencias lo que sucedió en aquel teatro moscovita en otoño de 2002. Porque, a decir de renombrados periodistas de investigación —como la asesinada Anna Politkóvskaya—, el ingeniero de Oklahoma, junto con el resto de los rehenes fallecidos, fueron víctimas de un ataque terrorista que el Estado ruso conocía con antelación, un acto que probablemente contó con el apoyo de algún sector de los servicios secretos rusos, circunstancia que, de probarse en un tribunal, convertiría automáticamente al Gobierno ruso en responsable subsidiario de la tragedia junto a los mismos atacantes.

A decir de los activistas chechenos, periodistas independientes y académicos que han estudiado a fondo el incidente, el móvil de esta sospechosa dejación del Estado a la hora de proteger a sus ciudadanos frente a una embestida terrorista estaba claro: amalgamar a los rebeldes chechenos con el terrorismo internacional, un año después de que los atentados del 11-S conmocionaran al mundo, además de hacer sentir a los moscovitas los efectos de una guerra, la de Chechenia, que hasta entonces veían en la lejanía. Ambas circunstancias combinadas aliviarían sustantivamente cualquier forma de presión interna y externa para empujar a Putin a buscar una salida negociada al conflicto, en una época en la que el líder del Kremlin no gozaba del poder omnímodo de la actualidad y era aún susceptible a las coacciones.

El 28 de abril de 2003, es decir, medio año después de la toma de rehenes, la periodista Anna Politkóvskaya publicó una entrevista exclusiva en el semanario independiente *Nóvaya Gazeta* con un combatiente checheno recién amnistiado llamado Janpash Nudríevich Terkibáyev. La conversación, bajo el título «Uno de los terroristas de Nord-Ost sobrevivió; nosotros lo hemos encontrado», constituye uno de los grandes hitos de la afamada reportera en su carrera profesional antes de ser asesinada.[4] Durante el diálogo, el checheno en cuestión no solo admitió haber formado parte del comando que asaltó el teatro, sino que le proporcionó detalles de su huida y de su tranquila vida posterior, en la que, en lugar de cárceles o juicios por su responsabilidad criminal, trabajaba mano a mano con la élite rusa, en concreto bajo las órdenes de Serguéi Yastrzhembski, entonces portavoz de Vladímir Putin para los asuntos de Chechenia, promoviendo la agenda del Kremlin entre los prohombres chechenos, intentando convencerles para que se alinearan con Moscú, una posición que le obligaba a viajar constantemente a países como Jordania, Dubái o Turquía.

La reportera, además, logró que el sospechoso le revelara la institución que le había acordado la amnistía: la delegación del FSB en Argún, una ciudad de la periferia de Grozni donde, durante la segunda guerra chechena, se hallaba una de las sedes de peor reputación regentada por la contrainteligencia rusa; un lugar de terribles condiciones de reclusión del que los detenidos, cuando salían, lo hacían «casi exclusivamente al otro mundo», según palabras de la propia Politkóvskaya.

La periodista también averiguó que Terkibáyev, antes del estallido de la contienda, había trabajado mano a mano con el presidente checheno Aslán Masjádov, quien había gobernado el régimen de semindependencia que vivía el territorio entre 1996, fecha de la retirada de las tropas rusas tras la derrota en la primera guerra, y 1999, cuando comenzó la segunda contienda. E incluso le mostró, en calidad de miembro del departamento de relaciones con los medios del líder rebelde, varias fotografías de ambos juntos, algunos en viajes oficiales al extranjero con personalidades de relevancia internacional como Margaret Thatcher. Esta gran proximidad con el poder rebelde checheno le convertía automáticamente en persona de potencial interés para los servicios secretos rusos, empeñados en hacer fracasar el embate independentista tras la derrota en la primera guerra chechena y, por lo tanto, susceptible de ser reclutado como agente doble.

Que Terkibáyev ejerció de agente infiltrado para la inteligencia rusa en el seno del movimiento rebelde checheno, tanto mientras trabajaba para la presidencia independentista chechena como posteriormente, cuando formó parte del comando terrorista que asaltó el teatro moscovita, es algo que no pone en duda Dzhojar. Este exiliado checheno, por razones de seguridad, prefiere ocultar tanto su verdadero nombre como el país de Europa en el que reside y en el que acepta ser entrevistado. Antiguo miembro destacado del movimiento independentista, Dzhojar también trabajó mano a mano con el presidente Masjádov durante este periodo, y no solo conoció en persona a Terkibáyev sino que en ocasiones incluso se hallaba a sus órdenes.

> Siempre nos engañó; a nosotros nos decía que no sabía hablar ruso; sin embargo, tras la publicación de la entrevista

> con Politkóvskaya, hablé con ella y me dijo que la conversación fue en ruso, con lo cual deduje que nos lo había estado ocultando todo el tiempo y que ya entonces cooperaba con el FSB.

El exiliado checheno cita otra prueba adicional que demuestra que, durante el periodo en el que trabajaron juntos, la lealtad de Terkibáyev estaba con el Kremlin desde hacía largo tiempo: un episodio vinculado con cintas de televisión rodadas durante la presidencia de Masjádov sobre la república de Ichkeria —nombre que empleaban los locales para referirse a la Chechenia semindependiente—, un material sensible que contenía conversaciones privadas susceptibles de ser manipuladas y que, bajo ningún concepto, debían ser aprehendidas por las autoridades rusas cuando las tropas del Kremlin retomaran el control de Grozni. A Dhzojar le consta que Terkibáyev acabó entregando al FSB «más de cuatrocientos casetes de películas de Masjádov, miles y miles de horas de crónicas de vídeo, del Gobierno de Ichkeria en el periodo de entre guerras». En la actualidad, este material es utilizado de forma recurrente por el presidente checheno Ramzán Kadírov, aliado del Kremlin, para desacreditar al Gobierno independentista.

La conversación de Politkóvskaya con Terkibáyev permitió a la reportera, hacia el final del artículo, llegar a varias conclusiones que hoy en día parecen de cajón, pero que entonces generaron gran revuelo por lo inquietante de las mismas: Terkibáyev «entró en el edificio junto a los terroristas, como miembro del grupo, salió del recinto antes del asalto», con lo cual «se deduce que tenía un plano del teatro» que nunca compartió con los comandantes. Y si entre el grupo se hallaba semejante «agente dirigido», ello significaba que «el poder conocía que se preparaba un acto terrorista».

Lo que no podía imaginar la malograda periodista fue lo que sucedió a continuación, transcurridos unos pocos meses después de publicarse el artículo. Politkóvskaya viajó a una ciudad europea para reunirse precisamente con el exiliado anónimo que conoció a Terkibáyev en Chechenia y que ha confirmado para este libro todas sus averiguaciones publicadas en *Nóvaya Gazeta*. Allí, en ese encuentro, nada más saludarse, la reportera rusa recibió la noticia de que «el protagonista» de su historia acababa de morir en un extraño y súbito accidente de tráfico en Chechenia. Anna, conocedora de las prácticas del Kremlin de eliminar a traidores y testigos molestos, «en seguida comprendió que había sido asesinado, y se sintió muy afectada», rememora la fuente.

Los devaneos de los servicios secretos del Kremlin con grupos terroristas no constituyen ninguna novedad reciente. Durante la Guerra Fría, es bien sabido que el KGB soviético respaldó, financió, armó y proporcionó apoyo logístico a bandas armadas que cometían actos violentos en Europa, desde grupos paramilitares palestinos con una pátina de legitimidad política, como facciones en el seno de la Organización para la Liberación de Palestina responsables de secuestros de aviones, hasta bandas independentistas o izquierdistas de Europa occidental, como ETA,[5] o IRA, pasando por organizaciones izquierdistas como las Brigadas Rojas en Italia o el GRAPO en España. Se trata, además, de una época en la que el actual presidente ruso, Vladímir Putin, había sido desplegado como agente de campo en Alemania Oriental, concretamente en Dresde, lejos del denso cóctel de agencias de espionaje que superpoblaban la dividida ciudad de Berlín, en un puesto aparentemente apacible y aburrido. De acuerdo con fuentes oficiales, el trabajo del hoy líder del Kremlin era rutinario, más propio de un burócrata que de un espía, una labor que como máximo desafío incluiría, de vez en cuando, tentativas de reclutamiento de informadores entre la población estudiantil.

Existe otra versión que se da de bruces con esta primera hipótesis defendida siempre con ahínco por fuentes oficiales en Moscú e incluso desde algunos círculos en Alemania deseosos de mantener buenas relaciones con el Kremlin.[6] Se trata de una nueva exégesis, que circula desde hace cierto tiempo entre los periodistas y especialistas en la antigua URSS críticos con el Kremlin, y que es completamente revisionista respecto a la inocua historia oficial. De acuerdo con este relato de los hechos, Vladímir Putin habría sido, en realidad, el responsable de gestionar y empoderar desde la capital de Sajonia a algunos de los grupos armados de ultraizquierda más renombrados de los años setenta y ochenta que actuaron en Europa. En concreto a la Fracción del Ejército Rojo en Alemania Occidental, responsable de treinta y cuatro muertes, o a Acción Directa en Francia, autores de doce asesinatos, la mayoría de ellos prominentes banqueros e industriales en ambos países.

El relato acerca de esta actividad procede de un antiguo traductor del grupo armado alemán, un hombre ya mayor, entrado de largo en los setenta, que prefiere mantener el anonimato y al que llamaremos Friedrich. Este hombre asegura haber asistido a numerosos encuentros con miembros de la Baader-Meinhof, tal y como se conocía también a la banda alemana, presididos por un tal Vladímir Platov, a quien llamaba por su apodo de «Vova» y que se presentaba como un capitán del Ejército soviético cuya única función era asegurarse de que no faltara en el lugar «el papel higiénico», aunque en realidad «todos» supieran que pertenecía «al KGB». La sorpresa para nuestro Friedrich fue mayúscula cuando, transcurrida década y media de todo aquello, un buen día de 1999, vio en la prensa una imagen del recién nombrado primer ministro de Rusia Vladímir Putin e identificó de inmediato a Vova, su viejo conocido de los años ochenta en Alemania Oriental.

El viaje entre las dos Alemanias no requería grandes esfuerzos. «Junto con otros miembros de la RAF, cruzábamos en tren la frontera; luego, una vez en territorio comunista, nuestros anfitriones nos llevaban en coche hasta Dresde y allí nos encontrábamos con Vova, quien, en ocasiones, estaba acompañado de Serguéi Ivanov, alias Grosha, que luego fue ministro de Defensa. Hice este viaje entre diez y quince veces», rememora dicha fuente en una entrevista personal que se prolongó durante dos días.

La primera tarea de Friedrich era agradar a su anfitrión, y para que este estuviera contento, le traía desde la Alemania capitalista cajas de su cerveza favorita. Todo solía seguir un protocolo estandarizado, y la primera cita se realizaba en un pub que aún existe situado en el número 35 de la Hauptstrasse de Dresde, para posteriormente instalarse el grupo durante varios días en una casa donde se servía a todos comida, y se debatían y preparaban atentados, acciones armadas, intentando satisfacer las necesidades logísticas y de material militar necesarias, ya fuesen armas o explosivos.

Según Friedrich, Vova ya presentaba rasgos de carácter muy similares a los que luego mostraría una vez llegado al poder, en particular su tendencia a humillar a sus subalternos y asociados. A los miembros de los servicios de inteligencia germanoorientales los trataba como personal a su servicio, así como a los integrantes de la banda armada, una realidad que se replica en la actualidad en sus reuniones con ministros en su despacho, a los que dispensa un trato vejatorio y abronca regularmente ante las cámaras cuando en el país ha surgido un problema determinado en su área de responsabilidad. «Un día, en una ocasión, intentó tratarme de la misma forma, poniendo en duda mi masculinidad y yo me enfrenté a él: le dije que tanto él nos necesitaba a nosotros como nosotros le necesitábamos a él; reculó, a sabiendas de que no se podía permitir que la relación de la inteligencia soviética con la Baader-Meinhof descarrilara», recuerda el testigo.

La gestión que realizaba Putin de aquel grupo humano era también muy parecida a la forma en la que dirige los asuntos de Rusia en la actualidad. Según Friedrich, el futuro y longevo presidente de Rusia sugería objetivos y daba ideas generales de actuación; sus interlocutores de la RAF, por su parte, le pedían material, ante lo cual se dirigía a Hans Bohm, jefe de Administración del Ministerio de Seguridad germanooriental en el distrito de Dresde, y le ordenaba que se dispensara armas o material en un punto determinado de Alemania Occidental, dada la imposibilidad de cruzar la frontera con material bélico. Putin, en palabras del testigo, debía convertir a aquellos «intelectuales en hombres capaces de llevar a cabo atentados», y aunque no se encargaba personalmente de su entrenamiento, «sin él, ni la RAF ni Acción Directa hubieran tenido la importancia y el peso que adquirieron en esos momentos».

En caso de confirmarse esta historia, de la que solo existe un único testigo, el agente Putin en sus años de juventud no habría sido más que la herramienta de un Estado habituado a tratar con grupos armados radicales, que tradicionalmente había hecho un uso instrumental del fenómeno del terrorismo fuera del territorio nacional contra países rivales o enemigos externos. Pero la implosión de la URSS y el consiguiente caos político que sobrevino a continuación generó el marco y la atmósfera adecuada de confusión para que semejantes tácticas se importaran al territorio nacional y comenzaran a emplearse dentro de las fronteras de la emergida Federación Rusa, heredera de la URSS, con el objetivo de obtener réditos políticos, influir en la opinión pública, suscitar un determinado estado de ánimo, o simplemente amedrentar a la población.

De hecho, el recurso a los atentados de falsa bandera o autoinfligidos fue aplicado al conflicto en Chechenia, la principal amenaza para la integridad territorial de la Federación Rusa surgida en las últimas décadas, mucho antes del arranque del mandato de Vladímir Putin y de la segunda guerra chechena, tal y como se describe en el preámbulo de este libro. A principios y mediados de los años noventa, bajo la presidencia rusa de Borís Yeltsin, en la época en la que Dzhojar Dudáyev —que llegó al poder en Grozni tras la disolución de la URSS y que desde el primer instante dio pasos decididos para materializar la independencia chechena— dirigía la república caucásica, comenzaron las acciones armadas planeadas por miembros de los servicios secretos aunque atribuidas a combatientes chechenos, que estaban destinadas a dar cobertura política a operaciones militares ideadas por el Kremlin contra un territorio que se había declarado en rebeldía y desafiaba abiertamente el poder de Moscú. Quien así lo sostiene es Yuri Felshtinski, historiador ruso e íntimo amigo del asesinado agente del FSB Aleksándr Litvinenko, con quien escribió conjuntamente, antes de su fallecimiento por envenenamiento, *Rusia dinamitada*,[7] considerado como uno de los libros de referencia acerca del terrorismo de Estado en Rusia.

«Sasha [diminutivo de Aleksándr, el nombre de pila de Litvinenko] siempre me hablaba de Chechenia; allí se formó [como agente] y explicaba cosas terribles, como que a los presos se les rociaba con gasolina y se les quemaba vivos, o se les arrancaba la piel», explica pausadamente en el vestíbulo de un hotel en Berlín, en un ruso con cierto deje extranjero. Felshtinski, un escritor nacido a mediados de los años cincuenta en la Unión Soviética, quien, contrariamente a lo que se estilaba durante su juventud, consiguió emigrar desde edad muy joven a Occidente, ha dedicado gran parte de su vida a estudiar su país de nacimiento como historiador. A mediados de los años noventa, tras la disolución de la URSS, regresó a Rusia por invitación del oligarca Borís Berezovski, y fue allí donde entabló contacto con el exagente del FSB envenenado años más tarde en Londres.

De acuerdo con el relato proporcionado en vida por el propio Litvinenko, la primera guerra chechena, que sucedió entre 1994 y 1996, empezó exactamente como la segunda guerra, es decir, con atentados de falsa bandera destinados a conceder al Kremlin una justificación para lanzar una operación militar de reconquista. Y aunque estos ataques no revistieron la importancia que tuvieron los atentados de 1999 en Moscú y otras ciudades rusas, ni fueron tan mortíferos, sí demuestran un patrón, una tendencia constante a recurrir a la provocación y a los atentados autoinfligidos como modo de actuación por parte del Estado ruso para justificar ante la ciudadanía aventuras bélicas u otros movimientos potencialmente arriesgados. En concreto, Felshtinski habla de dos operaciones que tuvieron lugar a finales de 1994, el año en que dio comienzo la primera guerra chechena: una bomba en un autobús de pasajeros y la tentativa de volar un puente ferroviario, que no causaron víctimas civiles.

Según las denuncias de Litvinenko a Felshtinski, el encargado de estas operaciones se llamaba Maksim Lazovski, también conocido como Max el Cojo, un gánster nacido en Grozni, que se presentaba en la vida pública como hombre de negocios. Sus actividades «empresariales» se concentraban sobre todo en el comercio ilegal de petróleo, explotando bajo mano importantes yacimientos de esta fuente de energía en todo el territorio caucásico, una circunstancia que le valió ser incluido en la lista de pistoleros más célebres de los años noventa en Rusia.[8] Según la publicación *Russia Beyond the Headlines*, un día de 1993, él y sus hombres abrieron fuego en pleno centro de la ciudad contra gente que le debía dinero. Ese mismo año, mantuvo una disputa con el empleado de un espacio de aparcamiento. Aceptó abandonar el lugar en un primer momento, pero posteriormente, llevado por sus deseos de venganza, regresó para acribillarlo a balazos.

El 18 de noviembre de 1994, Andréi Schelenkov, empleado en la empresa de Lazovski, se disponía a colocar una bomba en un puente ferroviario de la línea de tren circular que recorre el perímetro de Moscú, concretamente entre las estaciones de Vladikino y Rostokino. El artefacto hizo explosión de forma accidental y se llevó por delante la vida del perpetrador, sin causar víctimas mortales inocentes ni tampoco graves daños materiales. Eso sí, en su bolsillo, sostiene Felshtinski, fue hallada una acreditación del GRU, el servicio de inteligencia militar.

Un mes después, el 27 de diciembre, otra explosión destruyó un trolebús cerca del centro de exposiciones VDNJ de Moscú, sin causar tampoco víctimas o daños materiales de gravedad. En este caso, la operación había sido organizada por un tal coronel Vladímir Vorobyev, también próximo a Lazovski. Como agente del KGB, Litvinenko se relacionaba con todos ellos y conocía sus actividades, aunque nunca se involucró en ellas, ni realizó «nada ilegal», puntualiza Felshtinski. La primera guerra chechena, ideada por quienes la planificaron como una rápida operación quirúrgica destinada a recuperar el control de la república rebelde y a devolver al Ejército ruso el prestigio perdido tras la retirada de Afganistán y el derrumbe de la URSS, arrancó en diciembre de aquel año. Y al igual que ha sucedido en 2022 al inicio de la contienda de Ucrania, las columnas de blindados que se adentraron entonces en la república cosecharon, durante las primeras horas de la invasión, catastróficas y terribles derrotas, en medio de una oleada de dimisiones entre altos cargos del Ejército y deserciones de soldados.

La toma de rehenes en septiembre de 2004 de una escuela local en la población de Beslán, en Osetia del Norte, se ha convertido, con el paso del tiempo, en otro episodio en el que se intuyen graves complicidades por parte de las agencias de inteligencia rusas, con sorprendentes similitudes con la masacre del teatro Dubrovka dos años antes. Los hechos también son conocidos y han pasado a engrosar, al igual que la matanza teatral, la lista de renombrados horrores planetarios causados por grupos terroristas, aunque en esta ocasión existió un agravante: cientos de niños resultaron involucrados, perdiendo la vida un buen número de ellos.

Todo comenzó cuando una treintena de hombres armados irrumpió el 1 de septiembre de 2004 en Beslán, una población de Osetia del Norte fronteriza con la república de Chechenia, tomando como rehenes a cerca de 1.200 padres y niños que celebraban la festividad del primer día de curso escolar, que en Rusia se conoce como «Perviy Zhvonok», que se traduciría al castellano como 'Primer timbre', en homenaje al primer aviso del año escolar para entrar en las aulas. Incluso en esas primeras horas de esta nueva crisis de rehenes, nadie podía entender cómo había sido posible que un grupo armado tan numeroso pudiera adentrarse en Osetia del Norte sin ser apercibidos o simplemente detenidos en los puestos de control en las carreteras.

Los rehenes fueron concentrados en el gimnasio de la instalación escolar, en terribles condiciones, sin acceso a agua o alimentos y viéndose obligados en algunos casos a beber su propia orina. Una veintena de ellos fueron ejecutados en las horas o días siguientes a la captura por los atacantes. Dos días más tarde, el asalto de las fuerzas especiales rusas se saldó con la muerte de 312 personas, entre ellas 186 menores. Margarita Simonián, hoy directora del canal de propaganda RT, originaria de Krasnodar, fue la encargada de cubrir el secuestro para la televisión estatal Rossiya en calidad de corresponsal regional.[9] Allí ofreció un adelanto de lo que sería posteriormente su carrera de propagandista, cuando mintió deliberadamente a la audiencia e informó de una cantidad de rehenes muy inferior, alrededor de doscientos, además de evitar mencionar las propuestas de los secuestradores para poner en libertad a los cautivos. Todo ello, según denunció en su día el opositor Alekséi Navalni, tenía un único propósito: liberar a las autoridades rusas de la presión de tener que negociar. La crisis acabó con un sangriento enfrentamiento entre las fuerzas del orden y los terroristas, con el resultado ya conocido.

El periodista estadounidense David Satter investigó los hechos en profundidad y averiguó que un buen número de los terroristas participantes en el ataque en realidad debería haber estado en esos momentos a buen recaudo en la cárcel, en lugar de en libertad y con la capacidad de planear atentados. En el ya mencionado libro *The Less You Know, the Better You Sleep*, Satter hace referencia a un tal Vladímir

Jodov,[10] líder del grupo de asalto, quien había cometido ya actos violentos en las localidades de Vladikavkaz y Elkhótovo, y que vivía tranquilamente desde hacía varios años en esta última población, de forma abierta, acudiendo regularmente a la mezquita sin ser inquietado por las fuerzas del orden. A decir del reportero estadounidense, los cuarteles del FSB en Osetia del Norte, así como la división de la policía para el crimen organizado habían sido informados de la presencia del terrorista en Elkhótovo, pero inexplicablemente declinaron tomar acción alguna.

Durante todo este tiempo, Jodov se ganó la confianza de Shamil Basáyev, uno de los principales cabecillas de la guerrilla independentista chechena y, en última instancia, cerebro de la tragedia de Beslán, llegando a nombrarle su lugarteniente.

Una vez culminada la tragedia, Basáyev envió una carta a la publicación Kavkaz.org titulada «Tenemos mucho que explicar sobre Beslán», en la que relató sus tratos con Jodov, denunciando que al Estado ruso también le correspondía una porción importante de responsabilidad en lo sucedido. En particular, explicó cómo su ayudante le intentó convencer para liderar un ataque contra unos edificios oficiales en Vladikavkaz, la capital regional de Osetia del Norte, aprovechando complicidades dentro del Estado, que harían una suerte de pasillo que permitiría a los combatientes chechenos penetrar en el territorio sin problemas. Basáyev descubrió que, en realidad, su número dos era un infiltrado del FSB, y una vez le expuso su doble juego, le obligó a cambiar la fecha y el objetivo del ataque. «El FSB esperaba que atacáramos el 6 de septiembre [aniversario de la independencia de Chechenia], esperaban al grupo para destruirlo en cuanto entrara en Vladikavkaz», escribió el cabecilla guerrillero. «El 31 de agosto, abrieron el corredor para nosotros, pero en su lugar lo usamos para entrar en Beslán, cambiando la fecha y el objetivo del ataque», escribió Basáyev.[11]

Satter, ya septuagenario, no descarta que el cabecilla checheno estuviera mintiendo, pero considera, una vez investigados a fondo los hechos y leídos todos los materiales, que lo denunciado en Kavkaz.org constituye la opción más plausible. Conversando con él en el despacho de su hogar, en un coqueto barrio de casas bajas en el norte de Washington D. C., me doy cuenta de que sigue manteniendo muy vivo el recuerdo de lo sucedido y de que apenas puede contener su indignación cuando rememora aquellos acontecimientos. «¡Beslán fue lo mismo que [la crisis del teatro] Dubrovka!», exclama. «Entrevisté a muchos protagonistas; los combatientes pensaban que no atacarían una escuela con niños, ninguna nación civilizada lo haría, menos con armas pesadas», continúa. En su opinión, la razón por la que el Kremlin y sus servicios secretos idearan una tentativa tan arriesgada —y con un resultado tan desastroso— de manipular a un grupo armado era para «asestar un golpe definitivo» a los rebeldes chechenos. El presidente checheno Aslán Masjádov había muerto, sí, pero «la resistencia chechena no se arredraba y contraatacaba», recuerda.

La endiablada estrategia de los servicios secretos rusos de introducirse en una oposición armada, potenciar a sus elementos más radicales y empujarla a cometer actos abyectos contra la población civil para así desprestigiarla funcionó a la perfección durante la segunda guerra de Chechenia. El Kremlin consiguió, mediante atentados autoinfligidos y secuestros cometidos por bandas armadas infiltradas por la inteligencia, convencer a la comunidad internacional de que la insurgencia chechena —considerada legítima en sus orígenes por Europa y Estados Unidos, y receptora de grandes apoyos internacionales— equivalía, en realidad, al mismo terrorismo representado por Al Qaeda y el yihadismo internacional con el que Estados Unidos y Occidente se enfrentaban desde el 11-S.

Así las cosas, era de esperar que, si tan buenos resultados obtuvo el Kremlin mediante estas tácticas de guerra sucia en el pasado, no dudase en aplicarlas en ocasiones venideras, cuando aparecieran en el futuro problemas similares, ya fuera debido a la aparición de algún movimiento insurgente en repúblicas y territorios de mayoría musulmana integrados en la Federación Rusa, o por el surgimiento de una oposición democrática que amenazara a alguno de sus escasos aliados que le quedaban en el mundo árabe y musulmán.

Y esa oportunidad no tardó demasiado tiempo en materializarse. En 2011, cuando aún no había transcurrido un decenio del final de la segunda guerra de Chechenia, Siria, país con el que el Kremlin mantenía relaciones de estrecha cooperación desde la era de la Guerra Fría del siglo xx, tanto en el ámbito de la economía como en el de la seguridad, vivió una oleada de protestas callejeras sin precedentes en la corta historia del país. Aprovechando los vientos de cambio político que soplaban en todo el mundo árabe, los ciudadanos sirios se unieron a sus hermanos egipcios, libios, marroquíes o tunecinos, y salieron a las calles para exigir gobiernos transparentes, libres de corrupción, que permitieran una verdadera alternancia política en Damasco.

Tres años más tarde, al igual que sucedió con anterioridad en Chechenia al arrancar el siglo, esa insurgencia que planteaba en sus orígenes objetivos políticos legítimos y asumibles se había transformado en un monstruo, en esta ocasión en un grupo terrorista temido por Gobiernos y ciudadanos de todo el mundo: el Estado Islámico de Irak y el Levante, más conocido por los acrónimos de ISIS o Dáesh, la milicia armada islamista más extremista y violenta que jamás haya existido.

Y de nuevo, la historia se repitió, siguiendo los patrones de las dos guerras caucásicas del siglo xx. Antiguos presos en las cárceles del régimen de Bashar al-Ásad y testigos que vivieron durante largo tiempo bajo el yugo de los ultrarradicales consultados para este libro denuncian que tanto las fuerzas del Kremlin como las de su aliado en Damasco jugaron un papel «esencial» para que el Estado Islámico consiguiera, a principios de 2014, conquistar 88.000 kilómetros cuadrados de territorio en Siria e Irak y gobernar así a ocho millones de ciudadanos. Los ultrarradicales «secuestraron una revolución» que únicamente pretendía en sus inicios conseguir derechos humanos, un Estado de derecho y democracia para Siria, el Estado más policial de Oriente Próximo, denuncia el reportero de guerra de *El Mundo* Javier Espinosa.[12]

El régimen de Bashar al-Ásad, cuyos servicios de seguridad han recibido tradicionalmente entrenamiento en Moscú, también acumulaba un largo historial de cooperación con grupos terroristas que luchaban contra países considerados enemigos por Damasco y que, en esencia, eran los mismos enemigos a los que se enfrentaba Rusia: Estados Unidos y Occidente en general. De hecho, desde la invasión de Irak por parte de las tropas estadounidenses en 2003, tal y como constató Ángeles Espinosa, corresponsal de *El País* en Oriente Próximo durante aquel periodo, circulaban insistentes acusaciones de que el Gobierno sirio hacía la vista gorda, cuando no apoyaba abiertamente, el flujo de combatientes yihadistas que acudían al Estado vecino a combatir a las tropas estadounidenses y a sembrar allí el caos.[13] Y todo ello pese a los parabienes y los llamamientos a la cooperación antiterrorista con Occidente que realizaba el propio rais sirio en sus entrevistas con los escasos periodistas a los que les concedía un encuentro, como la propia Espinosa.[14]

Pero la realidad sobre el terreno era muy distinta. Un antiguo preso en la cárcel de Sednaya, en las proximidades de Damasco, miembro de la oposición siria, refugiado en la actualidad en Turquía y al que llamaremos Mohamed para no revelar su identidad, recuerda haber coincidido y conversado largamente, durante el periodo en el que estuvo recluido, con un miembro del grupo Fatah al Islam, una milicia islamista palestina próxima a Al Qaeda que combatió a las tropas estadounidenses en los años posteriores a la ocupación de Irak.[15] Su interlocutor, procedente de los campos de refugiados palestinos cerca de Damasco, le explicó que recibieron incluso el apoyo de un oficial del Ejército sirio, de nombre Shaker el Abassi, a la hora de formar la célula armada, proporcionándoles «recursos financieros y logísticos para entrenarse con el objetivo de luchar contra los estadounidenses en Irak». El oficial les llegó a asegurar que esta colaboración contaba con el visto bueno de las autoridades, lo que en teoría les protegería en el futuro de cualquier tipo de persecución policial de la que pudieran ser objeto en territorio sirio. Como era de esperar, nada de ello se cumplió, y cuando los milicianos palestinos de Fatah al Islam regresaron desde Irak a Siria, el régimen de Damasco procedió a «detenerlos, matarlos y perseguir a aquellos que intentaban huir al Líbano», explica Mohamed.

De hecho, la prisión de Sednaya, en los alrededores de Damasco, recién liberada tras la desintegración del régimen de Bashar al-Ásad, estaba considerada entre los miembros de la oposición siria como una suerte de vivero de extremistas, donde los servicios de seguridad intentaban radicalizar a los internos, sacando partido de la situación extrema en la que se hallan, para luego manipularlos con objetivos políticos una vez que son liberados. Diab Serriye, un antiguo recluso de este centro penitenciario, que permaneció allí internado durante cinco años, concretamente entre 2007 y 2011, lo corrobora. Este hombre, residente en la actualidad en los Países Bajos —no tiene reparo en desvelar su identidad y su lugar de residencia—, condenado por dirigir una página web opositora en favor de la democracia, sostiene que la cárcel se llegó a convertir en algo parecido a una escuela de yihadismo. «Los funcionarios de la inteligencia siria han apodado a Sednaya "el Almacén"», porque allí concentran a presos que posteriormente pueden controlar y dirigir, subraya.

Para apoyar sus acusaciones, Diab recuerda cómo los funcionarios de la cárcel intentaban constantemente transmitir la idea a los reclusos de que había que atacar a «los militantes demócratas internos, porque eran apóstatas, *kafir* [palabra árabe que significa 'impuro']». En particular, este activista sirio rememora una conversación que mantuvo en una ocasión con el propio director de la cárcel. Diab compartía celda con militantes yihadistas, y había pedido reiteradamente a las autoridades carcelarias que le trasladaran de habitación para evitar conflictos y compartir espacio con compañeros con los que tuviera mayores afinidades vitales. «Me dijeron que no; ellos lo que querían era que saliera de allí como un yihadista», sostiene.

En 2012, un año después de su excarcelación, y con la revolución siria a todo gas, poniendo en graves aprietos al régimen de Ásad, las autoridades de la cárcel liberaron a unos 1.400 presos. Diab, quien siguió de cerca los acontecimientos, asegura que salió «todo el que quiso» y enumera por su nombre a antiguos compañeros que posteriormente acabaron integrándose en las filas de grupos extremistas como Dáesh, Jabhat al Nusra o Ahrar Al Shams.

Dos años después de esta masiva excarcelación, el Estado Islámico alcanzó el apogeo de su expansión territorial. Sus milicias lograron hacerse con el control de una amplia porción de territorio sin apenas entrar en colisión con el régimen sirio. Uno de los lugares donde se implantaron fue la provincia de Deir ez-Zor, una región rica en recursos naturales, que cuenta con pozos de petróleo y de gas. Mustafá, un ayudante de ingeniero que antes de la guerra trabajaba en una empresa de hidrocarburos de titularidad estatal y que prefiere no revelar su nombre real, recuerda cómo los milicianos ultrarradicales iban tomando posiciones en las poblaciones de alrededor, hasta hacerse con el control de la localidad donde vivía, de nombre Mayadin, a orillas del río Éufrates y prácticamente a medio camino entre la capital provincial homónima y la frontera de Irak.

Los recién llegados eran principalmente extranjeros, gente de «Argelia, Marruecos, Libia, aunque la mayoría eran iraquíes», rememora Mustafá desde una ciudad que no revelaremos en Alemania, donde vive ahora exiliado. De inmediato, impusieron estrictos códigos de comportamiento y vestimenta, tanto para las mujeres como para los hombres, a los que se les prohibió afeitarse la barba bajo pena de acabar en la cárcel. «Llegó un punto en que prohibieron a las mujeres enseñar las manos y los ojos; en la calle, si te cruzabas con tu mujer, ni siquiera podías saludarla», recuerda. Otra de las cosas que más le chocaron fue la escasa piedad religiosa que exhibían los militantes del Estado Islámico, que les obligaban a acudir a la plegaria semanal los viernes en las mezquitas y les vigilaban de cerca, pero limitándose a observarlo todo desde el coche sin entrar en la sala de oración.

Los recién llegados mataron a todos aquellos que en el pasado habían integrado los grupos opositores levantados contra Bashar al-Ásad, incluso los que en un primer momento aceptaron pactar con ellos. En Deir ez-Zor, la capital provincial, se instalaron «en la sede del tribunal, a la vista de todos, con la bandera negra ondeando sobre el edificio». Sin embargo, pese a su visibilidad, la aviación del régimen sirio nunca ponía especial empeño en acabar con ellos cuando bombardeaba la localidad. «Atacaban cada tres días, a veces a unas decenas de metros del tribunal, pero allí nunca bombardeaban; solo morían civiles», rememora.

Pero de largo, lo que más le sorprendió a Mustafá de aquellos terribles tiempos en los que vivió bajo el yugo de los ultrarradicales era observar cómo, dos o tres veces a la semana, convoyes formados por una decena de camiones con matrícula de Irak llegaban a Mayadin y cargaban gas en sus cisternas, aparentemente para trasladarlo a las zonas del país vecino, algo que, según su opinión, carecía de sentido alguno. «Era imposible que esos camiones llevaran tanto gas a Irak; la parte de Irak colindante con Deir ez-Zor bajo control del Estado Islámico era muy pequeña, y no tenía grandes ciudades; no necesitaban esas 35 o 40 toneladas de gas que se llevaban en cada ocasión», explica.

Mustafá, quien también trabajó como camionero, identifica una ruta muy diferente para aquellos camiones conducidos por discretos chóferes que, cuando llegaban, evitaban a toda costa conversar con los lugareños. En realidad, aquellos camiones viajaban hasta Abu Kamal, en la frontera, salían a Irak, hasta la localidad de Al Kaim, para luego volver a territorio sirio por Al Tanf, otro punto fronterizo situado 150 kilómetros más al sur, atravesar territorio sirio bajo control del Estado Islámico hasta la población de Ad Dumair, a unos 50 kilómetros al este de Damasco, donde finalmente era entregado al régimen.

El terror que impusieron los milicianos del Estado Islámico frenó en todo momento la curiosidad ciudadana ante este extraño comercio, pese a la enorme penuria de gas que afectaba a toda la región y golpeaba a las familias. «Nadie podía preguntar al Estado Islámico por qué no había gas y por qué el gas de los pozos iba a Irak; estábamos todos muertos de miedo; fíjese, casi a diario, cuando íbamos por la calle, nos encontrábamos cadáveres de gente que había sido decapitada», rememora.

Ha transcurrido casi un decenio de todo ello, pero con el paso del tiempo, continúan apareciendo en los medios denuncias similares de cooperación e infiltración de los servicios secretos rusos en grupos terroristas. En una entrevista en un canal de YouTube, la periodista Elena Milashina, considerada por muchos como la sucesora de Anna Politkóvskaya, denunció la existencia de una base de datos perteneciente a las fuerzas de seguridad de Chechenia dirigidas por Ramzán Kadírov, aliado de Putin. En ella se incluían supuestos nombres de chicas que intentaban seducir a musulmanes en Europa para radicalizarlos y atraerlos al Estado Islámico.[16] Otra publicación de investigación denunció recientemente cómo los servicios secretos rusos reclutaban a extremistas para enviarlos a Ucrania, a radicalizar las milicias de combatientes musulmanes que luchan contra Rusia.[17]

Incluso en los conflictos más recientes, como el enfrentamiento armado entre Hamás e Israel, continúan analistas y expertos recabando indicios e informaciones que apuntan a una estrecha cooperación de Rusia con grupos armados que actúan en Oriente Próximo y que han sido tipificados en Occidente como terroristas. Jonathan Winer es un académico del laboratorio de ideas estadounidense Middle East Institute y experto en relaciones entre Estados Unidos y Rusia, un hombre que en el pasado llegó a ocupar cargos en el Gobierno estadounidense como subsecretario de Estado adjunto para la aplicación de la ley internacional y representante especial de Estados Unidos para Libia. Este académico ha llegado a la conclusión de que existen fundados indicios de que, como mínimo, Moscú «fue consultado con antelación» por Hamás y hasta «dio una suerte de luz verde» al grupo armado palestino a un ataque contra Israel, aunque, eso sí, desconocía detalles operacionales específicos como el lugar y la fecha. El ataque dejó tras de sí un rastro de casi 1.200 muertos en el bando israelí, entre ellos 767 civiles, tomando a 247 civiles y soldados como rehenes y encendiendo la mecha de una destructiva guerra en múltiples frentes de todo Oriente Próximo que ha provocado más de 40.000 muertos.

Funcionarios ucranianos de alto rango, que pidieron no ser identificados, informaron a Winer de que, «semanas antes de los ataques de Hamás», los satélites rusos empezaron a cubrir Israel y Gaza «con mayor intensidad de lo que lo hacían hasta la fecha». También semanas antes del fatídico 7 de octubre, las mismas fuentes identificaron en medios de propaganda rusos como RT o Sputnik «cambios en la retórica» sobre Israel y el conflicto de Oriente Próximo. Todo ello apunta a un conocimiento previo de que algo iba a suceder y contradice radicalmente las palabras pronunciadas por Mijaíl Bogdánov, viceministro de Exteriores ruso, en horas inmediatas al inicio del ataque, cuando los soldados israelíes aún se afanaban en recuperar el control de la frontera sur de Israel con Gaza. El diplomático ruso desmintió categóricamente que su Gobierno supiera de los sangrientos planes de la milicia palestina. «Ha sido una escalada inesperada; si lo hubiéramos sabido, lo hubiéramos impedido», proclamó.

El académico Winer, además, ha estudiado con detenimiento la numerosa retahíla de encuentros que han mantenido representantes de Hamás con funcionarios rusos en Moscú, en particular con Bogdánov, quien se ha perfilado claramente como el hombre del Kremlin encargado de gestionar las relaciones con Hamás. Tras introducir en un buscador las palabras Rusia y Hamás en árabe, farsi, hebreo y ruso, Winer se hizo con los textos periodísticos de cobertura de dichas reuniones publicados por los medios locales, en particular los rusos. Y a partir de este material, elaboró varias conclusiones.

En particular, Winer prestó especial atención a una serie de reuniones entre palestinos y representantes rusos celebradas en Moscú a invitación del Kremlin en marzo de 2023, un momento delicado para el Ejército ruso en Ucrania, tras haber acumulado severos reveses militares en los frentes bélicos en los meses precedentes. Tanto Bogdánov como su superior, el ministro de Exteriores ruso Serguéi Lavrov, se reunieron no solo con Abu Musa Marzouk, jefe del buró político del grupo palestino, sino también con Saleh al Arouri, fundador del ala militar y considerado por Estados Unidos como organizador de las principales actividades terroristas del grupo, un hombre que, en enero de 2024, fue abatido en Beirut mediante un ataque con drones llevado a cabo por el Ejército israelí.

En declaraciones a los medios posteriores a la celebración del evento, Marzouk calificó pomposamente las reuniones mantenidas en la capital rusa de «diferentes respecto a sus predecesoras». Incluso evocó en sus declaraciones la guerra de Ucrania, definida por el dirigente palestino como «operación militar especial», es decir, asumiendo a pies juntillas el vocabulario oficial de Moscú y llegando a criticar la «confusión» que el conflicto había traído «al mundo y al sistema internacional», algo que a buen seguro sonaba a música celestial a sus anfitriones. Winer considera creíble que en aquel encuentro «Rusia acordara apoyar a Hamás con el propósito estratégico de abrir un costoso segundo frente [en Palestina] a los países occidentales que apoyan» a Kiev.

9

A la caza del periodista y el cooperante: secuestros y ataques de precisión

Acostarse rodeado de guerrilleros yihadistas tumbados en colchones, junto a un guardián en la puerta armado con un fusil de asalto vigilando todos y cada uno de tus movimientos, hace imposible el reposo. A lo máximo a lo que puede aspirar uno es a dejarse llevar por un ligero duermevela, en una vigilia plagada de sobresaltos y desvelos. Y ello, pese a que el día anterior había sido intenso y agotador: interrogatorios, conversaciones que no llevaban a ninguna conclusión y un trato aceptable, aunque trufado de sutiles amenazas.

Aquellos combatientes que me retenían desde la media tarde del día anterior en un puesto avanzado del Estado Islámico para Irak y el Levante en el centro de Siria no guardaban similitud alguna con las *katibas* ('brigadas') que normalmente acogían y guiaban a los periodistas foráneos que se internaban en las zonas de Siria bajo control rebelde. Muchos de ellos eran extranjeros, de otros países árabes o venidos incluso del Cáucaso ruso, parecían mayores que los pipiolos soldados de reemplazo integrados en el Ejército Sirio Libre, estaban mejor alimentados, su destreza con el manejo de las armas era a todas luces superior y alternaban hostilidad con amabilidad, intercalando las buenas palabras con admoniciones nada veladas. Imposible establecer con ellos algún vínculo de complicidad.[1]

Se trataba de mi tercer viaje a la Siria en guerra. Acababa de iniciarse el mes de septiembre de 2013, y dos días atrás, había llegado a las proximidades de la fortaleza bizantina de Qasr Ibn Wardan, cerca de la ciudad de Hama, de la mano del Ejército Sirio Libre (ESL), el grupo armado opositor que desde hacía dos años combatía al régimen del dictador sirio Bashar al-Ásad. Mi propósito era cubrir un eventual ataque norteamericano contra posiciones gubernamentales, que se preveía inminente, en respuesta al bombardeo con gas sarín por parte del régimen sirio en la periferia de Damasco a finales del mes anterior, en el que murieron cientos de personas y miles resultaron heridas.

Pero nada salió como estaba previsto. No solo el ataque estadounidense no se produjo, sino que acabé siendo capturado por la milicia. Justamente en un momento en que los yihadistas estaban imponiéndose en el seno del movimiento armado rebelde y estaban marginando a los sectores moderados de la oposición que pedían democracia, derechos humanos y l acaída del régimen.

Al día siguiente de mi captura, en cuanto despuntó el sol, las perspectivas de una pronta liberación se desvanecieron definitivamente. A medida que las horas pasaban y la canícula estival se hacía sentir en la piel, iban desfilando por aquel edificio en medio del páramo un buen número de guerreros del ISIS, de aspecto taciturno y largas barbas. Era como si la noticia del apresamiento de un reportero español hubiera cundido entre las unidades de combatientes yihadistas de los alrededores, suscitando la curiosidad de los milicianos de la región. Todos los que pasaban por aquel lugar me miraban con una mezcla de huroneo y desdén, continuándose el debate, iniciado horas antes, sobre la suerte que yo debía correr.

Muchos de los sirios, situados en el escalafón inferior del organigrama de mando, se habían mostrado partidarios de mi liberación. Sin embargo, la discusión se zanjó a las pocas horas, hacia la media mañana, cuando llegaron al campamento dos fornidos combatientes, uno de los cuales había venido desde Rusia y se expresaba en el idioma de ese país con un fuerte acento del Cáucaso. Por la edad que tenían —ambos superaban la treintena— y el respeto que inspiraban entre la tropa, saltaba a la vista que eran el equivalente a comandantes regionales del ISIS, gentes con capacidad de decisión.

Todos los reporteros que trabajábamos en las zonas bajo control rebelde de Siria sabíamos que, a aquellas alturas de la guerra, el secuestro por parte de un grupo yihadista podía solucionarse de dos maneras: o con una liberación en las horas siguientes a la captura o con una retención de larga duración, llegándose a perder por completo el rastro del reportero.[2] El instinto me empujó a intentar ganarme a aquellos dos mandamases, buscando suscitar su interés y hasta su piedad, para evitar el temido secuestro prolongado. Y opté por dirigirme al combatiente procedente de Rusia, en la equivocada creencia de que, si le hablaba en un lenguaje conocido por él, quizás mostraría mejor predisposición hacia mi persona y me dejaría marchar.

«Yo solo he venido a Siria a explicar al mundo exterior el sufrimiento de los civiles sirios; he venido antes dos veces, me han acogido las milicias del Ejército Sirio Libre; pregúnteles a ellos, nunca he tenido problemas», le intenté recordar, tras una corta conversación en la que había pretendido, sin éxito, congraciarme con él. «Tú has entrado dos veces anteriores a Siria y te ha salido bien; pero ahora te vamos a matar», me amenazó.

Me quedé de piedra, sin argumentos. Aquella era una respuesta de lo más chocante e inapropiada para aquel entorno y contexto. No había en su parlamento ninguna alusión a mi condición de cristiano, una circunstancia que, a ojos de un musulmán radical, podía llegar a constituir un impedimento para trabajar en Dar al-Islam ('casa del Islam'), un lugar donde, según la cosmogonía de un extremista, residen los musulmanes y que se contrapone a Dar al-Harb ('casa de la guerra'), donde el Islam puede y debe expandirse.

Sus palabras solo desprendían indignación por haber entrado en Siria en dos ocasiones de forma ilegal, prescindiendo de permiso o visado emitido por las autoridades de Damasco, como hacían los colegas que cubrían el conflicto desde el territorio controlado por el régimen de Bashar al-Ásad, el presunto enemigo del Estado Islámico.

Mi cautiverio se prolongó durante seis meses, acabando una fría mañana invernal de marzo de 2014 en un puesto fronterizo turco al norte de Siria.[3] Durante las primeras horas de mi captura, fui trasladado a toda prisa a Alepo, probablemente por el temor de mis secuestradores a que los rebeldes sirios moderados lanzaran una operación para liberarme. En la segunda ciudad del país, tras un mes confinado en solitario en un hospital reconvertido en prisión donde los presos sirios, muchos de ellos activistas en favor de la democracia, eran torturados salvajemente, fui enviado a una casa abandonada en la periferia de la ciudad, donde me encerraron en una celda con el resto de los periodistas extranjeros desaparecidos en los meses previos.

El secuestro fue una auténtica prueba de resiliencia para todos los confinados, entre los que nos encontrábamos periodistas y cooperantes de Estados Unidos, Francia, Reino Unido, Italia, Alemania, Dinamarca y Bélgica, entre otros países. Tres yihadistas de origen británico, capitaneados por Mohamed Emwazi, conocido por la prensa como Jihadi John, asumieron el control de nuestro cautiverio entrado ya el otoño. Nos golpeaban de forma recurrente, nos trasladaban constantemente de sitio y apenas nos alimentaban.

Tras esta calamitosa y traumática experiencia, una vez liberado, Oriente Próximo se convirtió, a los ojos de mis empleadores, en lo que los anglosajones denominan como una *no go zone*. Y por esta razón solicité a Enric Hernández, entonces director de *El Periódico*, que me enviara a Rusia, país en el que, como ya he explicado en el preámbulo de este libro, había trabajado como corresponsal durante cuatro años y medio a finales de los años noventa y principios de este siglo.

Pese a las apariencias, no se trataba de ninguna huida. Aquella inusual conversación en Siria con un yihadista llegado del espacio postsoviético, junto con otros extraños incidentes de los que fui testigo durante el cautiverio y en los que también estuvieron involucrados extremistas islámicos de habla rusa, habían azuzado mi curiosidad e impulsado mi deseo de regresar a Rusia, una decisión profesional que, dado el papel preponderante que estaba jugando el Kremlin en la guerra de Siria, tenía la virtud adicional de mantenerme en el mismo ámbito informativo que antes del secuestro.

Eso sí, había que extremar las precauciones. En los relatos que escribí para *El Periódico* y en la entrevista que concedí a Catalunya Ràdio sobre el secuestro al año exacto de mi liberación y semanas antes de instalarme en Moscú, decidí mencionar esta sospechosa conversación que me suscitaba muchos interrogantes, aunque nunca revelé que aquel extremista fuese, en realidad, un combatiente llegado de territorio ruso.[4] La razón era simple: tenía que evitar a toda costa provocar vetos, suscitar sospechas o crearme problemas con las autoridades en mi nuevo destino moscovita. Ahora, fuera de Rusia, sin posibilidad alguna de regresar al que considero mi país de adopción mientras no se produzca un cambio político en la cúpula del Kremlin, ha llegado el momento de desvelar todo lo que sucedió en aquellas primeras y trascendentales horas como rehén del Estado Islámico.

Moscú, primavera de 2015

Ha transcurrido algo más de un año de mi liberación en Siria. Sentado en un café próximo a la Biblioteca Lenin y a las murallas del Kremlin, rememoro aquella esta extraña escena, perteneciente a los dos primeros días de mi secuestro a manos del ISIS y que, desde aquel entonces, he repasado una y mil veces en mi cabeza. Mi interlocutor es un personaje de entidad, con gran experiencia, tanto en temas de la antigua URSS como de yihadismo: se trata del representante de una agencia de inteligencia occidental, interesado en la desproporcionada presencia en las filas del ISIS de yihadistas procedentes de la Federación Rusa y de las repúblicas de mayoría musulmana que un día integraron la Unión Soviética.

Mi contacto moscovita coincidió conmigo en valorar que aquel comandante yihadista de habla rusa había mostrado un comportamiento nada normal durante nuestro encuentro en el norte de Siria. Se había expresado en unos términos que más bien se asemejaban a una alocución pronunciada por un funcionario del Estado ruso, aliado de Damasco, e indignado ante las constantes entradas ilegales de periodistas foráneos en el territorio sirio para poner al descubierto las atrocidades cometidas por el régimen sirio. «Es posible que te toparas con un policía» (en su argot, agente infiltrado ruso), aventuró. Posteriormente, me preguntó si, durante el periodo en que permanecí encerrado, había entrado en contacto con Abu Omar al Shishani, combatiente también llegado del espacio postsoviético ya fallecido, quien llegó a ocupar puestos de gran relevancia en el organigrama del Estado Islámico, y a quien los servicios secretos occidentales y la propia oposición siria veían con sospecha y escepticismo respecto a sus verdaderas lealtades.[5] Le contesté con una negativa y, por el momento, ahí quedó todo.

Sin embargo, no fue la única ocasión en la que ambos evocamos, durante mi corresponsalía en Moscú, la posible infiltración en el ISIS de agentes procedentes de la Federación Rusa. En mayo de 2016, la agencia Reuters publicó una larga y exhaustiva investigación en la que se acusaba a los servicios secretos rusos de entregar pasaportes a militantes yihadistas para que abandonaran la Federación Rusa y viajaran a Siria a finales de 2013 y principios de 2014, fechas que, además, coincidían con el periodo en que permanecí cautivo en Siria. Tal movimiento, según los expertos, permitió a Moscú, por un lado, pacificar la región del Cáucaso norte antes de la celebración de los Juegos Olímpicos de invierno en el cercano balneario de Sochi y, al mismo tiempo, contribuir a radicalizar y deslegitimar al movimiento rebelde armado que luchaba contra el régimen de Damasco, una estrategia idéntica a la empleada dos años antes por su aliado sirio cuando excarceló a cientos de presos radicales de la cárcel de Sednaya, como se ha mencionado en el capítulo anterior. Le comenté a mi fuente que, conociendo cómo operaba Rusia, mucho me extrañaría que entre estos yihadistas no hubiera agentes infiltrados de la inteligencia rusa para observar de cerca y vigilar a los peligrosos receptores de documentos de viaje. «Si eso fuera así, yo también estaría muy decepcionado», respondió con una pizca de sarcasmo.

Finalmente, volvimos a evocar el tema en una tercera y última ocasión. Yo le recordé que, tras la liberación, hubo siempre un gran interés por parte de los gobiernos de los países con ciudadanos que sufrieron aquel afamado secuestro —Francia, Gran Bretaña o Estados Unidos, entre otros— en hablar con Javier Espinosa, Ricardo García Vilanova y conmigo, los tres rehenes españoles en el suceso, para recabar nuestro testimonio y en última instancia declarar en los subsiguientes juicios contra acusados de participar en él.[6] Y acto seguido le manifesté mi perplejidad al comprobar que, aunque llevaba varios años viviendo en Rusia, país de origen de miles de combatientes integrados en las filas del ISIS, en ningún momento había sido inquirido por las fuerzas de seguridad para una simple sesión informativa que les ayudara a conocer mejor la supuesta amenaza que se cernía sobre su país. Su respuesta fue sucinta y tajante: «Me parece que no tienes nada que enseñarles acerca del Estado Islámico».

Los secuestros de ciudadanos extranjeros, en particular de cooperantes y periodistas, han sido una práctica frecuente a la que han recurrido las fuerzas extremistas que actúan en los conflictos donde Rusia se ha visto envuelta en los últimos años, sin excepción alguna, desde la segunda guerra de Chechenia, a finales del pasado siglo, hasta la actualidad.[7] Si en el capítulo anterior quedó demostrado el uso estratégico que hacen los servicios secretos de Rusia y sus aliados del fenómeno del terrorismo con el fin de obtener réditos políticos y manipular a las opiniones públicas, es prácticamente de cajón deducir que algunas (o muchas) de las retenciones que hayan podido cometer estas tropas radicalizadas también estarán vinculadas o impulsadas, de alguna u otra forma, por elementos leales al Kremlin. Máxime cuando se constata que los principales beneficiarios de estos chantajes han sido, en un buen número de casos, el propio Estado ruso y su Ejército, ya que una parte importante de las víctimas capturadas eran, en realidad, individuos u organizaciones que denunciaban a viva voz los excesos y los crímenes cometidos por las tropas de Moscú y sus aliados, ya fuesen reporteros o trabajadores humanitarios foráneos.

En la historia reciente de las guerras lanzadas o participadas por el Gobierno ruso abundan los casos de secuestros donde se identifican las trazas de las agencias de seguridad rusas. Tal y como recuerda Rafael Vilasanjuan, director del Instituto de Salud Global de Barcelona y secretario general de Médicos Sin Fronteras (MSF) entre 2000 y 2003, un periodo en el que esta organización se vio afectada por el rapto de Arjan Erkel en Daguestán, una república caucásica vecina de Chechenia, que adquirió gran relevancia debido a la larga duración del mismo y a las circunstancias que lo rodeó y que estudiaremos con detenimiento en este capítulo. Durante este secuestro con el que le tocó lidiar, él, junto con su equipo, «se dio cuenta de que la llave, la clave» para lograr la liberación de su colega «estaba en Moscú» y no en el lugar de los hechos. Es indispensable exponer estos crímenes ante la opinión pública occidental, darlos a conocer para evitar o limitar que, en el futuro, dirigentes rusos, grupos paramilitares de la órbita del Kremlin o los propios servicios secretos de Putin se sientan tentados a impulsar u orquestar secuestros o acciones contra reporteros o personal humanitario, solo por la simple razón de que se han convertido en testigos molestos de sus excesos y atrocidades.

De nuevo, y como sucedió con el tema del terrorismo, hay que remitirse a las guerras de Chechenia, a finales del siglo anterior, para identificar las primeras muestras de estas actuaciones y comportamientos. A finales de los años noventa, en el periodo comprendido entre la primera y la segunda guerra chechena, cuando la república caucásica vivió un precario y caótico régimen de independencia *de facto* tras la retirada de las tropas rusas, cientos de personas fueron secuestradas por bandas armadas locales en toda la región, tanto en el interior de la república como en las entidades federales vecinas.

Las víctimas eran en su mayoría políticos rusos o ciudadanos extranjeros, y los móviles, de lo más variopinto: desde la simple extorsión monetaria a la venganza por los abusos cometidos por las tropas rusas durante los años de hostilidades. Eso sí, entre la pléyade de bandas armadas dedicadas a esta prolífica industria, destacaban por aquel entonces dos nombres, que son en realidad diez. En primer lugar, Arbi Baráyev, un joven cabecilla guerrillero de ideología extremista y líder de los denominados «Wahabitas de Urús Martán», a quien se le atribuyó la responsabilidad directa o apoyo logístico en entre el 30 y el 60 por ciento de los casos registrados.[8] Y, en segundo lugar, los hermanos Akhmedov, nueve hermanos de tendencias radicales y autores de espectaculares secuestros como el de cinco trabajadores humanitarios venidos de Polonia.[9]

A Baráyev se le considera el cerebro del secuestro de mayor impacto mediático y político durante los dos conflictos caucásicos: la captura, en otoño de 1998, de cuatro ingenieros occidentales de telefonía, tres de ellos británicos y uno con pasaporte de Nueva Zelanda. Trabajaban para Granger Telecom, una compañía de telecomunicaciones del Reino Unido que acababa de obtener de Chechentelekom, la operadora de comunicaciones regentada por las autoridades separatistas, un contrato valorado en 198 millones de dólares para instalar en la república un sistema de telefonía móvil independiente de Rusia, precisamente una infraestructura vital para consolidar la secesión definitiva del diminuto territorio caucásico respecto a Moscú. El 3 de octubre de ese año, un grupo de una veintena de hombres armados irrumpió en la casa donde se alojaban estos ingenieros en Grozni y apresó a los cuatro extranjeros a punta de arma.

Transcurridos tres meses, el 8 de diciembre de 1998, las cabezas de los rehenes fueron alineadas en la nieve al borde de una carretera en las proximidades de la población de Assinóvskaya, en el oeste de Chechenia.[10] En un vídeo filmado por los captores poco antes de la ejecución, puede verse cómo los cautivos fueron obligados a vestirse con ropas militares y a confesar ante las cámaras que en realidad trabajaban para los servicios secretos de Alemania, el Reino Unido y la CIA. Una investigación posterior realizada por el Parlamento del Reino Unido determinó que los prisioneros habían sido horriblemente maltratados mientras permanecieron encarcelados: se les golpeaba frecuentemente con las culatas de los rifles, y se les limitaba la alimentación y el agua.

Los intentos de salvarles la vida mediante el pago de un rescate cayeron en saco roto. Según sostiene Rustan Khadikov en *Obshaia Gazeta* citando a agentes «enfadados» del GRU, la inteligencia militar rusa, que a menudo compite con el FSB, los propietarios de Chechentelekom ofrecieron 10 millones de dólares por la liberación de sus contratados. Pero un tal Vladímir, que precisamente pertenecía al FSB, elevó la apuesta y propuso a Baráyev la suma de 12 millones para que acabara con la vida de los rehenes.[11]

Los esfuerzos y batidas policiales llevados a cabo esos días por las fuerzas de seguridad chechenas leales al presidente Aslán Masjádov también resultaron en vano, y el incidente no solo acabó trágicamente, sino que también enterró cualquier esperanza de que las autoridades secesionistas de Chechenia pudieran obtener jamás algún tipo de reconocimiento internacional.

Más allá de sus tendencias criminales y su alineamiento con posturas religiosas extremistas, se ha demostrado que Baráyev contaba con el respaldo de importantes amistades entre los servicios de seguridad rusos. La reportera Anna Politkóvskaya y *Nóvaya Gazeta*, periódico en el que publicaba, denunciaron en repetidas ocasiones que el líder guerrillero, de forma inexplicable, pudo vivir tranquilamente en su casa de Alján Kalá, a apenas unos 20 kilómetros al suroeste de Grozni, durante al menos dos años una vez las tropas rusas recuperaron el control de la localidad, a principios del año 2000. No intentaba siquiera esconderse, o llevar una vida discreta o recluida. Salía con frecuencia y se movía libremente, sin ser detenido, atravesando sin problemas los numerosos puestos de control que habían instalado las tropas rusas en las carreteras de la diminuta república pese a su potente historial delictivo.

En una información sin firmar difundida por la publicación en octubre de 2004 —aunque probablemente escrita por Politkóvskaya—, se plasma la sorpresa de muchos residentes chechenos al comprobar que «el famoso terrorista y asesino Arbi Baráyev» viajaba tranquilamente por Chechenia, vivía en una enorme casa en Alján Kalá y pasaba fácilmente a través de los controles militares federales.[12] Al mismo tiempo, se certifica que el personaje en cuestión continuaba robando y asesinando a gente, y ninguna de las operaciones militares más severas de las fuerzas federales le afectaba. En el artículo, también se identifica a su conductor, Yunus Magomédov, un checheno que trabajaba para el FSB y que estaba dotado de una acreditación emitida por la agencia de inteligencia. Seguramente, este agente le garantizaba la completa libertad de movimientos y ejercía de mentor, de controlador de los movimientos de Baráyev y de enlace con la agencia de inteligencia.

Que Baráyev trabajó desde el interior de la Chechenia independiente como agente doble para generar caos y erosionar a las autoridades secesionistas de la República de Ichkeria —nombre oficial de la Chechenia independentista— en coordinación con los servicios secretos rusos lo corroboran testigos coincidentes en base al extraño comportamiento que exhibía tras el final de la primera guerra chechena, y a los enormes medios de que disponía pese a la precariedad. «Baráyev utilizaba los mejores coches, las mejores armas, tenía la apariencia de un miembro de las Fuerzas Especiales estadunidenses y empleaba fusiles de fabricación estadounidense», explica Dzhojar, un antiguo miembro del Gobierno checheno actualmente en el exilio. La Chechenia posterior a la primera guerra era un país devastado, en ruinas, sin apenas opciones de hacer negocios lícitos. Pero él manejaba grandes cantidades de dinero y ello le permitía «contratar a personal que colaboraba con nosotros, con la presidencia chechena», continúan dichas fuentes. «Lamentablemente a veces nosotros no podíamos pagar los salarios» y el líder extremista se aprovechaba de ello para alejarles «de nosotros», concluyen dichas fuentes.

Esta labor de agente doble al servicio del Kremlin se transformó en abierta traición a su presidente y a sus compañeros de armas una vez se reanudaron las hostilidades y estalló la segunda guerra chechena, ya con Putin al frente del país. En febrero del año 2000, tras meses de brutal asedio a Grozni, el presidente Masjádov dio la orden a sus hombres que luchaban desde hacía meses contra las tropas rusas enviadas por el Kremlin, de evacuar la capital ante la imposibilidad de continuar defendiéndola. La ruta de salida iba a atravesar Alján Kalá, precisamente la localidad natal de Baráyev, y donde contaba con numerosos partidarios. Los *boieviki* ('combatientes') no dudaron en que esta era la mejor vía de escape, dado que atravesaba terrenos que por aquel entonces estaban ocupados por fábricas, lo que les permitía una huida segura y les evitaba exponerse a los peligros del cielo abierto.

En realidad, cayeron en una trampa. A medio camino, los guerrilleros se toparon con un denso campo de minas instalado previamente por las tropas rusas, además de con el fuego de artillería de un contingente de tropas rusas apostadas tras un puente que cruzaba el río Sunzha. Atravesar ambos obstáculos provocó una verdadera sangría entre las fuerzas sitiadas que intentaban salir de la ciudad, en la que perdieron la vida algunos de los mejores comandantes de la resistencia chechena, entre ellos Junkar Pashá Israpílov o Aslambek Ismáilov. Otros resultaron gravemente heridos y perdieron extremidades al pisar minas mientras intentaban cruzar el territorio. «Las tropas chechenas no son el Ejército ruso; están formadas por voluntarios; el comandante lo sabe y debe dar ejemplo», por lo que muchos de los hombres situados en el escalafón superior fueron los que se introdujeron en primer lugar en la superficie minada, abriendo el camino a la restante tropa que les seguía, relata Usmán Baisáyev, activista checheno de los derechos humanos y experto en la historia de su país.

Muchos combatientes y comandantes culparon a Baráyev, sobre el que ya recaían innumerables sospechas, de la tragedia sufrida.[13] Durante los meses de cerco militar, el propio Baráyev había salido y entrado de la ciudad rodeada mediante esta vía en varias ocasiones gracias a sus contactos locales y a su conocimiento del terreno, indicando con su comportamiento a los sitiadores que esta podía ser la vía de escape en cuanto el presidente checheno tocara a rebato en Grozni. Los viajes de Baráyev fuera de la ciudad cercada tenían, en principio, un objetivo para la resistencia chechena: preparar en las montañas del sur de Chechenia bases en las que acoger a los combatientes una vez que hubieran abandonado la capital chechena, para continuar la lucha desde allí.

Pero aquí también Baráyev falló a sus compañeros de armas. Las bases nunca fueron construidas y cuando los combatientes que sobrevivieron al campo de minas llegaron a las montañas, vieron que estas no existían, y tuvieron que regresar a terreno llano, concretamente a Komsomolskoye, no lejos de la localidad de Gudermés, donde fueron rodeados y neutralizados por las tropas federales rusas en una célebre batalla que tuvo lugar en marzo de ese año. Uno de los supervivientes de la masacre, Ruslán Gelayev, juró que dejaría de combatir si Arbi Baráyev continuaba formando parte de las filas secesionistas chechenas.[14]

Es también durante las dos guerras de Chechenia cuando se materializa el larguísimo historial de desencuentros entre las autoridades rusas y la ONG transnacional Médicos Sin Fronteras. La organización, presente en el territorio desde los mismos inicios del conflicto, además de procurar tratamiento médico a civiles y combatientes sin preguntar a qué bando pertenecían, recopilaba hallazgos en materia de derechos humanos y los hacía públicos, ya fuese a través de sus redes de comunicación y portavoces, o informando a organizaciones de derechos, a diferencia de otras organizaciones como el Comité Internacional de la Cruz Roja que preferían callar. Por todas estas razones, ya desde fecha muy temprana, acabó siendo asociada por el Estado ruso al bando rebelde, tratada por su Ejército como un enemigo más y presionada por las autoridades de Moscú mediante innumerables vías, desde bloqueos en los puestos de control en los transportes de medicamentos y material sanitario hasta férreos vetos de acceso al teatro de operaciones, pasando por amenazas, acusaciones sin fundamento de ayudar a los rebeldes o transportar armas y hasta declaraciones de organización *non grata* en determinadas poblaciones de Chechenia.

La relación entre Rusia y esta ONG está jalonada de crisis, la primera de las cuales se remonta a mayo de 1995, pocos meses después del inicio de la incursión de los tanques rusos en la pequeña república caucásica ordenada por el entonces presidente Borís Yeltsin. Coincidiendo con el 50.º aniversario del fin de la Segunda Guerra Mundial, el presidente estadounidense Bill Clinton viajó a Moscú donde asistió al tradicional desfile militar con ocasión del Día de la Victoria, el 9 de mayo.[15] La visita tenía lugar en medio de grandes tensiones: el espíritu de cooperación entre ambas potencias posterior a la disolución de la URSS se estaba difuminando, entre otras razones debido a la brutalidad que exhibían las fuerzas rusas en la guerra que tenía lugar en el Cáucaso.

Durante sus operaciones de campaña, la sección francesa de MSF había recabado testimonios durísimos, en los que se acusaba a las tropas federales rusas de atar con cuerdas a mujeres y a niños a los tanques para evitar que los combatientes chechenos dispararan contra ellos. El dosier de Chechenia había sido excluido deliberadamente de la agenda de la visita del presidente estadounidense para evitar roces entre ambos mandatarios, medida a la que los representantes de la organización humanitaria respondieron convocando una rueda de prensa con el objetivo de denunciar la situación coincidiendo con el viaje. De acuerdo con el sumario de comunicaciones internas de la organización, pocos días antes del evento, la embajada de Francia en Moscú recibió una carta emitida por el Ministerio del Interior ruso en la que informaba de que, a partir de aquel entonces, no podía asumir la responsabilidad «de la seguridad» de sus ciudadanos en territorio checheno, debido a la existencia de «grupos [armados] incontrolados».

El primer secuestro de colaboradores de la organización no tardó en producirse. En abril de 1996, menos de un año después de la visita de Clinton, una administradora expatriada que trabajaba en temas de logística para la sección belga de MSF fue capturada junto a su intérprete por hombres armados en Grozni, la capital. La presentadora del informativo nocturno del Institut National de l'Audiovisuel (INA), una suerte de agencia de noticias audiovisual de Francia, reconoció que el secuestro había «sorprendido», dado que MSF «denunciaba con fuerza la política de tierra quemada» de las tropas federales rusas en Chechenia. «No sabemos quién ha sido, pero lo seguro es que no ha sido la población civil a la que llevamos asistencia desde hace más de un año», explicitó a la cadena el doctor Renaud Tockaert, mánager de programas en MSF Bélgica. El secuestro acabó felizmente al poco tiempo con la liberación de los cautivos, pero en el seno de la organización se generó un intenso debate acerca de la coincidencia de la retención con la última campaña de denuncia de ataques deliberados contra la población civil por parte de las tropas rusas.

En 1997, Christophe André, administrador de MSF en Chechenia, fue sacado de su cama en la noche del 1 al 2 de julio y capturado.[16] Pasó varios meses atado a un radiador, antes de darse a la fuga con éxito el 20 de octubre de ese mismo año. «La demanda de rescate [de un millón de dólares] era una humillación», y decidió escaparse en cuanto tuvo una oportunidad, declaró al diario *Libération*.

El secuestro de Kenny Gluck, al frente de la misión de MSF Países Bajos en la república caucásica, en enero del año 2001, constituye, sin duda, el caso más rocambolesco de todos los que han afectado a las filas de la organización humanitaria internacional.[17] Al mismo tiempo, ejemplifica a la perfección los métodos empleados por las fuerzas federales rusas para impulsar una atmósfera de caos e impunidad en las zonas donde actúan, para ahuyentar así a individuos u organizaciones incómodas. Gluck, ciudadano estadounidense que tenía treinta y ocho años por aquel entonces, fue emboscado mientras viajaba en un convoy de cuatro vehículos a la altura de la localidad de Stariye Atagi y capturado junto a varios de sus guardaespaldas. En otro de los coches de la caravana se encontraba Jonathan Littell, cooperante de la organización francesa Acción contra el Hambre, aunque este último, al ver lo que sucedía, logró zafarse de los secuestradores y escapar. Nada más darse a conocer la noticia, las fuerzas rusas acusaron a Gluck de haber entrado en la república de Chechenia sin la debida autorización, mientras fuentes oficiales rusas expresaban su temor de que acabara corriendo la misma suerte que los cuatros ingenieros anglosajones decapitados en 1998.

La experiencia, en realidad, acabó siendo muy distinta. El cooperante estadounidense pasó únicamente alrededor de tres semanas en manos de sus captores: durante los primeros diez días lo trataron muy mal, pero al final fue convocado un juicio en un tribunal de Sharia (institución que impartía justicia en las filas rebeldes) que decretó su excarcelación. A partir de entonces Gluck fue bien alimentado y cuidado, antes de proceder a liberarlo. Civiles chechenos, en particular médicos, conscientes del descrédito y la deslegitimación que provocaban los secuestros de ciudadanos extranjeros que venían a suministrar ayuda sanitaria, presionaron al renuente comandante checheno Shamil Basáyev —nada que ver con Arbi Baráyev, sospechoso de ser un agente doble al servicio del Kremlin—, para implicarse en la liberación de Gluck, lográndolo al cabo de poco tiempo gracias al veredicto favorable del tribunal de Sharia. Una vez en libertad, fue difundido el contenido de una carta escrita por Basáyev que traía el propio Gluck en su bolsillo y en la que el líder checheno se disculpaba del incidente y acusaba a las tropas rusas de incentivar dicho secuestro.[18]

La misiva, difundida por la agencia de noticias Kavkaz Center, decía:

> Un grupo de muyahidines decidió liberar a algunos de sus camaradas intercambiándolos por usted; había suficientes razones, y los rusos habían dado a entender que estaban dispuestos a intercambiar por un extranjero a diez combatientes; no podemos mantener el contacto de forma permanente con todas las unidades, razón por la cual algunos de nuestros combatientes decidieron actuar *motu proprio*.

La publicación del mensaje, además, desmintió de un plumazo la falsa versión del final del secuestro difundida por fuentes oficiales rusas, entre ellos el portavoz del Servicio Federal de Seguridad (FSB), Aleksándr Zdanovich, además de Serguéi Yastrzhembski, entonces enviado especial del presidente Vladímir Putin para asuntos referidos a Chechenia. Ambos intentaron presentar la liberación como un acto heroico, producto de una audaz operación especial realizada por los servicios de seguridad rusos.

El caso del secuestro del ciudadano neerlandés Arjan Erkel, quien se hallaba al frente de las operaciones de MSF Suiza en la república de Daguestán, vecina de Chechenia, constituyó todo un terremoto para la ONG y suscitó numerosas dudas en el seno de la organización humanitaria, generando un agitado debate interno.

Erkel fue capturado el 12 de agosto de 2002 por tres hombres armados, pasando cerca de 20 meses en cautiverio antes de ser liberado en abril de 2004. El secuestro se produjo en un momento en el que Médicos Sin Fronteras había adquirido gran notoriedad y respetabilidad internacional al recibir en 1999 el premio Nobel de la Paz. El reconocimiento, no obstante, no logró frenar la campaña de hostigamiento lanzada por los responsables militares y políticos rusos a raíz de las guerras en Chechenia, obligando a sus responsables en varias ocasiones a detener sus actividades en la zona. En el momento de la captura de Erkel, en 2002, tres años después del reinicio de las hostilidades en Chechenia en 1999, MSF era probablemente la única organización humanitaria de peso que denunciaba a viva voz los intentos de las autoridades rusas de dar carpetazo definitivo a la guerra forzando a los desplazados internos instalados en las repúblicas caucásicas vecinas de Ingushetia y Osetia del Norte a regresar al escenario de la guerra en contra de su voluntad, empleando métodos como el corte de suministros esenciales como el gas o el agua.[19]

El comportamiento de Erkel antes del secuestro también pudo influir en su captura. El cooperante no seguía las consignas de seguridad emitidas por su propia organización y mantuvo comportamientos temerarios, lo que pudo incentivar a elementos criminales a fijarse en él como posible víctima de un rapto.

Nada más darse a conocer el secuestro, se formó una célula de crisis radicada en Ginebra, iniciándose una acalorada discusión en el seno de la organización acerca de la naturaleza del incidente, si este tenía motivaciones que iban más allá de una simple demanda de rescate realizada por grupos criminales o mafiosos. Pasaban los meses y no había manera de recibir noticias ni de los autores del secuestro, ni del propio Erkel, lo que exasperaba a los negociadores y a los compañeros.

La sensibilidad de los secuestradores a la exposición mediática quedó confirmada cuando la organización realizó una primera comunicación pública en la que se subrayaba, aún de forma vaga e imprecisa, la responsabilidad legal del Estado ruso en la resolución del crimen, empleando además el símil del mítico Triángulo de las Bermudas. «Dijimos que, en el Triángulo del Cáucaso, nuestro personal desaparecía [con frecuencia]», relata una fuente interna dentro de la organización. Y fue al poco tiempo de su difusión cuando MSF recibió la primera prueba de vida del cooperante, que consistía en un vídeo en el que Erkel aparecía en buen estado de salud. La familia, el Gobierno neerlandés y otro sector de MSF, por su parte, comenzaron a oponerse a la estrategia de dar visibilidad al caso e implícitamente responsabilizar al Estado ruso, pensando que ponía en riesgo la vida del secuestrado.

Las sospechas de involucración del Estado ruso se acrecentaron al filo de la Navidad de 2002. MSF recibió la cuenta de teléfono del móvil de Erkel y comprobó que, tras la captura, se habían realizado desde ese dispositivo varias llamadas telefónicas. Al cotejar los números, los responsables de la ONG comprobaron que correspondían a un cuartel de los servicios secretos rusos en Majachkalá y a miembros del entorno de un oligarca que ocupaba el cargo de diputado en el Parlamento regional de Daguestán. Pese a lo que aquello implicaba, el FSB respondió que aquel hallazgo no era concluyente, y se limitó a dar de baja la línea telefónica. También por aquel entonces se supo que, en el momento del secuestro, Erkel estaba siendo seguido por dos agentes del FSB que no actuaron para impedir la captura y que incluso la investigación había sido cerrada sin que los mandos policiales informaran a la dirección de MSF.[20]

Mientras aguardaban noticias, los miembros del equipo de negociadores intentaron impulsar las pesquisas, viviendo surrealistas situaciones. Tras meses de infructuosas gestiones y silencio de la parte rusa, los responsables del caso en la organización humanitaria consiguieron tener un encuentro con un general de alto rango del propio FSB. La reunión, que se celebró en Moscú y a la que asistió Morten Rostrup, presidente del Consejo Internacional de MSF, se desarrolló en una atmósfera de desconfianza y agresividad. Según testigos, el alto responsable de los servicios rusos prácticamente les vino a decir que la ONG merecía lo que le había sucedido, dando a entender además que no iba a hacer nada para ayudarles pese a su capacidad para hacerlo. «Es un escándalo que, un año después, nuestro colega Arjan Erkel esté aún desaparecido; esto se debe a la investigación deficiente [rusa]», llegó a denunciar el propio Rostrup.[21]

El paso del tiempo no hizo más que acrecentar el debate entre un sector de MSF que aseguraba que la organización tenía un problema político con Rusia, un país con el que «no hay negociación posible, solo un pulso de fuerza», y otro representado tanto por las autoridades holandesas, como por la propia familia del secuestrado y otro sector de MSF. Los primeros sostenían que lo que había que hacer era, en realidad, acudir a los medios de comunicación y elevar la voz sobre lo que estaba sucediendo. El Ejecutivo de los Países Bajos, encabezado entonces por Jan Peter Balkenende, procedente de la formación de centroderecha Llamada Demócrata Cristiana, prefería la discreción y se declaraba en contra de exponer las posibles vinculaciones del Estado ruso con el caso, una medida que también apoyaban los familiares, próximos ideológicamente al partido.

Hacia la Navidad de 2003, los negociadores se inquietaron sobremanera ante las informaciones que les llegaban, que hablaban de un importante deterioro del estado de salud del secuestrado. La organización emitió «una comunicación dura» mediante el diario *Le Monde* en la que acusaban a Rusia de prolongar el secuestro y advertían de que, en la próxima ocasión en que hablaran públicamente, ya desvelarían el nombre del oligarca daguestaní a quien los secuestradores habían llamado por teléfono tras capturar a Erkel. Fue un pequeño artículo en el principal diario francés que, en opinión de una fuente interna de la organización, «causó pánico entre los rusos».[22]

En el momento de la liberación, ya no había comunicación entre los defensores de la exhibición pública del caso y los partidarios de la discreción. La resolución del secuestro se produjo finalmente gracias a la contratación de una asociación rusa de exmiembros de los servicios secretos rusos llamada Veteranos de la Inteligencia Extranjera. Inicialmente, el Ejecutivo de La Haya, siempre inclinado a no incomodar a Rusia, aseguró que la liberación se había producido como consecuencia de una operación especial del FSB y la policía daguestaní, aunque posteriormente se tuvo que desdecir y admitir que se materializó gracias al pago de un rescate de un millón de dólares. El asunto acabó en una enconada disputa judicial del Estado neerlandés con MSF en los tribunales de Suiza reclamando el dinero del rescate. Independientemente del origen del secuestro, de si tuvo un móvil político o mafioso, lo que como mínimo quedó meridianamente claro fue la capacidad del Estado ruso, en particular del FSB, de facilitar la pronta liberación del secuestrado si hubiera tenido verdadera voluntad política de materializarlo. Algo que implicaba acudir en ayuda de una organización a la que despreciaba desde el inicio de las guerras chechenas.

Ucrania: distintos métodos, idéntica política

La guerra de Ucrania, en la que se enfrentan dos ejércitos regulares separados por nítidas líneas de frente y en la que el papel de las milicias paramilitares es mucho más reducido, ofrece a Rusia y a sus estructuras de seguridad menos posibilidades de captar a grupos radicales para este tipo de actuaciones, como sí sucedió durante los conflictos armados en Chechenia o Siria. Ello no quiere decir que su Ejército o sus fuerzas de seguridad hayan desistido de sus intenciones de ahuyentar, por cualquier método posible, a cooperantes y periodistas, a quienes sigue considerando testigos molestos de los conflictos en los que participa. Desde el arranque de la invasión, varios hoteles frecuentados por periodistas y personal humanitario han sido atacados con bombardeos de precisión en localidades como Járkov o Zaporiyia.[23]

El asesinato en Kiev, al poco de iniciarse la invasión de Ucrania, de la periodista opositora rusa Oksana Baulina, quien había trabajado para el Fondo Anticorrupción fundado por el opositor Alekséi Navalni y escribía reportajes de investigación en la publicación *The Insider*, es otro ejemplo de ello.[24] La reportera acudió a un supermercado que había sido atacado horas antes el 23 de marzo de 2022, siendo alcanzada por una explosión que reventó el coche en el que viajaba, pero que dejó intactas las inmediaciones, lo que permitía entrever que se trataba también de un ataque de precisión.

El fotógrafo Ricardo García Vilanova, quien consiguió sortear el cordón de vigilancia y llegar hasta la furgoneta atacada a las pocas horas del incidente y hacerle fotos, certifica este extremo. «El proyectil entró por el costado derecho; la luna delantera ni siquiera resultó afectada» por la deflagración, explica. García Vilanova también descarta que se tratara de un *double tap* o par controlado, táctica común del Ejército ruso que detallé en el capítulo 3, y que la muerte de Baulina fuera fortuita. «El *double tap* lo haces como máximo a la hora, hora y media del ataque, no el día después», insiste el fotoperiodista. Alfonso Bauluz, presidente de Reporteros Sin Fronteras en España, califica el fallecimiento de Baulina de «ejecución» que, de acuerdo con sus fuentes, fue materializada mediante «un dron en el interior del vehículo».

Epílogo

La Rusia de Putin... ¿Estado terrorista?

Fue una interpelación concisa, directa y sin atajos posibles. El 8 de febrero del año 2000, el presidente de la comisión de Exteriores del Senado de Estados Unidos, el republicano Jesse Helms, preguntó a la entonces secretaria de Estado estadounidense, Madeleine Albright, si existía prueba alguna en posesión del Gobierno de Estados Unidos que vinculara a los grupos armados en Chechenia con la cadena de explosiones del otoño anterior en Moscú y otras ciudades rusas. Dichas explosiones causaron tres centenares de muertos inocentes y acabó siendo utilizada como coartada por el Kremlin para lanzar la devastadora y mortífera operación militar contra la república caucásica.[1]

«No hemos visto ninguna evidencia», reaccionó, escueta, la entonces jefa de la diplomacia estadounidense. La siguiente cuestión del legislador conservador fue más incisiva e intentó ya implicar a las autoridades rusas: «¿Piensa usted que el Gobierno ruso tiene alguna justificación cuando acusa a los grupos chechenos de ser responsables de las explosiones?». «Las investigaciones siguen su curso, los actos de terror no tienen lugar en una democracia», se limitó a responder la responsable estadounidense.

Albright tenía ante sí un intrincado dilema. Cualquier respuesta en tono mínimamente acusatorio hubiera significado en la práctica implicar a Vladímir Putin en un crimen tan execrable como el de terrorismo de Estado. El actual presidente de Rusia, aunque por aquel entonces aún ocupaba la jefatura del Estado de forma interina tras la repentina dimisión de Borís Yeltsin en el último día del siglo XX, era ya *de facto* el nuevo hombre fuerte del país, y solo esperaba ser refrendado por las urnas en unas elecciones presidenciales sin rivales que estaban previstas para el mes siguiente.

De hecho, cuatro días antes de aquel debate en Washington D. C., concretamente el 4 de febrero de 2000, el exministro de Exteriores y ex primer ministro Yevgueni Primakov, el único competidor de envergadura de Putin, había anunciado la retirada de su candidatura ante el irresistible ascenso de aquel joven procedente del antiguo KGB, que en cuestión de semanas se había erigido en el político más popular del país gracias a su actitud decisiva a la hora de enfrentarse al «terrorismo checheno» y que, con el paso de los años, acabaría convirtiéndose en el presidente vitalicio del país.

Ha transcurrido un cuarto de siglo y aquella sesión parlamentaria de control, que nunca llegó a generar grandes titulares en la prensa local o internacional, adquiere toda su significación en este dramático momento de la historia universal. Un periodo en el que varias guerras superpuestas —una en el continente europeo, de donde se creía desterrada para siempre, y otras en Oriente Próximo, con participación directa o indirecta de Moscú según se mire—, empujan hacia una conflagración de dimensión planetaria y consecuencias no vistas. Sin haber siquiera obtenido el refrendo de los votantes de su país, el nuevo líder del Kremlin consiguió entonces que la comunidad internacional cerrase los ojos y mirase hacia otro lado ante unos hechos de extremada gravedad: el asesinato de tres centenares de sus ciudadanos, convertidos en material de desecho por el Estado que los debía proteger, con el objetivo de lanzar, bajo falsas premisas y manipulando a la propia opinión pública, una sangrienta guerra que acabaría diezmando a la minoría chechena, perseguida de forma recurrente en el gigante euroasiático desde la época de los zares.[2]

En ese desconcertante arranque de siglo, el mundo quizás aún no se daba cuenta de las gravísimas implicaciones de aquellos hechos acaecidos en la Rusia que se aprestaba a gobernar Putin. Sin embargo, lo cierto es que se iniciaba entonces una cadena de audaces acciones emprendidas por el Kremlin y destinadas, por un lado, a consolidar la tradicional relación de sometimiento y vasallaje entre el poder político y los ciudadanos en el interior de Rusia y, por otro, a mermar la legalidad internacional hasta cotas no vistas en el último siglo, desafiando en ambos casos los principios básicos de la decencia humana. Unos movimientos de gran agresividad que, o bien no recibirían respuesta alguna por parte de Occidente, o bien esta sería tan débil que no serviría de fuerza de disuasión ante nuevos excesos futuros ideados desde Moscú.

En seguida comenzaron a producirse nuevos abusos y ataques híbridos del Kremlin, cada vez más procaces, destinados no solo a someter a los rusos, sino también a testear la tolerancia de los dirigentes de Europa y Estados Unidos, como hemos podido comprobar en las páginas de este libro. Compra de periodistas y captación de formaciones políticas en Occidente, empleo de grupos rusos del crimen organizado asentados en el exterior con capacidad de corromper y pervertir las economías locales, asesinatos de oponentes políticos en suelo ajeno mediante sustancias tóxicas y radiactivas que incluso ponían en peligro la salud de ciudadanos europeos y estadounidenses, decisivos apoyos diplomáticos y militares a aliados en Oriente Próximo que empleaban armas de destrucción masiva contra sus propios civiles, bombardeos y ataques deliberados contra infraestructura y personal de las organizaciones humanitarias en las guerras en las que participaban las fuerzas rusas, y osadas campañas de injerencia y desinformación. Ya entrada la tercera década del siglo XXI, el Kremlin cruzaría la última gran línea roja vigente en el continente europeo desde el final de la Segunda Guerra Mundial y lanzaría, ante la sorpresa generalizada, una invasión militar en toda regla sin mediar provocación alguna contra todo un país soberano situado a las mismas puertas de la Unión Europea.

«Lo que verdaderamente empodera a Rusia y a sus dirigentes es la sensación de que pueden salirse con la suya, de que sus verdaderos motivos no serán entendidos, y de que sus crímenes no serán expuestos», denuncia con vehemencia David Satter, el primer periodista foráneo en presentar como producto de una conspiración del Estado ruso los atentados de 1999 en la capital rusa y otras ciudades del país. Y aunque admite que una exposición pública de estos pavorosos hechos no hubiera impedido entonces la elección de Putin como presidente, el mundo sí habría recibido la advertencia de que «un terrorista» había llegado al poder en Rusia, y de que, a partir de ese momento, las relaciones con ese país debían basarse en esa premisa.

«Sé que es una realidad muy incómoda; asumir estos hechos», resumidos en la constatación de que, al frente de la segunda potencia nuclear del planeta, se encuentra un personaje capaz de llevar a cabo actos de terrorismo. «Convierte al mundo en un lugar verdaderamente peligroso y la gente no quiere contemplar situaciones de riesgo extremo», prosigue Satter. Sin embargo, viene a concluir el investigador, mucho peor es obviar una realidad tan aterradora, ya que se acaba transmitiendo a la opinión pública y a las siguientes generaciones de políticos una imagen de Rusia que no corresponde con la realidad y que, al final, tarde o temprano, acaba volviéndose en contra de quienes optaron por ignorar los avisos, provocando graves errores de cálculo.

Satter, quien en la actualidad tiene setenta y siete años, no ha dejado de investigar durante todo el tiempo transcurrido desde entonces. En 2016, presentó una petición amparada en la Ley de Libertad de Información de Estados Unidos demandando al Departamento de Estado, la CIA y el FBI todos los datos y valoraciones en su poder sobre los controvertidos atentados en Moscú y otras ciudades rusas en 1999.[3] La CIA se negó a proporcionar documento alguno, el FBI no le facilitó nada que no hubiera hecho público previamente, y únicamente la institución encargada de la política exterior le entregó seis materiales con información, pero ninguna valoración acerca de en quién recaía la responsabilidad.

Tras alegar ante las autoridades y cumplimentar una nueva petición, dicho departamento respondió con un nuevo y contundente «no», esgrimiendo como justificación que la entrega de tales papeles «tenía el potencial de generar tensiones o causar graves daños» a las relaciones con Rusia, «que son de vital importancia para la seguridad nacional de Estados Unidos». El reportero extrae una sola conclusión de todo este pulso: las autoridades de su país tienen en su poder abundante material sobre este tema, aunque por el momento, y bajo ningún concepto, no están dispuestas a difundirlo.

Entre los errores acumulados en estos veinticinco años debido a esta suerte de «pecado original» en el nacimiento del *putinismo*, a esta percepción inicial errónea sobre la verdadera naturaleza del régimen de Putin, existe uno en particular al que recurren los sectores de las opiniones públicas occidentales más inclinados al entendimiento con Moscú y que exaspera sobremanera a quienes hemos estudiado de cerca los vínculos del Kremlin con grupos extremistas violentos. Es la creencia de que, pese a las diferencias y a los contenciosos económicos y políticos que separan desde hace mucho tiempo a Occidente y Rusia, sí existe un ámbito en el cual es posible la cooperación. Y ese es el de la lucha contra el extremismo islámico, supuesto enemigo común de ambos.[4]

Por si lo explicado en estas páginas a punto de acabar no constituyera suficiente argumento, el caso de los hermanos Dzhojar y Tamerlán Tsarnáyev —los dos inmigrantes de origen checheno residentes en Estados Unidos y autores del atentado de 2013 contra los participantes en una maratón de Boston— ejemplifica como pocos una realidad lacerante: mientras no medie un cambio político de envergadura en Rusia, la formación de un frente antiterrorista mundial con Moscú de socio destacado no es más que una ilusión.

Vayamos por partes. El 15 de abril de 2013, tres personas resultaron muertas y cientos más heridas, dos decenas de ellas perdieron piernas o brazos, al estallar en la capital del estado estadounidense de Massachusetts dos artefactos explosivos cargados de agujas y canicas de metal y colocados junto a la meta de una maratón popular, justamente en el momento en el que hacían su entrada los corredores. Al cabo de tres días, el FBI hizo públicas las identidades de los autores e inició una espectacular operación policial que acabó a las pocas horas, cuando Tamerlán, el hermano mayor, fue abatido por las fuerzas del orden, mientras que

Dzhojar fue arrestado un día después en Watertown, una localidad cercana a la gran ciudad. En la actualidad, Dzhojar permanece ingresado en la prisión de alta seguridad de Florence en Colorado, a la espera de ser ejecutado por el método de inyección letal tras ser hallado culpable por un tribunal federal de seis de las catorce acusaciones formuladas contra él.[5]

La actitud ambivalente de Rusia en el periodo anterior al atentado demuestra, una vez más, las grandes lagunas e inconsistencias del Kremlin respecto al fenómeno del terrorismo, además de poner sobre el tapete la escasa fiabilidad de la cooperación ofrecida por sus fuerzas de seguridad en esta materia. Durante las investigaciones salió a la luz que Moscú, en 2011, había advertido a Estados Unidos acerca de la peligrosidad de Tamerlán, el hermano mayor de los Tsarnáyev, en sendas comunicaciones enviadas tanto a la CIA como al FBI.[6] Las reiteradas demandas de información adicional remitidas desde Washington D. C. a Moscú quedaron sin respuesta, lo que impidió que la parte estadounidense pudiera dar una relevancia adecuada al caso y estrechara la vigilancia sobre el individuo.

Más aún. El terrorista Tsarnáyev pudo viajar en 2012, es decir, menos de un año antes de los atentados, a Daguestán, la república de la Federación Rusa de mayoría musulmana donde residía su padre. Entró en el país a través del moscovita aeropuerto de Sheremétievo, probablemente la frontera mejor vigilada de todo el país, pero en ningún momento fue molestado o interrogado por los agentes fronterizos. «Tenían todas las razones del mundo para detenerle, pero no hicieron ningún esfuerzo», denuncia Satter.

El actual liderazgo ruso no solo considera al fenómeno del terrorismo islámico como un elemento instrumental en su pugna ante quienes identifica como sus verdaderos antagonistas en el mundo, es decir, Estados Unidos, la OTAN, la Unión Europea y la democracia liberal. También contempla las acciones terroristas indiscriminadas en Occidente y las subsiguientes olas de solidaridad y repulsa como una oportunidad para avanzar su agenda y saldar cuentas propias con exiliados políticos apelando a la cooperación internacional ante el supuesto enemigo común, confundiendo de forma cínica y deliberada lucha antiterrorista con represión de la disidencia legítima.

Khazman Umarova, una renombrada activista de la diáspora chechena residente en Francia, donde se instaló a finales de los años noventa, huyendo de la persecución de Moscú, puede dar buena cuenta de ello. En enero de 2015, pese a llevar largos años en el país galo como exiliada política e incluso haber cooperado con las fuerzas de seguridad francesas en la lucha contra el extremismo, fue arrestada junto a su marido y su hijo por tropas de asalto. Sucedió pocos días después de los atentados en París contra la revista satírica *Charlie Hebdo*, en enero de 2015, en los que perdieron la vida una docena de trabajadores de la publicación y que mantuvieron en vilo al país galo durante varios días mientras se perseguía a los asesinos.

«Mi hijo tenía entonces quince años, creo que incluso hasta dispersaron gas» en el momento en que irrumpieron en la casa durante la madrugada «para arrestarnos», recuerda Umarova. «Nos preguntaban repetidamente: "¿Dónde están los malhechores? ¿Dónde están las armas?"; nosotros les respondíamos con burlas: "En la embajada de Rusia"», continúa. Lo absurdo de la situación quedó reflejado durante el registro concienzudo del domicilio familiar que realizaron los agentes franceses. Pese a que Umarova, su esposo y su hijo eran acusados de militar en el extremismo islámico, en el frigorífico de la vivienda se guardaba una botella de vino de Burdeos, traída por unos invitados unos días atrás cuando Khazman celebró su cumpleaños.

La mujer y su familia fueron liberados y exonerados al cabo de pocas jornadas tras comprobarse lo infundado de las acusaciones, pero, según sostiene Khazman, era indudable que las autoridades rusas habían intentado aprovechar el rechazo general ante la violencia terrorista desencadenada en Francia para ponerla, a ella y a toda su familia, en el mismo saco extremista que los autores del ataque a *Charlie Hebdo*, presionar a París y demandar cooperación a los «socios», y golpear a la oposición chechena muy numerosa en Francia.

Existe el consenso entre la comunidad internacional de que Rusia es, hoy en día, un «Estado terrorista», que lleva a cabo acciones merecedoras de tal nombre y que protege y auspicia a grupos violentos. De hecho, en noviembre de 2022, nueve meses después del inicio de la invasión de Ucrania, el Parlamento Europeo aprobó por 494 votos a favor y tan solo 58 en contra una resolución, sin valor jurídico alguno, que etiquetaba al país de Putin como Estado que patrocina al terrorismo. Esto conminaba a los países miembros de la Unión Europea a poner en marcha iniciativas legales al respecto, elaborar listas e imponer medidas restrictivas. En mayo, nada más iniciarse la guerra, el Senado de Estados Unidos adoptó también un texto similar, a iniciativa de los legisladores Richard Blumenthal y Lindsey Graham, invitando al Departamento de Estado estadounidense a considerar al país de Putin «Estado patrocinador de terrorismo».

Pero una cosa es aprobar resoluciones sin consecuencias prácticas y otra muy distinta plasmar esta concepción en listas, leyes y normativas con validez legal, un hecho que obligaría a los gobiernos a adoptar medidas que muchos políticos consideran como contraproducentes en sus tratos con Rusia. El mismo Departamento de Estado estadounidense cuenta con una lista de «Estados que patrocinan el terrorismo» y en la cual están incluidos, a fecha de hoy, Corea del Norte, Irán, Siria y Cuba. Por el momento, la Administración de Estados Unidos es reticente a dar el mismo trato a Rusia que a los países de esta lista, ya que «impactaría en la coordinación multilateral que ha hecho que las sanciones [contra Moscú] sean tan efectivas», según el propio Departamento de Estado. En otras palabras, una eventual declaración de Rusia como Estado terrorista, en opinión de la Administración de Joe Biden, agrietaba el arduo consenso internacional sobre las sanciones obtenido hasta la fecha y alejaría aún más de Occidente a muchos Estados del denominado Sur Global respecto a la guerra de Ucrania.[7] La actitud que pueda adoptar la Administración de Donald Trump respecto a este tema constituye una verdadera incógnita y podría hasta provocar enconados debates en Estados Unidos.[8]

Más allá de las sanciones y las enormes limitaciones en cualquier contacto bilateral que impone la legislación estadounidense a los Estados calificados de «terroristas», uno de los efectos que más inquieta a los países candidatos a ser incluidos en esta temida lista negra estadounidense es que dejan de gozar de la protección de la Foreign Sovereign Immunities Act. Esta ley, promulgada en 1977, establece que todo Estado soberano es inmune ante toda demanda civil planteada en tribunales federales o estatales de Estados Unidos. En otras palabras, los ciudadanos estadounidenses no pueden elevar ante la justicia de su país reclamaciones civiles por daños contra los Estados porque estos gozan de protección jurídica, al igual que un presidente de

Estados Unidos durante su mandato político. Existe, eso sí, una excepción. En casos referidos a torturas, ejecuciones extrajudiciales y toma de rehenes, los ciudadanos estadounidenses pueden acudir a los tribunales civiles de su país y exigir compensaciones precisamente si aquellos Estados demandados han recibido la etiqueta de «patrocinador del terrorismo».

Eso fue exactamente lo que hizo la familia de Steven Sotloff, uno de mis compañeros de cautiverio ejecutados, en 2016, denunciando al régimen de Bashar al-Ásad, el que fue hasta su derrocamiento el más importante aliado de Moscú en Oriente Próximo.[9] Al régimen le exigieron compensaciones monetarias por el apoyo de todo tipo que brindaron sus servicios secretos al Estado Islámico, una decisión que inmediatamente fue secundada por las familias de James Foley y Kayla Mueller, también pertenecientes al mismo grupo de cautivos. En marzo de 2023, el tribunal de distrito del Distrito de Columbia acordó conceder a los demandantes más de 200 millones de dólares en daños compensatorios y 400 millones adicionales en daños punitivos.[10]

En la sentencia se considera como probado algunos de los hechos más destacados relatados en este libro, como la cooperación del Estado sirio con Al Qaeda en la zona de Mesopotamia, la organización yihadista que combatió a las tropas estadounidenses en Irak tras la caída del régimen de Sadam Husein y que posteriormente formó el núcleo del Estado Islámico, también los envíos de hidrocarburos a Damasco desde las zonas bajo control del ISIS y la ayuda logística proporcionada por Siria al grupo ultrarradical, junto a la inacción de las fuerzas militares sirias a la hora de combatirles. Semejante iniciativa civil en los tribunales estadounidenses es imposible extender por el momento a Rusia, ya que el país de Putin sigue estando fuera de esta lista de países malditos.

Yo solo soy un periodista y no me considero cualificado para decir a las autoridades de cualquier país qué es lo que tienen que hacer o qué políticas seguir, ni con Rusia ni con ningún otro Estado. Estoy plenamente convencido de que, pese a todas las limitaciones, corrupciones, apriorismos y cortoplacismos, los gobiernos de los países democráticos adoptan las mejores decisiones posibles en interés de sus propios ciudadanos, con los que luego tienen que rendir cuentas en las urnas. Y tengo la total certeza de que las medidas que estos adoptan son necesariamente ponderadas, pues disponen de mucha más información que este simple reportero de recursos limitados, y contemplan, una vez adoptadas, todas las aristas y consecuencias posteriores de un paso tan grave como rotular a tal o cual Estado del mundo con la etiqueta de «terrorista».

Insisto. Escribiendo este libro, no intento dar lecciones, ni siquiera consejos. Simplemente me limito a cumplir con la principal obligación que tiene todo periodista ante su audiencia, y que se resume en dar a conocer unos hechos que hasta el momento habían permanecido ocultos o escasamente tratados, en particular entre audiencias como la nuestra, ajenas a los Estados surgidos de las cenizas de la URSS y no familiarizadas con las formas de hacer en esa parte del mundo. Esta obra es mi granito de arena para romper ese elevado muro de silencio erigido por muchos ante la compra por parte de Rusia de voluntades entre periodistas y políticos, ante la manipulación informativa mediante efectivas técnicas de propaganda, ante las complicidades del Estado ruso con los secuestros, el extremismo, el terrorismo y las mafias.

Mi aspiración con esta obra consiste en que la próxima vez que un lector lea que un ciudadano procedente del antiguo espacio soviético es detenido como sospechoso de terrorismo en tal o cual país, se contemple la posibilidad de que ese joven en realidad haya podido ser radicalizado por servicios secretos y agentes del país de Putin que buscan mermar la democracia y polarizar a nuestras respectivas opiniones públicas favoreciendo a opciones políticas extremistas. Que la próxima vez que un mafioso ruso sea capturado en algún lugar idílico de la costa europea, la audiencia entienda que esa figura solo ha podido amasar su fortuna y llevar a cabo sus actividades gracias a que en su país de origen el crimen organizado ha logrado infiltrarse en las estructuras de seguridad y captarlas. Y que muy probablemente ese personaje esté realizando en territorio foráneo algún tipo de servicio para ese Estado cómplice de sus delitos. Que la próxima vez que un espectador consuma propaganda rusa a través de un canal oficial ruso o alguna de sus múltiples marcas blancas, entienda que lo que consume no es información, sino una suerte de ataque híbrido contra la democracia destinado a desestabilizar y a polarizar.

Este epílogo final se quedaría cojo si no explico al lector que, en la elaboración de este libro, también existe una gran dosis de motivación personal. Me refiero, evidentemente, al secuestro que sufrí entre 2013 y 2014, y a la necesidad de hacer justicia a mis compañeros muertos, exponiendo las responsabilidades y complicidades últimas en el proceso de gestación del Estado Islámico, el grupo terrorista que los asesinó hace ya más de un decenio. En los años transcurridos desde su ejecución, he establecido un potente vinculo personal con las familias de algunos de los rehenes, gentes sencillas y de bien cuya existencia se verá marcada para siempre por las imágenes de sus seres queridos, vestidos con un mono naranja, arrodillados en el desierto sirio mientras eran filmados y obligados a recitar una declaración propagandística contra su país antes de ser asesinados.

Cuando se sufre un trauma semejante, cuando tu padre, hijo o hermano es inmolado de la manera más horrible e irracional, ante los ojos de todo el mundo y sin móvil posible que lo justifique, encontrar un propósito, una motivación para seguir viviendo y no caer en la desesperación se hace particularmente arduo. Las familias de James Foley y Steven Sotloff han afrontado ese vacío existencial creando sendas fundaciones, los primeros para luchar por la liberación de los ciudadanos norteamericanos secuestrados o detenidos ilegalmente en el extranjero, los segundos para entrenar a periodistas que deberán afrontar durante sus carreras profesionales situaciones de riesgo.

«Es maravilloso», me dijo entre lágrimas Art, padre de Steven, en su casa, sita en una bonita urbanización del sur de Florida rodeada de vegetación tropical, cuando me leyó la carta de un participante en uno de los cursos de supervivencia en zonas de conflicto organizados y sufragados por la 2LIVES Foundation, la ONG que preside. En la misiva, el periodista le relataba cómo la formación recibida entonces le ayudó a maximizar sus posibilidades de supervivencia durante una refriega en México con una banda de narcotraficantes en la que se vio personalmente envuelto.

Otro de los familiares con los que mantengo contacto, Bethany, la hija de David Haines, el tercer rehén asesinado, de nacionalidad británica, se ha propuesto como principal meta de su vida hallar el cadáver de su padre y traerlo de vuelta a Escocia. Con tal propósito ha viajado a Siria en varias ocasiones, y ha elaborado un detallado álbum con todo lo que se ha ido sabiendo del secuestro de su progenitor.

Por todas estas razones les digo a mis queridos James, Steven, David, Alan, Peter, John, Kayla y Serguéi, que allá donde estéis, este libro también va por vosotros.

Agradecimientos

Este libro, aunque está firmado por una sola persona, en realidad, está concebido como una obra coral, que acumula los conocimientos y las denuncias de múltiples compañeros de profesión que, expuestos en un único volumen, creo que tienen la virtud de trasladar al lector las enormes dimensiones de la multifacética amenaza que supone la Rusia de Putin para la paz y la estabilidad en Europa y el mundo. Algunos de ellos, incluso, perecieron en el intento, como Anna Politkóvskaya, a la que me hubiera gustado conocer en persona.

Otros, como Anastasia Kirilenko, se han tenido que exiliar para poder explicar al mundo lo que sucedía en su país. Anastasia se involucró desde el principio y muy generosamente en el proyecto, facilitándome el acceso a fuentes y contactos que jamás habrían aceptado hablar conmigo si ella no hubiera mediado. Anastasia, para mí este libro es casi una obra conjunta.

Quiero agradecer también la paciencia y disponibilidad de David Satter, el primer periodista que denunció públicamente los actos de terrorismo de Estado llevados a cabo por Rusia. El tiempo que pasamos juntos en su casa de Washington D. C., recuperando y examinando el pasado, lo recordaré como uno de los momentos de mi vida profesional que más satisfacción me han aportado.

Las informaciones y sugerencias de Rafael Vilasanjuán, antiguo secretario general de Médicos sin Fronteras, y de Johnathan Litell, uno de los mejores expertos en Rusia y el Cáucaso, han sido fundamentales para desentrañar las maniobras y presiones del Kremlin contra los testigos molestos que denunciaban sus excesos y atrocidades durante las guerras de Chechenia. Como también lo han sido las sugerencias y el conocimiento de Marta Ter. El historiador Yuri Felshtinski, gracias a su amistad con el exagente envenenado Aleksándr Litvinenko, me ha proporcionado informaciones de gran valor. Por su parte, Irene Benedicto, brillante periodista de *El Periódico*, realizó una excepcional investigación de campo previa a mi viaje a Estados Unidos.

Mis excolegas en Moscú: Xavier Colás, excorresponsal en Rusia de *El Mundo*; María Sahuquillo, de *El País*; Érika Reija, de TVE; Ricardo Marquina, de Antena 3; Céline Aemisegger, de Agencia EFE; y Manel Alías, de TV3, también han estado ahí, apoyando el proyecto de una u otra forma, incluso en los momentos de desánimo. Hemos vivido experiencias semejantes en Rusia y somos muy conscientes de los riesgos que implican para nuestras sociedades el régimen de Putin. De entre todos los colegas extranjeros en Rusia, querría destacar al valiente y decidido Tom Vennik, excorresponsal del diario holandés *De Volkskrant*.

Merece mención especial el difunto Ramón Lobo, uno de los grandes referentes periodísticos de este país, quien entendió desde el principio, antes incluso de instalarme en Moscú de nuevo en 2015, mi necesidad de viajar a Rusia para exponer todas las aristas del secuestro que viví en Siria. También Diane Foley, madre del periodista asesinado James Foley, quien montó desde la distancia un valioso «equipo de investigación» en Oklahoma que me permitió recuperar el rastro de personas fallecidas hace más de dos décadas. Y cómo no, Usmán Baisáyev, activista checheno por los derechos del hombre afincado en Noruega.

Otros periodistas que han empleado sus buenos oficios para que esta obra vea la luz son Javier Martín, de Agencia EFE; Yevhen Fedchenko, director de la página de verificación *Stop Fake*; Cristina Mas, del diario *Ara*; Atanas Tchobánov, periodista búlgaro especializado en corrupción; Leila Nachawati Rego, profesora de Comunicación en la Universidad Carlos III y especialista en Oriente Próximo; Ricardo García Vilanova, periodista *freelance*; Alfonso Bauluz, presidente de Reporteros Sin Fronteras España; David Alandete, de *ABC*; Ángeles Espinosa, excorresponsal de *El País* en Oriente Próximo; y Javier Espinosa, de *El Mundo*. Iliá Zaslavskiy y Natalia Arno, con una larga experiencia en la oposición al régimen de Putin, así como Mustafá y Mohamed Otri, de la oposición en Siria a Bashar al-Ásad, han sido también de gran ayuda.

Dentro de este capítulo de agradecimientos personales, quiero mencionar a dos directores de mi diario, Albert Sáez y Enric Hernández, por confiar en mí y darme los medios para llevar a cabo este arduo trabajo de investigación sobre la Rusia de Vladímir Putin, y también a todo el equipo de Ediciones Península, capitaneado por Oriol Alcorta. Quién diría que tardaríamos casi cinco años en materializar aquel proyecto que debatimos por vez primera en una videollamada entre Moscú y Barcelona. Y por supuesto a mi querida Amaiur Fernández, que no solo es mi agente sino también mi amiga y confidente. Ha sido el eslabón fundamental para que esta obra haya visto la luz.

Familia, amigos, jefes y compañeros de redacción de *El Periódico*. Gracias por vuestro cariño y apoyo. No creo que haga falta que os nombre uno por uno.

Lista de personas entrevistadas

Preámbulo. Donde empezó todo: Moscú y Riazán, 1999

Miembros de los equipos de rescate.

Valentina Vasliukova, superviviente de atentado con bomba en Moscú.

Stéphane Bentura, documentalista francés.

David Satter, periodista norteamericano de investigación.

Mykola Ryabchuk, periodista e intelectual ucraniano.

1. Accidentes de tráfico, carreteras mortales y privilegios de castas

Yulia Piatkova, víctima de accidente.

Víktor Grígorov, abogado civil en Irkutsk.

Serguéi Kanaev, presidente de la Federación de Propietarios de Automóviles de Rusia.

Andréi Kniázev, abogado.

Piotr Shkumátov, coordinador de la Sociedad de los Cubos Azules.

Serguéi Teplygin, activista de tráfico.

Mijaíl Y. Blinkin, director del Instituto de Economía y Política del Transporte.

2. Periodistas y corresponsales *fake*

Exreportero español en Rabat.

Corresponsal española en Moscú.

Javier Martín, delegado de la Agencia EFE en Santiago de Chile.

Martin Vladimírov, director del Centro de Estudio para la Democracia en Bulgaria.

Fuente próxima al Gobierno de Kiril Petkov.

Maria Cheresheva, directora de la Asociación de Periodistas Europeos en Bulgaria.

Atanas Tchobánov, periodista especializado en corrupción de Bulgaria.

Scott Lucas, profesor emérito en la Universidad de Birmingham.

3. Las tres guerras de Putin

Svitlana Ruzinkoi, jefa del Primer Hospital Móvil de Voluntarios Mikola Pirogov.

Usmán Baisáyev, activista cheheno.

Ismail Alabdalá, voluntario de los Cascos Blancos.

Leila Nachawati Rego, profesora de Comunicación en la Universidad Carlos III.

4. Envenenamiento, el método predilecto del Kremlin para el crimen perfecto

Empleado anónimo del Hotel Xander de Tomsk, donde se hospedó Navalni antes de ser envenenado.

Empleada anónima del personal de tierra de la aerolínea S7 en el aeropuerto de Tomsk.

Empleada anónima del bar del aeropuerto de Tomsk.

Tom Vennik, excorresponsal en Moscú de *De Volkskrant*.

Christo Grozev, especialista en temas de seguridad de Bellingcat.

Marina Litvinenko, esposa del agente asesinado Aleksándr Litvinenko.

Iliá Zaslavskiy, director de Underminers y activista anticorrupción.

Víktor Yúshchenko, expresidente de Ucrania envenenado.

Natalia Arno, directora de Free Russia Foundation envenenada.

5. Rusia, el Estado-mafia

Fuentes próximas a la investigación del «caso Troika».

Anastasia Kirilenko, periodista independiente rusa de la web de investigación *The Insider*.

Roberto Mazorriaga Las Hayas, abogado de Guennadios Petróv.

6. Lo que Rusia busca en México

Xavier Colás, excorresponsal de *El Mundo* en Moscú.

Corresponsal anónimo en Moscú.

Cristina Gallach, exsecretaria de Estado de Exteriores.

Fuente interna dentro del Gobierno de Pedro Sánchez.

Fuente ministerial del Gobierno de Mariano Rajoy.

Nicolás de Pedro, investigador sénior y especialista en desinformación rusa.

Douglas Farah, presidente de la consultoría IBI Consultants y experto en propaganda rusa en lengua española.

7. Rusia, paraíso de excesos y estafas urbanísticas

Serguéi Dimin, víctima de *mobbing* inmobiliario.

Stanislav Stankievich, abogado especializado en pleitos urbanísticos.

Iván Rozhkov, víctima de *mobbing* inmobiliario.

Nadezhda Chízova, víctima de *mobbing* inmobiliario.

Dmitri Markélov, candidato por coalición opositora en Novosibirsk.

Tatiana Guzeeva, residente en Pliushikhinski.

Adolescente residente en Pliushikhinski.

Tatiana Vikhitovich, residente en Pliushikhinski.

Yaroslav Vlasov, reportero del portal Taiga-Info de Novosibirsk.

8. Rusia y Siria, terrorismo de Estado

Funcionaria en el Cementerio Memorial de la Resurrección en la ciudad de Oklahoma.

Michael Bratcher, exreportero en *The Oklahoman*.

Dzhojar, exiliado del Gobierno checheno en Europa.

Friedrich, antiguo traductor de la Fracción del Ejército Rojo.

Yuri Felshtinski, historiador e íntimo amigo de Aleksándr Litvinenko.

David Satter, periodista norteamericano de investigación.

Opositor sirio anónimo, exrecluso en la cárcel de Sednaya.

Diab Serriye, activista sirio exrecluso en la cárcel de Sednaya.

Mustafá, exayudante de ingeniero de hidrocarburos en Deir ez-Zor.

Jonathan Winer, académico en el Middle East Institute y exrepresentante de Estados Unidos en Libia.

9. A la caza del periodista y el cooperante: secuestros y ataques de precisión

Representante de una agencia de inteligencia occidental en Moscú.

Rafael Vilasanjuan, excoordinador general de Médicos Sin Fronteras.

Dzhojar, exiliado del Gobierno checheno en Europa.

Fuente interna de Médicos Sin Fronteras.

Ricardo García Vilanova, fotógrafo *freelance*.

Alfonso Bauluz, presidente de Reporteros Sin Fronteras España.

Epílogo. La Rusia de Putin... ¿Estado terrorista?

David Satter, periodista norteamericano de investigación.

Khazman Umarova, exiliada chechena en París.

Art Sotloff, padre de Steven Sotloff, rehén asesinado en Siria.

Notas

Preámbulo. Donde empezó todo: Moscú y Riazán, 1999

1. Marginedas, Marc, «Las explosiones de Moscú fueron un atentado», *El Periódico*, 10 de septiembre de 1999.

2. Johnston, Robert, «Moscow-Russia–13 September 1999», *Database on terrorist attacks and related events–Johnston's Archive*, 26 de noviembre de 2017, <https://www.johnstonsarchive.net/terrorism/incidents/19990913a.html>.

3. Knight, Amy, «Finally, we know about the Moscow bombings», *The New York Review of Books*, 22 de noviembre de 2012, <https://www.nybooks.com/articles/2012/11/22/finally-we-know-about-moscow-bombings/?srsltid=AfmBOoquKvJ_VhGloK5676lzGeFauShQAXyc4NGk4ch5bmo_Eg7osi9H>.

4. «Russian scare bomb turns out to be anti-terror drill», CNN, 24 de septiembre de 1999, <https://web.archive.org/web/20190820111509/http://edition.cnn.com/WORLD/europe/9909/24/russia.bomb.01/>.

5. Sweeney, John, «The fifth bomb: did Putin's secret police bomb Moscow in a deadly black operation?», *Cryptome*, 24 de noviembre de 2000, <https://cryptome.org/putin-bomb5.htm>.

6. «Lawyer Mikhail Trepashkin has been imprisoned since May 2005 on charges which apear to have been politically motivated», en Amnistía Internacional, «Health concern/Denial of medical treatment–Mikhail Ivanovich Trepashkin (m), lawyer»,

31 de mayo de 2006, <https://www.amnesty.org/en/wp-content/uploads/2021/06/eur460272006en.pdf>.

7. Tyler, Patrick E., «Russian says Kremlin faked "terror attacks"», *The New York Times*, 1 de febrero de 2002, <https://www.nytimes.com/2002/02/01/world/russian-says-kremlin-faked-terror-attacks.html>.

8. Satter, David, *The Less You Know, the Better You Sleep*, Yale University Press, 2016, p. 31.

9. Aragonés, Gonzalo, «Veinte años de la ola de atentados que aterrorizaron Moscú», *La Vanguardia*, 12 de septiembre de 2019, <https://www.lavanguardia.com/internacional/20190912/47304906343/atentados-moscu-1999-guerra-chechenia-vladimir-putin-rusia.html>.

1. Accidentes de tráfico, carreteras mortales y privilegios de castas

1. «Peshejodov b Irkutske predpolizhitelno sbila doch glaby oblastnogo izbirkoma», *Gazeta.ru*, 9 de diciembre de 2009, <https://www.gazeta.ru/news/lenta/2009/12/04/n_1431947.shtml>.

2. «Sud v Irkutske otkazalsya uvelichit kompensatsiu seme debushki, nasmert sbitoi Shabenkovoi», *Gazeta.ru*, 18 de enero de 2013, <https://www.gazeta.ru/auto/news/2013/01/18/n_2712313.shtml>.

3. «Radzinskiy zaplatil za smert devushki», *Gazeta.ru*, 3 de abril de 2015, <https://www.delfi.lt/ru/misc/celebrities/pisatel-radzinskiy-zaplatit-za-smert-devushki-67615274>.

4. «Serguei Kanaev, rukoboditel Federatsii Avtobladeltsev Rossii», en *Svobodnaya Pressa*.

5. «Sud zapretil opredelennye deystviya Edvardu Bilu po delu DTP», *RTVI*, 3 de abril de 2021, <https://rtvi.com/news/sud-zapretil-opredelennye-deystviya-edvardu-bilu-po-delu-o-dtp/>.

6. «Piotr Shkumátov, koordinator rossiskogo obshestven-

nogo dvizhenia Obshectbo sinij vederok», *Forbes*, <https://www.forbes.ru/profile/349971-petr-shkumatov>.

7. Perfil de Mijaíl Blinkin, disponible en Instituta Ekonomiki Transporta i Transportnoi Politiki.

2. Periodistas y corresponsales *fake*

1. Folkenflik, David, «*The New York Times* can't shake the cloud over a 90 year old Pulitzer Prize», National Public Radio, 8 de mayo de 2022, <https://www.npr.org/2022/05/08/1097097620/new-york-times-pulitzer-ukraine-walter-duranty>.

2. «New York Times statement about 1932 Pulitzer prize awarded to Walter Duranty», *The New York Times*, <https://www.nytco.com/company/prizes-awards/new-york-times-statement-about-1932-pulitzer-prize-awarded-to-walter-duranty/>.

3. Taylor, S. J., *Stalin's Apologist: Walter Duranty, The New York Times's Man in Moscow*, Oxford University Press, Reino Unido, 1990.

4. Giles, Alexander, «Valery Gerasimov's doctrine: from Soviet armor officer to strategic mastermind?», Universität Potsdam, septiembre de 2020, <https://www.researchgate.net/publication/346195526_'Valery_Gerasimov's_Doctrine'>.

5. Higgins, Andrew, «He was a penniless donor to the far right: he was also a Russian spy», *The New York Times*, 20 de abril de 2022, <https://www.nytimes.com/2022/04/20/world/europe/russian-spies-europe-ukraine.html>.

6. «Javier Martín, delegado de la agencia EFE, gana el XXXV premio "Cirilo Rodríguez"», FAPE, 3 de junio de 2019, <https://fape.es/javier-martin-delegado-de-la-agencia-efe-en-el-norte-de-africa-gana-el-xxxv-premio-cirilo-rodriguez/>.

7. Véase la página web de Bivol: <https://bivol.bg/>.

8. «Bulgarian PM's chief of staff: Russia paying politicians, public figures, to shape opinion», *The Sophia Globe*, 2 de julio de 2022, <https://sofiaglobe.com/2022/07/02/bulgarian-pms-

chief-of-staff-russia-paying-politicians-public-figures-to-shape-opinion/>.

9. Kerbokian, Kerbork, «Putin se dvizhi izhltsialo v ramkata ha mezhdunarodnogo pravo», *Top Novini*, 10 de octubre de 2022.

10. «Turmenskie tamozhenniki izhiali u rossiskogo diplomata krupnuiu cummu deneg», *'Hronikatm*, 10 de mayo de 2016.

11. Jeliazkov, Nikolai, y Vodenova, Yoanna, «Bulgaria twice less likely to approve of sanctions against Russia, compared to rest of EU», Bulgarian News Agency, 19 de diciembre de 2022, <https://www.bta.bg/en/news/bulgaria/379087-poll-bulgarians-twice-less-likely-to-approve-of-sanctions-against-russia-compa>.

12. Schneider, Tobias y Lütkefeld, Theresa, «Nowhere to Hide: the Logic of Chemichal Weapons Use in Syria», Global Public Policy Institute, 17 de febrero de 2019, <https://gppi.net/2019/02/17/the-logic-of-chemical-weapons-use-in-syria>.

13. Hubbard, Ben, «In Syrian town, people started shouting: "Chemichals!, Chemichals!"», *The New York Times*, 11 de abril de 2018, <https://www.nytimes.com/2018/04/11/world/middleeast/syria-chemical-attack-douma.html>.

14. «"Reasonable Grounds" to believe the Syrian government was behind deadly chlorine attack on Douma: OWPC report», UN News, 7 de febrero de 2023, <https://news.un.org/en/story/2023/02/1133252>.

15. Fisk, Robert, «The evidence we were never meant to see about the Douma "gas" attack», *The Independent*, 23 de mayo de 2019, <https://web.archive.org/web/20190603054327/https://www.independent.co.uk/voices/douma-syria-opcw-chemical-weapons-chlorine-gas-video-conspiracy-theory-russia-a8927116.html>.

16. Palma, Bethania, «Critics slam viral stories claiming douma chemical attack victims dies from "dust"», Snopes, 20 de abril de 2018, <https://www.snopes.com/news/2018/04/20/critics-slam-viral-stories-claiming-douma-chemical-attack-victims-died-dust/>.

3. Las tres guerras de Putin

1. Marginedas, Marc, «Los rescatistas del Donbás», *El Periódico*, 19 de mayo de 2022, <https://www.elperiodico.com/es/internacional/20220519/rescatistas-donbas-guerra-ucrania-13679548>.

2. «Doble-tap vs pares controlados I», *Zona Táctica*, 15 de diciembre de 2016, <https://www.zonatactica.es/blog/doble-tap-pares-controlados/>.

3. «Chechen official puts death toll for 2 wars at up to 160.000», *The New York Times*, 16 de agosto de 2005, <https://www.nytimes.com/2005/08/16/world/europe/chechen-official-puts-death-toll-for-2-wars-at-up-to-160000.html>.

4. «Syrian Revolution, 13 years on», Observatorio Sirio para los Derechos Humanos, 15 de mayo de 2024, <https://www.syriahr.com/en/328044/>.

5. Yourish, Karen; Lai, K. K. Rebecca y Watkins, Derek, «How Syrians are dying», *The New York Times*, 14 de septiembre de 2015, <https://www.nytimes.com/interactive/2015/09/14/world/middleeast/syria-war-deaths.html>.

6. «Kontrterroristicheskaya operatsiya, poselok Stari Atagi», Memorial del Centro de Derechos Humanos, septiembre de 1999, <https://memohrc.org/sites/default/files/old/files/153.doc>.

7. Chulov, Martin, «New general: key leader in Syria war to reboot invasion», *The Guardian*, 11 de abril de 2022.

8. Hoffer, Rewert, «What the Chechen war may reveal about Putin's next step in Ukraine», *Neue Zürcher Zeitung* (edición en inglés), 7 de marzo de 2022, <https://www.nzz.ch/english/the-chechen-war-as-a-model-for-putins-next-steps-in-ukraine-ld.1673308>.

9. Díaz Moreno, Lucía, y García, Verónica, «Nos preguntáis por la versión sobre el "bombardeo aéreo" de la joven herida en el ataque a la maternidad de Mariúpol», *Newtral*, 3 de abril de 2022, <https://www.newtral.es/version-joven-herida-hospital-maternidad-mariupol/20220403/>.

10. «Ucrania: el mortal ataque al teatro de Mariúpol, un "claro crimen de guerra" de las fuerzas rusas: nueva investigación», Amnistía Internacional, 30 de junio de 2022, <https://www.amnesty.org/es/latest/news/2022/06/ukraine-deadly-mariupol-theatre-strike-a-clear-war-crime-by-russian-forces-new-investigation/>.

11. Mir de Francia, Ricardo, «"Nos decían que todos somos unos nazis": La matanza de Bucha contada por sus supervivientes», *El Periódico*, 4 de abril de 2022, <https://www.elperiodico.com/es/internacional/20220404/nazis-matanza-bucha-contada-supervivientes-ucrania-rusia-13476048>.

4. Envenenamiento, el método predilecto del Kremlin para el crimen perfecto

1. Marginedas, Marc, «Las últimas horas de Navalni antes del Novichok», *El Periódico*, 17 de septiembre de 2020, <https://www.elperiodico.com/es/internacional/20200917/ultimos-horas-navalni-novichok-8116722>.

2. «Una diputada siberiana fue condenada a nueve años de prisión por colaborar con el líder opositor ruso Alexei Navalny», *Infobae*, 29 de diciembre de 2023, <https://www.infobae.com/america/mundo/2023/12/29/una-diputada-siberiana-fue-condenada-a-nueve-anos-de-prision-por-colaborar-con-el-lider-opositor-ruso-alexei-navalny/>.

3. Vennik, Tom, «Let Navalny out, his family says in Omsk», *De Volkskrant*, 22 de agosto de 2020.

4. «Another doctor at Omsk hospital where Navalny was treated dies», Radio Free Europe, 29 de marzo de 2021, <https://www.rferl.org/a/russia-navalny-omsk-another-doctor-dies/31174637.html>.

5. Sudoplatov, Anatoli y Sudoplatov, Pavel, *Special Tasks*, Back Bay Books, 1995.

6. *Ibid.*, p. 280.

7. «In full: Litvinenko statement», BBC, 24 de noviembre

de 2006, <http://news.bbc.co.uk/2/hi/uk_news/6180262.stm?embed=true>.

8. «Full report of the Litvinenko inquiry», *The New York Times*, 21 de enero de 2016, <https://www.nytimes.com/interactive/2016/01/21/world/europe/litvinenko-inquiry-report.html>.

9. Hemming, Sarah, «A very expensive poison: a brilliantly bold drama about the murder of Alexander Litvinenko», *Financial Times*, 6 de septiembre de 2019, <https://www.ft.com/content/52f6f360-d0b0-11e9-99a4-b5ded7a7fe3f>.

10. Mendich, Robert, «BP chief executive Bob Dudley "poisoned in Russian plot"», *The Sydney Morning Herald*, 30 de abril de 2018, <https://www.smh.com.au/world/europe/bp-chief-executive-bob-dudley-poisoned-in-russian-plot-20180430-p4zccy.html>.

11. Véase la página web de Underminers: <https://www.underminers.info/>.

12. Shah, Oliver, «Bob Dudley, the quiet man who saved BP», *The Sunday Times*, 29 de diciembre de 2019, <https://www.bp.com/content/dam/bp/business-sites/en/global/corporate/pdfs/news-and-insights/bob-dudley-quiet-man-who-saved-bp.pdf>.

13. Bruck, Connie, «The billionaire's playlist», *The New Yorker*, 12 de enero de 2014, <https://www.newyorker.com/magazine/2014/01/20/the-billionaires-playlist>.

14. Au-Yeung, Angel, «A man of 3 worlds; the russian-american billionaire giving billions to UK and US universities», *Forbes*, 9 de octubre de 2018, <https://www.forbes.com/sites/angelauyeung/2018/10/05/len-blavatnik-philanthropy-2018-forbes-400/>.

15. «Firm secures victory for Russian activist», Hughes Hubbard and Reed, 18 de marzo de 2022, <https://www.hugheshubbard.com/news/firm-secures-pro-bono-victory-for-russian-activist>.

16. «Yushchenko suffered "dioxin poisoning"», Al Jazeera, 11 de diciembre de 2004, <https://www.aljazeera.com/news/2004/12/11/yushchenko-suffered-dioxin-poisoning>.

17. «El Supremo ucraniano invalida el resultado de las pre-

sidenciales y ordena repetir la segunda vuelta», *El País*, 3 de diciembre de 2004, <https://elpais.com/internacional/2004/12/03/actualidad/1102028408_850215.html>.

18. «Ucrania votó», *DW*, 26 de diciembre de 2004, <https://www.dw.com/es/ucrania-vot%C3%B3/a-1440979>.

19. Véase Free Russia Foundation: <https://www.4freerussia.org/>.

5. Rusia, el Estado-mafia

1. Europa Press, «La "operación Troika" se salda con 20 detenidos», *Diario de Mallorca*, 13 de junio de 2008, <https://www.diariodemallorca.es/mallorca/2008/06/13/operacion-troika-salda-20-detenidos-4540608.html>.

2. Calleja Flórez, Tono, «Un oligarca ruso, sobre el fiscal que le investiga en España: "Le destruiré por denuncia falsa hasta que acabe en la cárcel"», *El Periódico de España*, 25 de abril de 2022, <https://www.epe.es/es/politica/20220425/oligarca-ruso-fiscal-espana-carcel-13552792>.

3. Lázaro, Fernando, «Anticorrupción implica a las esferas del poder de Putin con la mafia rusa de la operación Troika», *El Mundo*, 1 de junio de 2015, <https://www.elmundo.es/baleares/2015/06/01/556c9c1d22601d873e8b45a1.html>.

4. Volkov, Vadim, *Violent Entrepreneurs*, Cornell University Press, 2016.

5. Marginedas, Marc, «Catherine Belton: "el Kremlin evadió cientos de miles de millones de dólares para operaciones de influencia"», *El Periódico*, 2 de julio de 2022, <https://www.elperiodico.com/es/internacional/20220702/entrevista-catherine-belton-kremlin-evadio-13975954>.

6. Belton, Catherine, *Los hombres de Putin: cómo el KGB se apoderó de Rusia y se enfrentó a Occidente*, Barcelona, Ediciones Península, 2022.

7. «Tambovskaya bratva», Wikipedia, actualización del

30 de octubre de 2024, <https://en.wikipedia.org/wiki/Tambovskaya_Bratva>.

8. Rendueles, Luis, «Así quiso la mafia rusa conquistar Catalunya», *El Periódico*, 15 de octubre de 2018, <https://www.elperiodico.com/es/sociedad/20181015/mafia-rusa-conquistar-catalunya-7089954>.

9. Rotella, Sebastian, «A gangster place in the sun; how Spain's fight against the mob revealed Russian power networks», *ProPublica*, 10 de noviembre de 2017, <https://www.propublica.org/article/fighting-russian-mafia-networks-in-spain>.

10. Gómez, Luis, «El juez Garzón tiene indicios de un posible amaño en la pasada semifinal de la copa de la UEFA», *El País*, 1 de octubre de 2008, <https://elpais.com/diario/2008/10/01/deportes/1222812001_850215.html>.

11. «Bastrykin Alexander», Putin's List, <https://www.spisok-putina.org/en/personas/bastrykin-2/>.

12. Calleja Flórez, Tono, «Putin encarga a un fiscal vinculado a la mafia en España investigar los crímenes en Ucrania», *El Periódico de España*, 13 de abril de 2022, <https://www.epe.es/es/politica/20220412/alexander-bastrykin-mafia-espana-investigacion-crimenes-guerra-rusia-putin-13509445>.

13. Europa Press Nacional, «La Audiencia Nacional absuelve a los 17 acusados de la "Operación Troika" al no acreditar su relación con la mafia rusa», *Europa Press*, 18 de octubre de 2018, <https://www.europapress.es/nacional/noticia-audiencia-nacional-absuelve-17-acusados-operacion-troika-no-acreditar-relacion-mafia-rusa-20181018125115.html>.

14. Reguero, Marisa, «Las amenazas de la mafia rusa al fiscal serán prueba en el juicio que se sigue por el caso Troika», *El Mundo*, 20 de febrero de 2018, <https://www.elmundo.es/espana/2018/02/20/5a8b013022601d69288b4632.html>.

15. Calleja Flórez, Tono, «La Justicia cambia de criterio y requisa parte del botín de una mafia rusa asentada en España», *El Periódico de España*, 10 de abril de 2022, <https://www.epe.es/es/politica/20220410/justicia-requisa-botin-mafia-rusa-13496895>.

16. Bohórquez, Lucía, «Un empresario ruso entrega un hotel en Mallorca para desligarse de la mafia», *El País*, 16 de mayo de 2010, <https://elpais.com/politica/2016/05/16/actualidad/1463410627_385966.html>.

17. Daugherty, Greg, «How Al Capone spend his Time in Alcatraz», *History*, 25 de abril de 2024, <https://www.history.com/news/al-capone-alcatraz>.

18. Kirilenko, Anastasia, «A suitcase full of cash from the Solntsevo mafia: does Putin have a kompromat on the Hungarian leader?», Free Russia Foundation, 12 de febrero de 2017. https://thinktank.4freerussia.org/politics/a-suitcase-full-of-cash-from-the-solntsevo-mafia-does-putin-have-a-compromat-on-the-hungarian-leader/

6. Lo que Rusia busca en México

1. «Un admirador confeso de Putin y un lobista de Rusia, artífices de la polémica reforma judicial en México», por Marc Marginedas en *El Periódico*, 15 de septiembre de 2024.

2. «Morena quita a sus dos senadores y se queda a un voto de tener mayoría calificada en la Cámara alta», por Zedryk Raziel en *El País*, 28 de agosto de 2024.

3. «Miguel Angel Yunes Márquez completa su afiliación a Morena al lado de los senadores Adán Augusto López y Gerardo Fernández Noroña» en *El Universal*, 19 de febrero de 2025.

4. «Yunes será el traidor», por Ricardo Raphael en *Milenio*, 9 de septiembre de 2024.

5. «Noroña defiende a Putin en el Senado», por José Miguel Calderón en *SPD noticias*, 15 de mayo de 2024.

6. «Fernández Noroña defiende grupo de amistad México-Rusia», por Redacción en *El Financiero*, 26 de marzo de 2022.

7. «Inaugura Adán Augusto López instalaciones de Lukoil Tabasco: "son tiempos del sureste mexicano", afirma», por Jorge Cupido en *Novedades de Tabasco*, 1 de octubre de 2020.

8. «Crece presencia "ficticia" del exsecretario de Gobernación en redes sociales y aumenta polémica de sus seguidores "comprados"», en *Ciudadanos en Red*, 28 de junio de 2023.

9. «Agradece el Gobernador donativos de insumos médicos de Lukoil a Tabasco», por Redacción en *Tabasco, gobierno del pueblo*, 14 de junio de 2020.

10. «EE. UU. advirtió que la mayor cantidad de agentes rusos de inteligencia están en México», en *Infobae*, 25 de marzo de 2022.

11. «Caballo de Troya ruso», por Dolia Estévez en *Eje Central*, 12 de mayo de 2023.

12. «Acoso ruso», por Dolia Estévez en *Eje Central*, 9 de junio de 2023.

13. «Morena y la injerencia rusa», por Dolia Estévez en *Eje Central*, 14 de octubre de 2024.

14. «Southern neighbors of US to regain stolen lands-Russian Security Council's secretary», por Redacción en *TASS*, 27 de marzo de 2023.

15. «Así difunde el Kremlin sus mensajes al mundo a pesar de las barreras», por Neil Mac Farquhar en *The New York Times en Español*, 21 de septiembre de 2024.

16. «RT, desinformación sin fronteras», por Armando Chaguacera en *Letras Libres*, 20 de diciembre de 2023.

17. «Santiago Taboada acusa injerencia rusa en CDMX», por Redacción en *Animal Político*, 7 de febrero de 2024.

18. «La propaganda rusa gana espacios y extiende su presencia por todo México», por Marc Marginedas en *El Periódico*, 21 de julio de 2024.

19. «No solo China, también Rusia se expande en la TV mexicana con RT», por Gabriel Sosa Plata en *POPLab.mx*, 19 de marzo de 2025.

20. «Canal Red y La Base llegan a México para construir su primera redacción latinoamericana», por Redacción en *DiarioRed*, 23 de enero de 2025.

21. «Todos los datos sobre Inna Afinogenova, el nuevo fi-

chaje de Pablo Iglesias, acusada de falsear noticias», por el programa *Todo es mentira* en *Cuatro*, 28 de abril de 2023.

22. «Desmontando el regimiento Azov: un movimiento más allá de los nazis», por Arsenio Cuenca en *El Orden Mundial*, 3 de abril de 2022.

23. «Lukashenko afirma haber interceptado una conversación entre Varsovia y Berlín sobre el envenenamiento de Navalni», por *RT en Español*, 3 de septiembre de 2020.

24. «El falso periodista Pablo González espió a la OTAN, a militares en Ucrania y a la mayor central en Polonia», por Esteban Urreiztieta y Xavier Colás en *El Mundo*, 7 de octubre de 2024.

25. «No hubo trama rusa de apoyo al independentismo catalán: el ministro asegura que solo se ha acreditado una campaña de desinformación de medios vinculados al Kremlin», por Miguel González en *El País*, 28 de noviembre de 2024.

26. «La web codirigida por Afinogenova azuzó la violencia y la polarización en momentos críticos para Catalunya y España», por Marc Marginedas en *El Periódico*, 20 de enero de 2025.

27. «RT en Español recurrió a métodos trucados para que sus coberturas polarizantes sobre Catalunya y España fueran de las más vistas del mundo», por Marc Marginedas en *El Periódico*, 20 de enero de 2025.

28. «Un aparato de propaganda transmedia gestionado por un controvertido portavoz apuntala la popularidad de AMLO», por Marc Marginedas en *El Periódico*, 23 de julio de 2024.

29. «Ramírez Cuevas, 'persona de interés'», por Raymundo Riva Palacio en *Informador.mx*, 8 de abril de 2025.

30. «Cooptación rusa», por Dolia Estévez en *Eje Central*, 1 de abril de 2024.

31. «Rusia va por unir a México a BRICS», por Pedro Hiriart en *El Financiero*, 26 de marzo de 2025.

32. «¿México entrará en los BRICS? Esto dijo Sheinbaum sobre invitación de Lula», por Redacción en *Eje Central*, 3 de marzo de 2025.

33. «Trump impondrá 100% aranceles a BRICS si dejan el dólar», por Redacción en *DW*, 31 de enero de 2025.

34. «Lanzan en México el Centro de Integración y Cooperación de Rusia y América Latina», por Redacción en *El Soberano*, 6 de junio de 2024.

35. «Morenistas al servicio de Rusia», por Dolia Estévez en *Eje Central*, 3 de febrero de 2025.

36. «Jóvenes boanerenses viajarán a Rusia para la Cumbre Mundial Juvenil», por Francisco Gil en *CódigoBaires*, 23 de febrero de 2024.

37. «Russia is trying to illegally enter US from Mexico», por Vera Mironova en *Conflict Notes*, 9 de marzo de 2023.

38. «Turkish Airways suspende venta de boletos para vuelos de Rusia a México», por Redacción en *La Otra Opinión*, 10 de junio de 2024.

39. «Rusos sin alas para volar a Cancún», por Dolia Estévez en *Eje Central*, 10 de junio de 2024.

40. «Ocho sospechosos de tener vínculos con el grupo terrorista ISIS-K fueron detenidos en Estados Unidos», por Redacción en *Infobae*, 12 de junio de 2024.

41. «México de convierte en la plataforma del espionaje ruso en el continente americano», por Marc Marginedas en *El Periódico*, 7 de agosto de 2024.

7. Rusia, paraíso de excesos y estafas urbanísticas

1. Marginedas, Marc, «Moscú se erige en la capital de los excesos urbanísticos», *El Periódico*, 29 de diciembre de 2019, <https://www.diariocordoba.com/internacional/2019/12/30/moscu-erige-capital-excesos-urbanisticos-36083041.html>.

2. «Cpasti Baltiiskuyu», campaña de la ONG Moscovitas por la defensa de sus casas.

3. «Krupneishaya upravliaiushaya kompaniya stolknulas so sboem iz za schetob za ZhKU», *RBK*, 14 de junio de 2022.

4. A. Kalinina, «Korruptsya b Rosii kak business», *Institut sovremennoi Rossii*, 29 de enero de 2013, <https://www.imrussia.org/ru/%D0%BE%D0%B1%D1%89%D0%B5%D1%81%D1%82%D0%B2%D0%BE/1376-corruption-in-russia-as-a-business>.

5. «Real State; Russia, markets insight», *Statista*, <https://www.statista.com/outlook/fmo/real-estate/russia>.

6. Bradshaw, Peter, «Leviathan review — A compelling told stunningly shot drama», *The Guardian*, 7 de noviembre de 2014, <https://www.theguardian.com/film/2014/nov/06/leviathan-review-story-of-job>.

7. Walker, Shaun, «Leviathan director Andrei Zvyagintsev: "Living in Russia is like being in a minefield"», *The Guardian*, 6 de noviembre de 2014, <https://www.theguardian.com/film/2014/nov/06/leviathan-director-andrei-zvyagintsev-russia-oscar-contender-film>.

8. Marginedas, Marc, «La especulación, quebradero de cabeza de los rusos», *El Periódico*, 29 de diciembre de 2019, <https://www.elperiodico.com/es/internacional/20191229/especulacion-principales-motivos-preocupacion-rusos-7785117>.

9. «Building blocs: why Moscow is pursuing its apartment renovation program?», *Vocal Europe*, 2 de enero de 2018, <https://www.vocaleurope.eu/building-blocs-why-moscow-is-pursuing-its-apartment-renovation-program/>.

10. Marginedas, Marc, «Un barrio fantasma en plena taiga siberiana», *El Periódico*, 13 de septiembre de 2020, <https://www.elperiodico.com/es/internacional/20200913/barrio-fantasma-plena-taiga-siberiana-8110658>.

11. Navalni, Aleksei, «Kto zajvatil stolitsu Cibiri i kakoe ocvobodit» [vídeo], YouTube, 31 de agosto de 2020, <https://www.youtube.com/watch?v=hx48jaOroRQ>.

12. Novosibirsk, Navalni, «Aleksei Dzhulai i ego mutnie sxemi» [vídeo], YouTube, 5 de junio de 2020, <https://www.youtube.com/watch?v=k_cV3pB-yRo>.

8. Rusia y Siria, terrorismo de Estado

1. «Sandy Alan Booker; Obituary», *The Oklahoma*, octubre de 2002, <https://www.legacy.com/obituaries/name/sandy-booker-obituary?pid=579645>.

2. «Hostages takers ready to die», BBC, 25 de octubre de 2002.

3. «US releases name of American who died in theatre siege», CNN, 29 de octubre de 2002.

4. Politkóvskaya, Anna, «Odin iz grupppy terroristov utselel; mi eto nashli», *Nóvaya Gazeta*, 28 de abril de 2003, <https://politkovskaya.novayagazeta.ru/pub/2003/2003-035.shtml>.

5. Estarriol, Ricardo, «Moscú: ETA, una sombra en las relaciones hispano-soviéticas», *La Vanguardia*, 13 de enero de 1979, <https://www.march.es/es/coleccion/archivo-linz-transicion-espanola/ficha/moscu-eta-sombra-relaciones-hispano-sovieticas--linz%3AR-69081>.

6. Belton, Catherine, *op. cit.*

7. Litvinenko, Alexander, y Felshtinski, Yuri, *Rusia dinamitada*, Barcelona, Alba Editorial, 2009.

8. Shevchenko, Nikolai, «Estos son los sicarios más sangrientos de los años 90 en Rusia», *Russia Beyond the Headlines*, 17 de diciembre de 2017, <https://es.rbth.com/historia/79766-sicarios-mas-sangrientos-a%C3%B1os-90>.

9. Khinkulova, Kateryna, «Who is Margarita Simonian, Putin's propagandist in chief sanctiones by US?», BBC, 5 de septiembre de 2024, <https://www.bbc.com/news/articles/cnolnw1z6yzo>.

10. Satter, David, *op. cit.*

11. Solianskaya, Ksenia, «U Basayeva cvoi Beslan», *Gazeta.ru*, 30 de agosto de 2005, <https://www.gazeta.ru/politics/2005/08/30_a_364625.shtml>.

12. García Prieto, Mónica y Espinosa, Javier, *La semilla del odio*, Barcelona, Debate, 2017.

13. Espinosa, Ángeles, «Bashar el Ásad, de "la primavera de

Damasco" al puño de hierro», *El País*, 30 de marzo de 2011, <https://elpais.com/internacional/2011/03/28/actualidad/1301263210_850215.html>.

14. Cerberio, Jesús y Espinosa, Ángeles, «La guerra de Irak ha desatado un odio en el que encuentra eco el terrorismo», *El País*, 12 de mayo de 2004, <https://elpais.com/diario/2004/05/12/internacional/1084312801_850215.html>.

15. Mensaje de Mohamed, expreso en la cárcel de Sednaya.

16. «Yelena Milashina: Blast pokupaet gore liudei» [vídeo], YouTube, 10 de octubre de 2023, <https://www.youtube.com/watch?v=S9OFEDwnSGY>.

17. «Russia's FSB sent ex-Islamic State fighters to infiltrate Ukraine, Turkey and US», *The Moscow Times*, 16 de mayo de 2023.

9. A la caza del periodista y el cooperante: secuestros y ataques de precisión

1. Marginedas, Marc, «Por supuesto que eres un rehén», *El Periódico*, 14 de marzo de 2015, <https://www.elperiodico.com/es/internacional/20150314/marc-marginedas-relata-secuestro-seis-meses-siria-rehen-islamico-4018181>.

2. Rohde, David, «An epidemic of journalists kidnapped in Syria», *The Atlantic*, 18 de noviembre de 2013, <https://www.theatlantic.com/international/archive/2013/11/an-epidemic-of-journalist-kidnappings-in-syria/281574/>.

3. «Liberado el reportero español Marc Marginedas tras seis meses de secuestro en Siria», Reporteros Sin Fronteras, 2 de marzo de 2014, <https://www.rsf-es.org/siria-liberado-el-reportero-espanol-marc-marginedas-tras-medio-ano-de-secuestro-en-siria/>.

4. «Marc Marginedas: "Sempre portaré amb mi els companys decapitats"», Catalunya Ràdio, 16 de marzo de 2015, <https://www.3cat.cat/3cat/marc-marginedas-sempre-portare-amb-mi-

els-companys-decapitats-james-foley-sotloff-i-els-altres/video/5484453/>.

5. «El ISIS confirma la muerte de "El Checheno", uno de sus líderes militares», *El País*, 14 de julio de 2016, <https://elpais.com/internacional/2016/07/13/actualidad/1468445646_895409.html>.

6. «Marc Marginedas en el juicio de uno de sus secuestradores: "Odiaban a nuestros países"», *El Periódico*, 6 de abril de 2022, <https://www.elperiodico.com/es/internacional/20220406/marc-marginedas-juicio-secuestradores-odiaban-13482223>.

7. Kramer, Andrew E., «Chechnya is grippled by political kidmappings», *The New York Times*, 18 de julio de 2009, <https://www.nytimes.com/2009/07/19/world/europe/19chechnya.html>.

8. Shari, Andrei y Babitsky, Andrei, «Kto takoi Arbi Baraev», Radio Svoboda, 2 de mayo de 2001, <https://www.svoboda.org/a/24219765.html>.

9. «Bratya Akhmadovy» (Los hermanos Akhmadov), Wikipedia, <https://en.wikipedia.org/wiki/Akhmadov_brothers>.

10. Reynolds, Maura, «4 hostages heads found in Chechnya», *The Washington Post*, 9 de diciembre de 1998, <https://www.washingtonpost.com/archive/politics/1998/12/09/4-hostages-heads-found-in-chechnya/5fd913f3-1cdc-4859-8b3d-bf359a288ffa/>.

11. Khadikov, Rustam, «There is no more strength to fight», *Obshaia Gazeta*, agosto de 2000.

12. «Povyazannie», *Nóvaya Gazeta*, 11 de octubre de 2004, <https://novayagazeta.ru/articles/2004/10/11/20680-povyazannye>.

13. «Komu sluzhil Baraev», *Nóvaya Gazeta*, 28 de junio de 2001, <https://novayagazeta.ru/articles/2001/06/28/11389-komu-sluzhil-baraev>.

14. Russkaya Armya. Istoriya, «Kak chechenskie boeviki Gelaeva voevali protiv vajjabitov Baraeva», Dzen, 1 de agosto de 2019, <https://dzen.ru/a/XUKQNrwijwCtqLMa>.

15. «May 8-11, 1995 Moscow summit between president

Clinton and president Yeltsin», Clinton Digital Library, <https://clinton.presidentiallibraries.us/items/show/118895>.

16. Diamond, Anna, «*Hostage* shows what it's like to be held captive», *The Atlantic*, 13 de mayo de 2017, <https://www.theatlantic.com/international/archive/2017/05/hostage-graphic-nonfiction/525315/>.

17. «American aid worker Gluck kidnapped»,The Jamestown Foundation, 17 de enero de 2001, <https://jamestown.org/program/american-aid-worker-gluck-kidnapped-2/>.

18. «Letter from Shamil Basayev», *Kavkaz Center*, marzo de 2001.

19. Médecins Sans Frontières, «Left without a choice; Chechens forced to return to Chechnya», MFS, abril 2003, <https://lakareutangranser.se/sites/default/files/chechens_forced_return_april_2003.pdf>.

20. Hazan, Pierre, «Un an aprés, l'ombre des services russes plane sur le rapt d'Arjan Erkel a Daguestan», *Le Temps*, 12 de agosto de 2003, <https://www.letemps.ch/monde/un-an-apres-lombre-services-russes-plane-rapt-darjan-erkel-daguestan?srsltid=AfmBOorRDBMp788Ju553HK1LRkTV6BlJVismiGkvjI1mXDVam4KpWej4>.

21. «Europe's forgotten hostage», BBC, 12 de agosto de 2003, <http://news.bbc.co.uk/1/hi/world/europe/3144573.stm>.

22. «Russia accused over kidnappings», BBC, 10 de marzo de 2004, <http://news.bbc.co.uk/2/hi/europe/3497338.stm>.

23. Miller, Christopher, «Reuters team member killed in Russian missile attack on Ukraine hotel», *Financial Times*, 25 de agosto de 2024, <https://www.ft.com/content/e0856a97-6e56-47a1-bbe9-d0c97133a076>.

24. Brull i Ortega, Sara, «La muerte de la periodista rusa habría sido un asesinato de precisión», *El Nacional*, 24 de marzo de 2022, <https://www.elnacional.cat/es/internacional/la-muerte-de-la-periodista-rusa-habria-sido-un-asesinato-de-precision_731616_102.html>.

Epílogo. La Rusia de Putin… ¿Estado terrorista?

1. Satter, David, «The Russian apartment bombings – 25 years on», *Kyiv Post*, 9 de septiembre de 2024, <https://www.kyivpost.com/opinion/38614>.

2. «Amnesty International issues report on disappearences», The Jamestown Foundation, 24 de mayo de 2007, <https://jamestown.org/program/amnesty-international-issues-reports-on-disappearances/>.

3. Satter, David, «How America helped make Vladimir Putin a dictator for life», Hudson Institute, 30 de agosto de 2017, <https://www.hudson.org/foreign-policy/how-america-helped-make-vladimir-putin-dictator-for-life>.

4. Commission on Security & Cooperation in Europe: U.S. Helsinki Commission, «Russia counterproductive Counter Terrorism», 12 de junio de 2019, <https://www.csce.gov/wp-content/uploads/2019/09/0612-Russias-Counterproductive-Counterterrorism-Transcript-Final.pdf>.

5. Williams, Pete, «Supreme Court reimposes death sentence for Boston marathon bomber», NBC News, 4 de marzo de 2022, <https://www.nbcnews.com/politics/supreme-court/supreme-court-reimposes-death-sentence-boston-marathon-bomber-rcna18450>.

6. «Russia warned about Boston bomb marathon suspect Tsarnaev», Reuters, 26 de marzo de 2014, <https://www.reuters.com/article/world/uk/russia-warned-us-about-boston-marathon-bomb-suspect-tsarnaev-report-idUSBREA2P02R/>.

7. «Russia should not be branded terrorism sponsor, Biden says», Reuters, 6 de septiembre de 2022, <https://www.reuters.com/world/russia-should-not-be-branded-terrorism-sponsor-biden-says-2022-09-06/>.

8. Fedor, Lauren, «Donald Trump spoke to Vladimir Putin several times after he left the White House, book says», *Financial Times*, 8 de octubre de 2024.

9. Moore, Jack, «Family of Steven Sotloff sues Syria over

ISIS beheading», *Newsweek*, 20 de abril de 2016, <https://www.newsweek.com/parents-steven-sotloff-suing-syria-over-isis-beheading-449967>.

10. United States District Court, District of Columbia, «Sotloff v. Syrian Arab Republic», Casetext, part of Thomson Reuters, 31 de marzo de 2023, <https://casetext.com/case/sotloff-v-syrian-arab-republic-1>.